SPALIĆ
PASZPORT

Sercem kultury jest religia

Thomas Stearns Eliot

Bogusław Kalungi Dąbrowski

SPALIĆ PASZPORT

ZYSK I S-KA
WYDAWNICTWO

Redaktor prowadzący
Jan Grzegorczyk

Redaktor
Justyna Kobus

Projekt okładki
Agnieszka Herman

Projekt graficzny i opracowanie techniczne
Barbara i Przemysław Kida

Wydanie I

ISBN 978-83-65676-47-4

Zysk i S-ka Wydawnictwo
ul. Wielka 10, 61-774 Poznań
tel. 61 853 27 51, 61 853 27 67, faks 61 852 63 26
dział handlowy, tel./faks 61 855 06 90
sklep@zysk.com.pl
www.zysk.com.pl

Pamięci moich Rodziców
Weroniki i Edwarda

SPIS TREŚCI

ROZDZIAŁ I

Oswajanie Afryki

Kilka dni po moim przylocie do Ugandy umówiłem się na spotkanie z inżynierem, aby zaplanować przyszłe budowy w misji. Czekałem cały dzień podenerwowany, a on przybył za dwa dni i jak gdyby nigdy nic się nie stało przystąpił do rzeczy. Po raz pierwszy wówczas zetknąłem się z innym ujęciem czasu. Pierwsza lekcja nieznanej kultury brzmi: „jutro" dla Afrykańczyka oznacza bliżej nieokreśloną przyszłość.

Lądowanie

Po wyjściu z klimatyzowanego samolotu uderzył mnie podmuch gorąca i zapach Afryki podobny do obecności w pobliżu dzikiego zwierza i palonego węgla drzewnego. Był pierwszy sierpnia 2001 roku. Na lotnisku w Entebbe kręciło się kilka osób z personelu medycznego, ponieważ w Ugandzie panowała epidemia eboli. Stąd ta dodatkowa kontrola sanitarna, która jeszcze bardziej pogłębiła moją niepewność. Ustawiliśmy się w dwie długie kolejki, w których pasażerowie wypełniali arkusze z pytaniami o podwyższoną temperaturę, ewentualny kaszel czy niedawny pobyt w szpitalu. Nie wiedziałem, czy napisać prawdę, że cierpię na chroniczny kaszel. W dodatku zmiana powietrza z klimatyzowanego w samolocie na ciepłe w budynku odpraw celnych podrażniła moje gardło i właśnie zacząłem kaszleć. Siłą powstrzymywałem się od kolejnych ataków, bo już kilka osób zaczęło mi się podejrzanie przyglądać. Wypełniłem więc kwestionariusz, wszędzie pisząc „no", bo gdybym napisał odpowiedź twierdzącą, choćby w przypadku jednego z pytań, trafiłbym zapewne do szpitala na kwarantannę. Gdy doszedłem do stolika, pielęgniarka zapytała mnie po angielsku:

— Czy nie masz objawów eboli?

— Nie, nie mam — odpowiedziałem, drżący i spocony.

Spojrzała na mnie jakoś życzliwie i przybiła pieczątkę. Uff. Odetchnąłem głęboko i poszedłem po wizę do drugiego okienka. Tym razem uśmiechnięta pani oficer ugandyjskiej straży granicznej zapytała:

— Jaki jest powód twojego przyjazdu do Ugandy?

— Jestem misjonarzem. Chcę tu żyć i pracować — odparłem, tym razem już spokojniejszy.

Po tym przedstawieniu pani oficer stała się jeszcze milsza i wbiła mi szybko pieczątkę.

— Niech ci, ojcze, Bóg błogosławi w życiu i pracy.

— I tobie także niech błogosławi — odwzajemniłem życzenie. Odetchnąłem z ulgą. Mój miesięczny kurs angielskiego w Manchesterze (12-milowa, czyli 18-kilometrowa droga do szkoły językowej zaliczana piechotą w obie strony!) nie poszedł na darmo.

Zapłaciłem jeszcze za wizę pięćdziesiąt dolarów i zadowolony, że odprawa skończyła się tak szybko, wyszedłem z budynku. Od razu wyłowiłem z tłumu taksówkarzy i rodzin oczekujących na moich niedawnych współpasażerów wysoką, dobrze zbudowaną i lekko przygarbioną postać ojca Marcina Zagórskiego, z dużym orlim nosem. Przebiegła mi przez głowę myśl, że w młodości musiał być bardzo silnym mężczyzną. Wstąpiła we mnie radość, że czekał tu na mnie. Wymieniliśmy serdeczne uściski i pozdrowienia. Przedstawił mi brata Musisiego, który był tego dnia naszym kierowcą. Brat Musisi mieszka w Kakooge i jest odpowiedzialny za szkolnictwo w diecezji. Podczas jazdy wyjaśnił mi, że imię Musisi brat otrzymał, gdyż w noc, gdy się urodził, było trzęsienie ziemi. Jest taki zwyczaj w plemieniu Baganda, że imiona klanowe związane są z sytuacjami, które zdarzyły się podczas momentu narodzin. Po drodze chłonąłem wszystko z wielkim zainteresowaniem. Nasz kierowca opowiadał m.in., że Entebbe znaczy krzesło i kiedyś było siedzibą brytyjskiego rządu kolonialnego. Po drodze mijaliśmy brzeg Jeziora Wiktorii, największego w Afryce.

Z Entebbe ruszyliśmy do Kampali. Obserwowałem domki z cegły z płaskimi dachami, na których znajdowało się mnóstwo śmieci, starych kawałków drewna, połamanych krzeseł i plastikowych miednic. Domki te swoją architekturą przypominały europejskie garaże. W ciągu dnia ich drzwi otwierają się na oścież i zamieniają w sklepy, nocą natomiast są zamknięte, i wówczas domki służą do spania. Mijające nas samochody miały mnóstwo napisów. Były to najczęściej cytaty z Biblii: *Bóg jest wielki, z Bogiem wszystko jest możliwe, Boże błogosław nam w podróży* itp. Było jasne, że miejscowi ludzie nie wstydzą się manifestowania swojej wiary w codziennym życiu. Bardzo budująca wiadomość na początek. I jeszcze to błogosławieństwo celniczki...

Po trzydziestu kilometrach, których pokonanie zajmuje nam ponad godzinę z uwagi na duży ruch, docieramy do Kampali, stolicy Ugandy. Samochody jeżdżące po tutejszych ulicach dzieli od siebie dosłownie odległość kilku centymetrów, a i tak motorkom udaje się jeszcze przeciskać między nimi. Mijamy tłumy. Tylu ludzi na ulicach nie widziałem jeszcze nigdzie! Poruszają się w kompletnym chaosie, według sobie tylko znanego kodu. Większość z nich wraca z pracy. Brat Musisi wyjaśnia, że okręg centralny zamieszkują głównie ludzie z plemienia Baganda, które należy do grupy ludów Bantu. Patrzę na nich z ciekawością, są niscy o krępych sylwetkach, mają grube, płaskie nosy i krótkie włosy. Kobiety mają bardzo szerokie biodra i duże piersi. Zbliża się wieczór, a my ciągle jesteśmy w Kampali. Na ulice wychodzi coraz więcej ludzi z karabinami. Musisi mówi, że to ochroniarze, którzy w nocy pilnują dobytku zamożnych obywateli.

Uliczne korki okazują się tak gigantyczne, że ciemność zastaje nas jeszcze na ulicy. Pojawia się nagle — jesteśmy przecież na równiku. Po kilku godzinach posuwania się w żółwim tempie nareszcie wyjeżdżamy z miasta. Proszę kierowcę, aby się zatrzymał, bo mój pęcherz traci cierpliwość. Ojciec Marcin ostrzega mnie, że w wysokiej trawie może czaić się wąż. Trudno, jestem zdeterminowany. Sikając, stale przestępuję z nogi na nogę, jakby to miało w czymś pomóc w razie „agresji". Udaje mi się i jestem szczęśliwy. Jedziemy w ciemnościach. Co jakiś czas mijają nas samochody, które jeżdżą już na długich światłach. Współczuję naszemu kierowcy. Jest mnóstwo dziur w asfalcie, więc sto kilometrów pokonujemy w trzy godziny, pięć razy zatrzymując się na żądanie policyjnych patroli. Brat Musisi wyjaśnia, że to ze względu na rebelianta Kony'ego, który terroryzuje ludzi w północnej Ugandzie. Cała podróż z lotniska do Kakooge trwa sześć godzin, w tym dwie pochłonął korek w Kampali.

Do celu docieramy przed północą. Mamy mieszkać czasowo u braci szkolnych. Czekają na nas z kolacją. Wita nas przełożony wspólnoty i dyrektor szkoły w Kakooge, brat Twongyeirwe. Pełna międzynarodowa nazwa ich zgromadzenia brzmi Brothers of Christian Instruction.

— W Ugandzie nasze zgromadzenie jest obecne od 1926 roku. Głównym naszym zadaniem jest nauczanie. To nasi uczniowie z Kisubi zbudowali pierwszą katedrę w Rubaga — mówi z dumą podczas kolacji. — Tam, gdzie kapłani tradycyjnej religii składali bogom ofiary z ludzi, misjonarze umieścili ołtarz, i teraz na pamiątkę jest codziennie odprawiana bezkrwawa ofiara Chrystusa.

Jego zastępcą jest brat Musisi. We wspólnocie jest jeszcze dwóch braci — najmłodszy Tumwebaze ma zaledwie dwadzieścia lat i dopiero co złożył śluby czasowe oraz brat Kilangwa, który ma ponad siedemdziesiąt. Na kolację jemy gotowane zielone banany i kurczaka owiniętego w liście bananów — luwombo. Ojciec Marcin tłumaczy mi, że tę potrawę podaje się przy okazji ważnych wydarzeń. Czuję się mile połechtany. Podczas kolacji panuje bardzo serdeczna atmosfera. Po posiłku żegnam się z braćmi i idę do pokoju, w którym jest tylko materac, siatka przeciw komarom, plastikowa miska i dwudziestolitrowy pojemnik z wodą. Umywam twarz i natychmiast padam na materac po pierwszym, pełnym wrażeń dniu w Ugandzie.

Ludzie, których dzisiaj spotkałem, byli bardzo życzliwi. To ostatnia myśl przed snem.

Początek drogi

Moja droga do franciszkańskiego zakonu nie była wcale taka oczywista. Jako młody chłopak bardzo lubiłem zabawowe życie. Byłem — jak to mówią — chłopcem chętnym „do bitki i do wypitki". Soboty spędzałem na stokach narciarskich, trenując slalomy, a wieczorem chodziłem na dyskoteki. Lubiłem alkohol i tańce, a bywało, że wdawałem się też w bijatyki. Podobały mi się dziewczyny, szczególnie te, które dobrze tańczyły. Kilka razy umówiłem się na randki, ale z żadną nie udało mi się „chodzić na poważnie". O ile jednak na randki chodziłem chętnie, to już do kościoła w niedzielę raczej z przyzwyczajenia.

Byłem typem buntownika. Wiele rzeczy dookoła mi się nie podobało. Nie podobała mi się szkoła, jej system nauczania, ustrój polityczny w Polsce... Byłem jednak buntownikiem, który chodził swoimi drogami. Nierzadko krętymi. W szkole mieliśmy praktyki na budowach, za które nam płacono. Jak większość kolegów z klasy pieniądze wykorzystywałem do gry w pokera. Pamiętam, jak dwaj najlepsi koledzy pobili się kiedyś podczas gry. Jeden z nich oszukiwał przy tasowaniu kart. Od tamtej pory przestali dla siebie istnieć. Wyciągnąłem z tego lekcję dla siebie — nigdy więcej nie zagrałem na pieniądze.

W klasie maturalnej kazano nam przyjść na pochód pierwszomajowy. „Nieobecność będzie oznaczała kłopoty ze zdaniem matury" — taki komunikat przywędrował z gabinetu dyrektora szkoły. Na pochodzie stawiła się więc cała moja klasa. Organizatorzy przynieśli flagi. Połowa z nich była biało-czerwona, a połowa czerwona. Nikt nie chciał nieść tych czerwonych. Przewodniczący ZSMP (Związek Socjalistycznej Młodzieży Polskiej) z naszej budowlanki powiedział, że jak nie poniesiemy również czerwonych, będziemy mieli problemy. Ze złości połamaliśmy w nich drzewce, i rzuciliśmy je na ziemię. Grożono nam poważnymi konsekwencjami, ale jakoś się to rozeszło po kościach. Były to już czasy przełomu i nikomu nie zależało na doprowadzeniu sprawy do końca.

Maturę zdałem najlepiej w całym technikum budowlanym, co było zaskoczeniem dla wszystkich, nawet dla mnie samego. Fakt, że tak dobrze mi poszło na egzaminach, skłonił mnie do głębszych refleksji i pytania: co zrobić ze swoim dalszym życiem? Nagle odechciało mi się imprezowania. Zobaczyłem płyciznę takiego życia. Zamiast tego wolałem pójść do kościoła, pomodlić się. Znajdowałem tam ciszę i spokój do przemyśleń. Uświadomiłem sobie swoje słabości i to, że mam wybór: mogę albo się stoczyć, albo zacząć walczyć z pokusami... Wybrałem to drugie. Zacząłem regularnie przystępować do spowiedzi. Postanowiłem studiować psychologię na Uniwersytecie Jagiellońskim. Gdy poszedłem do dyrektor naszej szkoły prosić o wydanie opinii, zaczęła mi jednak odradzać. Wyjaśniła, że to niezwykle oblegany kierunek, więc po budowlance na pewno się nie dostanę. Ponieważ w tym czasie zacząłem interesować się także religią, zdecydowałem się złożyć dokumenty na religioznawstwo. Kilka dni potem, w niedzielę, czytano w kościołach list pasterski biskupów, w którym ostrzegano przed tym nowo powstałym kierunkiem na UJ — że niebezpieczny, patrzy bowiem na religię z punktu widzenia marksistowskiego. Odczytałem go jako znak dla siebie i zrezygnowałem z religioznawstwa. Przez jakiś czas chodziłem po krakowskich kościołach, szukając natchnienia. Wciąż nie wiedziałem, co mam robić dalej. W końcu w kościele Franciszkanów trafiłem na wystawę zdjęć z życia świętego Maksymiliana. Zrobiła na mnie ogromne wrażenie. Przeczytałem jego życiorys i zafascynowało mnie to, że był zdolny oddać życie za drugiego człowieka. Wtedy właśnie poznałem franciszkanina Marka Fiałkowskiego, z którym zacząłem rozmawiać o moich przemyśleniach, poszukiwaniach sensu i celu w życiu i o wszystkim, co mnie dręczyło. Te rozmowy zaważyły na mojej decyzji wstąpienia do zakonu franciszkanów.

Kiedy zwierzyłem się rodzicom, że chcę zostać zakonnikiem, mama powiedziała, żebym tę sprawę dobrze przemodlił. Tata nie mógł w to długo uwierzyć. Do dziś pamiętam wizytę w kancelarii klasztornej, gdzie składałem prośbę o przyjęcie mnie do zakonu franciszkanów. Rozmawiał ze mną wtedy ojciec Marek Hałambiec, wikariusz prowincji. Był bardzo otwarty i życzliwy, ale już moje długie włosy nie wzbudziły jego zachwytu. Przyjął dokumenty i poinformował mnie, że wkrótce otrzymam decyzję. Czekając na odpowiedź, pojechałem nad morze, gdzie byłem z wychowawcą na kolonii. Po powrocie odebrałem list. Zostałem przyjęty.

Od tamtej pory minęło ponad trzydzieści lat. Z tego dokładnie połowę, bo piętnaście spędziłem w Ugandzie.

Z łopatką do buszu

Tego pierwszego ranka budzę się, gdy już jest jasno i gorąco. Pogryzły mnie w nocy komary, ale się tym zbytnio nie przejmuję, zażywam bowiem tabletki lariamu. Ma ustrzec mnie przed malarią. Co jednak będzie, jak skończą się tabletki? To zmartwienie odkładam na później. Idę zbadać teren. Mój pokój mieści się w szkole, tak jak wszystkich braci nauczycieli. Ich klasztor to duża sala lekcyjna, przedzielona płytami pilśniowymi na kilka pomieszczeń, w których mieszkają. Szkoła ma trzy duże budynki ustawione w kształcie podkowy. W dwóch są klasy dla 400 uczniów, a w trzecim mieszczą się internat dla chłopców i drugie pomieszczenie dla dziewcząt oraz tymczasowy „klasztor dla braci" i nasze pokoje. Właściwie mój pokój to gabinet zastępcy dyrektora, który z życzliwości użyczył mi go do czasu, aż nie zbuduję naszego domu. Dowiaduję się od dyrektora szkoły, brata Twongyeirwe, że placówka działa zaledwie rok i że niestety wciąż nie ma prądu, telefonu i bieżącej wody. Do toalety trzeba chodzić do pobliskiego buszu z łopatką. O Boże! W co ja się wpakowałem? W samolocie, patrząc z góry na Afrykę, miałem takie myśli, że nie wrócę do Polski, dopóki czegoś dobrego tu nie zrobię. Po dwóch buteleczkach czerwonego wina przyszło mi nawet na myśl, że może zostanę męczennikiem, tak jak franciszkanie Zbyszek i Michał w Peru. A tu prosta rzeczywistość, jak brak toalety, urasta do rangi wielkiego problemu. Co ze mną nie tak?

W południe udajemy się z braćmi na lunch do improwizowanej jadalni, znajdującej się w szkolnym korytarzu. Jemy gotowane banany z fasolką i popijamy przegotowaną wodą. Nie ma tego dużo, tylko tyle, żeby żołądek coś poczuł.

Po obiedzie idę na krótki spacer z ojcem Marcinem. W odległości dwustu metrów od szkoły widzę kościół. Wygląda jak latarnia morska, dająca nam punkt odniesienia na tym nowym kontynencie. Budynek jest w stanie surowym. Obchodzimy go dokoła. Okiem budowlańca widzę krzywe ściany, zbudowane z miejscowej cegły, które trzeba będzie wyrównać, narzucając wiele zaprawy. Nie ma drzwi, więc wchodzimy do środka. W środku nie ma nic — ani okien, ani nawet podłogi, jest tylko ubita ziemia. Jest za to dach. A to najważniejsze, bo podczas mszy nie będzie nikomu padać na głowę. Na pierwszy rzut oka widać, że będzie dużo roboty, aby budynek wykończyć.

— Przed naszym przylotem zbudowali go parafianie, na prośbę i za pieniądze otrzymane od biskupa — informuje mnie ojciec Marcin. — Biskup natomiast otrzymał je, pisząc prośbę do Watykanu — dodaje.

— Czy będziemy tutaj odprawiać msze? — pytam.

— Tak, ale tylko w niedziele. W dni powszednie będziemy odprawiać w szkole albo w bibliotece. Albo pod drzewem, w zależności od pogody — mówi ojciec Marcin. — A teraz udajemy się na poobiedni odpoczynek, jest on konieczny w upalnym tropiku.

Tymi słowami kończy rozmowę.

Ojca Marcina Zagórskiego poznałem w dwutysięcznym roku. Przyjechał do mnie do Warszawy, gdzie odbywałem kurs w Centrum Formacji Misyjnej. Właśnie zakończył swoje misje w Zambii, gdzie przebywał dwadzieścia osiem lat. Przyjechał, bo chciał sprawdzić, z kim będzie zakładał nową misję w Ugandzie.

Opowiedział mi sporo o swoim życiu, między innymi o tym, jak trafił w latach pięćdziesiątych do więzienia. Siedział w nim za strącenie ze ściany w liceum w Gorlicach portretu Józefa Stalina. Dzięki temu fragmentowi życiorysu ojciec Marcin od razu stał mi się bliski. W czasach szkolnych miałem podobne zdarzenie, choć kara, jaką mi wymierzono, była rzecz jasna nieporównywalna z tym, czego on doświadczył. Na lekcji języka niemieckiego nagle włączył się głośnik z audycją propagandową na temat rocznicy rewolucji październikowej. Było to w latach osiemdziesiątych, gdy w Polsce rozpoczęły się już społeczno-polityczne przemiany. Nauczycielka nie była w stanie opanować zdenerwowania. Wtedy zaproponowałem, że mogę wyłączyć „niechcianą" audycję, i wydawało mi się, że zaaprobowała to skinięciem głowy. Mój kilkukilogramowy tornister wypełniony książkami poleciał w stronę głośnika, roztrzaskując go na drobne kawałki. Nauczycielka lekko zszokowana takim obrotem sprawy, obawiając się, że całe zdarzenie może wyjść na jaw, „profilaktycznie" wysłała mnie do wychowawcy naszej klasy Stefana Chomoncika. Był to mądry pedagog, który wychowywał nas przede wszystkim przez przykład swojego życia. Gdy zdawałem mu relację ze swego postępku, widziałem lekki uśmieszek na jego ustach. Kazał mi naprawić głośnik i jako karę posprzątać klasę po lekcjach. Nie była to zatem kara dotkliwa, gdy tymczasem Marcin Zagórski w więzieniu o mało nie przypłacił przewinienia życiem. Był torturowany prądem, złamano mu nos i palce u rąk. Lekarz więzienny, aby ocalić go od niechybnej śmierci, przeniósł go do szpitala psychiatrycznego w Kobierzynie. Po wyjściu z niego Marcin dokończył szkołę średnią i wstąpił do zakonu franciszkanów. Po święceniach kapłańskich pracował w Polsce i w wieku 44 lat wyjechał na misje do Zambii.

No a teraz razem byliśmy w Ugandzie.

Wieczorem zostaliśmy obaj zaproszeni na kolację do miejscowego biskupa, Kizito Lwangi, dzięki któremu w ogóle tu byliśmy. Otóż wiosną 1999 roku nasz prowincjał ojciec Stanisław Strojecki poleciał do Ugandy, by spotkać się z biskupem Fort Portal, który zapraszał franciszkanów na misje. Pomimo

© ARCH. AUTORA

Tak wyglądał kościół, gdy trafiłem do Kakooge. Tak jest dziś

© ARCH. AUTORA

iż był umówiony, nie zastał go jednak. Pewnie biskup liczył, że zakon przyśle mu franciszkanów z Ameryki, a nie z biednej i konserwatywnej Polski, no i wolał uniknąć kłopotliwego spotkania. Wtedy z pomocą przyszli mu polscy salezjanie z Bombo. Skontaktowali go z biskupem w nowo tworzącej się diecezji Kasana-Luweero, Cyprianem Kizito Lwangą, który ucieszył się z możliwości pracy franciszkanów w jego diecezji. Powitał nas z otwartymi rękami.

Po godzinie jazdy starym pikapem, prowadzonym przez ojca Marcina, po mocno zniszczonej drodze, dotarliśmy do rezydencji biskupiej. Na dziedzińcu zobaczyłem niskiego, krępego człowieka w białej sutannie, obszytej fioletową tasiemką i krzyżem na sercu. Biskup czekał na nas. Przywitał się bardzo serdecznie z ojcem Marcinem, dosłownie wpadli sobie w ramiona. Widać było, że się już wcześniej znali. Tego typu wylewne powitania są dla Afrykańczyków normalnością. Trudno im trzymać się etykiety, do jakiej my Europejczycy jesteśmy przyzwyczajeni. Podszedłem do biskupa i ucałowałem jego pierścień, dając tym wyraz szacunku do niego, jako mojego nowego przełożonego i przedstawiciela władzy Kościoła. Po czym przedstawiłem się:

— Nazywam się Bogusław Dąbrowski i jestem nowym misjonarzem.

— A ja jestem Cyprian Karol Lwanga i jestem biskupem diecezji Kasana-Luweero. Bardzo się cieszę z twojego przybycia do mojej diecezji — odwzajemnił przywitanie biskup.

Podziękowałem i podałem mu kopertę przywiezioną z Polski od prowincjała. Był w niej list, którego treść wcześniej znałem, bo mój przełożony wręczył mi jego kopię:

Księże Biskupie,

pragnę podziękować Ekscelencji za wszelkie działania podjęte w ostatnich miesiącach dla powstania nowej placówki misyjnej w Kakooge oraz przedstawić z radością o. Bogusława Dąbrowskiego, który dołącza do o. Marcina Zagórskiego przebywającego już od kilku miesięcy w Ugandzie. Wraz z przyjazdem o. Bogusława rozpoczyna się faktyczne dzieło obecności franciszkanów z prowincji św. Antoniego (Kraków) na obszarze diecezji Kasana-Luweero w Ugandzie. Nowy misjonarz będzie odpowiedzialny za kwestie finansowe i organizacyjne związane z budową kościoła, klasztoru i innych obiektów konstytuujących przyszłe centrum franciszkańskie w Kakooge.

prowincjał Kazimierz Malinowski

Biskup przedstawił nam księdza Byansiego, który miał nam odtąd pomagać we wdrażaniu się do naszych obowiązków duszpasterskich. Byli do siebie podobni — on także wzrostu miał niewiele ponad 150 cm, krępą sylwetkę, włosy krótkie, kręcone i gęste, a nos szeroki. Tak ponoć wyglądają typowi mężczyźni z plemienia Baganda.

Biskup poprowadził nas do stołu. Pomodliliśmy się i zasiedliśmy do posiłku. Było matooke, ryż, kurczak pieczony i zielenina podobna do naszego szpinaku o nazwie sumałyki. Na początku poruszaliśmy lżejsze tematy — o pogodzie w Polsce i o tym, jak przebiegał mój lot. Po czym biskup zapytał:

— Jakie są wasze plany w budowaniu misji?

— Księże biskupie, przybyliśmy żyć razem z ubogimi jako franciszkanie — odpowiedziałem.

— Biedy tu mamy pod dostatkiem. Jednak ja liczę, że wy pomożecie ludziom z niej wyjść. Jak mówi Biblia w Księdze Rodzaju, Bóg dał człowiekowi świat pod opiekę i przykazał, aby ten świat rozwijał z Jego zamysłem, czyli według drogowskazów, jakimi są Boże przykazania. Mam nadzieję, że pomożecie ludziom wyjść z biedy poprzez swoją działalność.

Potem w przyjaznej atmosferze, pijąc dobre miejscowe piwo Nile, rozmawialiśmy jeszcze na inne tematy — chociażby o różnorodności zwyczajów w Polsce i w Ugandzie. Po godzinie pożegnaliśmy się równie serdecznie i biskup zapewnił, że zawsze możemy liczyć na jego pomoc.

W drodze powrotnej zastanawiałem się, co powinniśmy zrobić, by spełnić oczekiwania biskupa.

Hartowanie woli

Rozpoczęła się proza życia, czyli przekładanie moich marzeń na rzeczywistość. Każdego dnia dzieci przynosiły nam dwadzieścia litrów wody ze studni, tak jak obiecał dyrektor. Woda musiała wystarczyć do picia, mycia oraz prania. Za przyniesienie wody nagradzałem dzieci cukierkiem, więc chętnych do pomocy nie brakowało. Codzienne życie w innym klimacie i kulturze okazało się dla mnie ciężkim krzyżem. Po kilku dniach myślałem, że już nie dam rady. W ciągu dnia było tak bardzo gorąco, że trudno było nawet myśleć, a tym bardziej pracować fizycznie. Byłem ekonomem i odpowiedzialnym za budowę domu. Na szczęście zastałem gotowe plany, zrobione przez braci franciszkanów pracujących na misji w Kenii. Poprosiłem miejscowego inżyniera, którego polecił mi biskup, aby zajął się zatwierdzaniem tych planów, a sam zająłem się orga-

Największa radość — dotrzeć
z parafianami do źródła

W skwarze dnia wszyscy szukają cienia

nizowaniem ekipy budowlanej. Codziennie pilnowałem roboty, stojąc kilka godzin w palącym słońcu. Czasem też włącza-
łem się do fizycznej pracy. A w nocy planowałem, przeliczałem
też, czy wystarczy pieniędzy. W głowie rodziły mi się nowe plany rozwoju misji. Pamiętałem z wykładów w Centrum Formacji Misyjnej, jak wyglądały pierwsze klasyczne misje. Zawsze
był kościół, szkoły oraz szpitalik. Do tego codziennie mieliśmy
po dwie godziny nauki miejscowego języka luganda. Te kilka
rzeczy na początku było ponad moje siły. Przed oczami stawa-
ła mi moja rozmowa z prowincjałem Kazimierzem Malinow-
skim przed wylotem do Ugandy. Poszedłem prosić go o błogosławieństwo. Powiedziałem mu, że moim pragnieniem jest
pracować na misjach w Ugandzie dziesięć lat. Spojrzał na mnie
z ciepłym uśmiechem i rzekł:

— Boguś, ty się tym nie martw, raczej módl się i skoncen-
truj wysiłki, żebyś nie wrócił do kraju po kilku tygodniach...

W myślach pytałem wtedy sam siebie: „Skąd w nim taka
mała wiara we mnie?".

Po miesiącu zabrałem się do mojego pierwszego sprawozda-
nia z misji. Umówiłem się z przełożonym, że raz na miesiąc będę
mu słał do Krakowa raporty. Najpierw napisałem na brudno.

Drogi Ojcze Prowincjale,

Niech będzie pochwalony Jezus Chrystus.
Przesyłam Ojcu pierwszą relację z miesięcznego pobytu
w Ugandzie. Biskup Kizito okazuje nam dużo życzliwo-
ści i otrzymaliśmy od niego parafialną ziemię pod budo-
wę domu. Rozpocząłem już pierwsze kroki w kierunku
budowy domu. Zrobiłem plany z inżynierem, znalaz-
łem ekipę budowlaną, z którą podpisałem kontrakt,

i rozpoczęliśmy budowę. Gdy poznałem miejscową ar-chitekturę, zdecydowałem się zbudować prosty i funk-cjonalny dom w kształcie czworoboku, gdzie w środku będzie miejsce na mały ogródek z kwiatami. Zamknięty dom ma funkcję bezpieczeństwa. W środku będzie we-randa, która chroni przed słońcem. Użyłem trwałych materiałów, blachy i dobrze wypalonej cegły.

Program dnia dostosowaliśmy do wspólnoty braci. Rano w kaplicy, która tymczasowo mieści się w biblio-tece szkolnej, przy lampie naftowej odmawiamy jutrz-nię i sprawujemy Eucharystię w obecności braci i kilku nauczycieli, a wieczorem spotykamy się na nieszpo-rach. Posiłki jemy skromne, takie jakie jedzą tu miej-scowi ludzie, najczęściej fasola ze słodkimi ziemniaka-mi. W każdą sobotę na kolację kupuję każdemu z braci po jednym piwie Nile albo po butelce coca-coli. Za nasze codzienne utrzymanie płacę braciom cztery dolary za nas obu. Tyle właśnie otrzymaliśmy od salezjanów za odpra-wianie intencji mszalnych. Kupiliśmy też od nich starą to-yotę pikapa za dwa tysiące dolarów. Te pieniądze ojciec Marcin otrzymał od swojego bratanka, który jest księ-dzem w diecezji rzeszowskiej. Reszta oszczędności, które przywieźliśmy z Polski, idzie na budowę domu.

Poza tym życie jest tu trudniejsze, niż myślałem. Zmiana jedzenia spowodowała, że mam codziennie bie-gunkę, a nie ma toalet, więc muszę biegać z saperką do buszu. Nie mogę też spać. Powodem mojej bezsenności są gorące i parne noce. Nie mogąc usnąć, robię rachun-ki, w myślach liczę worki z cementem. Zastanawiałem się, ile jeszcze materiału będę potrzebował na budowy i czy wystarczy na to pieniędzy?

Kończę ten list, ponieważ już bolą mnie oczy, gdyż piszę to przy lampie naftowej. Proszę o modlitwę, abym miał siłę kontynuować pracę na misji.

Z franciszkańskim pozdrowieniem pokój i dobro, o. Bogusław

W niedzielę po dopołudniowych obowiązkach jadę do misji salezjanów w Bombo-Namaliga, gdzie jest prąd. Przepisuję z kartki papieru list, który przygotowałem wcześniej. Wyślę go jutro mailem w Kampali. Niestety, nie dane mi było przespać nocy, bo miałem lokatora w pokoju. Duży szczur biegał po łóżku, przeszukiwał rzeczy w torbie, a nawet kilka razy przebiegł mi po ciele. Nie czuję specjalnej niechęci do tych zwierząt, o ile widzę je z daleka, a nie w moim łóżku. W tej sytuacji czułem jednak obrzydzenie. Jakby mu było mało tych harców, to jeszcze nad ranem nadepnął na przycisk i uruchomił mi telefon z zagranicznym numerem. Gdy ja spałem, on „wydzwonił" mi wszystkie impulsy z karty!

Człowiek z plakatu

Wcześnie rano razem z salezjaninem księdzem Janem Marciniakiem wyjechałem do Kampali. Po drodze widzę mnóstwo żółtych plakatów z podobizną jakiegoś starszego pana w śmiesznym, szerokim kapeluszu. Pytam Jana:

— Kim jest ten wszechobecny tu człowiek?

— To prezydent Ugandy — odpowiada. — Yoweri Kaguta Museweni.

W Matudze mijamy czołg, który stoi na poboczu, jakby go tu ktoś wczoraj zaparkował. Zaskoczony widokiem, poprosiłem Jana, abyśmy się zatrzymali. Wszedłem do środka czołgu. W kabinie jest ciasno i zimno, mimo że na zewnątrz panuje upał. Wyszedłem przez właz, trzymając w ręku przerdzewiałą taśmę, w której umocowane są naboje do karabinu maszynowego.

— Stoi tu od wojny partyzanckiej — zaczyna swoje opowiadanie ojciec Jan. — Museweni walczył wtedy z Obotem. Obote miał dobre układy z komunistami. Wziął do pomocy Koreańczyków z więzień. Kto chciał odzyskać wolność, mógł jechać walczyć do Ugandy. Dostali ruskie czołgi i ruszyli na Museweniego. Ale tam, gdzie się on ukrywał, były bagna, więc większość czołgów ugrzęzła w nich. Museweni wygrał wojnę z Obotem i przejął władzę. W swoim pierwszym przemówieniu powiedział, że największym błędem przywódców afrykańskich jest nielimitowane bycie przy władzy. Z czasem jednak apetyt na władzę mu się wyostrzył i wszedł w te same koleiny, co poprzednicy.

Dojeżdżamy do stolicy. Znowu są duże korki i wielkie tłumy poruszają się w różnych kierunkach, jakby w chaosie, ale jakimś cudem kontrolowanym. Załatwiamy najpierw sprawy Jana. Przyglądam się bacznie wszystkiemu, ponieważ niedługo będę musiał tu przyjeżdżać samodzielnie. Na koniec udajemy się do „Intercomu", jedynego publicznego miejsca, skąd mogę wysłać maila. Najważniejszy cel dzisiejszej podróży, wysłanie raportu do przełożonego z Krakowa, powiódł się.

Po miesiącu otrzymałem naszą franciszkańską gazetę „Wiadomości z Prowincji", która umieściła mój list ze zdjęciem. Jestem na nim w towarzystwie miejscowych braci szkolnych. Pod zdjęciem widnieje podpis, że jestem w towarzystwie miejscowych biskupów. Ubawiło mnie to bardzo. Bracia noszą biały habit, podobny do sutanny biskupiej, i na sercu duży krzyż. I tak oto mój prestiż wzrósł. Zaliczony między episkopat!

Afryki nie sposób zdobyć czołgiem

© ANDRZEJ CIMIŃSKI

© ARCH. AUTORA

nr 3(222) 2001 _____ serwis informacyjny www.franciszkanie.pl - dołącz do Rodziny!

WIADOMOŚCI Z PROWINCJI

Św. Antoniego z Padwy i bł. Jakuba Strzemię oo. Franciszkanów w Polsce

W NUMERZE

▶ **List Generała Zakonu Braci Mniejszych Konwentualnych do Braci** po zamachu na WTC i Pentagon w USA. *zobacz - str. 27*

▶ **Przesłanie do współbraci w zakonie** delegata generalnego ds. Sprawiedliwości, Pokoju i Ochrony Stworzeń o. Vasco Cróccoliego. *zobacz - str. 27*

▶ **O. Bogusław Dąbrowski jest już w Ugandzie.** Będzie tam wraz z o. Marcinem Zagórskim drugim z naszych współbraci, rozpoczynających pracę w tworzącej się misji w Kakooge w diecezji Kasana - Luweero. W tym numerze obszerne fragmenty jego pierwszych wrażeń nadesłanych pocztą elektroniczną. *zobacz - str. 18*

STATYSTYKI

▶ **LICZEBNOŚĆ ZAKONNÓW MĘSKICH W POLSCE** (w latach 1961-2001) *zobacz - str. 31*

DODATEK

❗ **Wnioski zatwierdzone na ostatniej Zwyczajnej Kapitule Generalnej w Ariccia** w styczniu i lutym 2001 r. Zmiany w Konstytucjach i Statutach Generalnych. *po str. 20*

▶ **Przesłanie uczestników Zwyczajnej Kapituły Generalnej w** Ariccia 2001 do Braci w Zakonie. *(w dodatku)*

Na zdjęciu: pierwsi misjonarze w Ugandzie, o. Marcin Zagórski i o. Bogusław Dąbrowski, wraz z tamtejszymi biskupami (wrzesień 2001r.).

Zarząd krakowskiej prowincji franciszkanów oficjalnie zatwierdził otwarcie swojej nowej misji w Ugandzie (Afryka)

UGANDA
POWSTAJE MISJA

Projekt misji w diecezji Kasana-Luweero, w miejscowości Kakooge, był przygotowywany już od kilku lat. Od roku przebywał tam o. Marcin Zagórski, pracujący do tej pory w Zambii. Na początku sierpnia br., po przygotowaniu w Centrum Formacji Misyjnej w Warszawie, do parafii św. Judy Tadeusza w Kakooge wyjechał drugi z braci misjonarzy - o. Bogusław Dąbrowski.

Decyzja o prowadzeniu misji zapadła po zapewnieniu ze strony Zarządu Zakonu, że wraz z polską prowincją weźmie on odpowiedzialność za obecność w Afryce. Misja w Ugandzie stała się tym samym misją prowincji i Zakonu. *ciąg dalszy - str. 3*

WYDARZENIA

Oświęcim

60. rocznica śmierci św. Maksymiliana Kolbe

Główna część uroczystości 60. rocznicy męczeńskiej śmierci św. Maksymiliana Marii Kolbego odbyła się we wtorek 14 sierpnia na terenie byłego obozu Auschwitz-Birkenau. Rano z kościoła św. Maksymiliana w Oświęcimiu wyruszyła pielgrzymka do celi śmierci o. Kolbego. Mszy św. przy bloku 11. przewodniczył kardynał Franciszek Macharski.

Wzięli w niej udział biskupi (m. in. z Krakowa, Bielska-Białej, Tarnowa, Rzeszowa, Sosnowca, Katowic i Szczecina), prowincjałowie franciszkanów (OFMConv) z Krakowa, Warszawy i Gdańska, duchowni, byli więźniowie obozu oraz kilka tysięcy wiernych, w większości przedstawicieli Rycerstwa Niepokalanej (MI) z całej Polski oraz goście z zagranicy.

Po Mszy świętej uczestnicy uroczystości złożyli kwiaty u celi śmierci, pod ścianą straceń i na miejscu apelowym. Pielgrzymka MI zakończyła się w Oświęcimiu - Harmężach w Centrum św. Maksymiliana.

ciąg dalszy - str. 3

Peru

Rocznica w Peru i w Polsce

W tym roku (9 sierpnia) przypadła 10. rocznica męczeńskiej śmierci polskich misjonarzy w Peru. W Pariacoto, miejscu ich śmierci przebywała grupa Polaków, wśród nich najbliższa rodzina zamordowanych misjonarzy oraz przedstawiciel prowincji, o. Zenon Szuty. Franciszkańscy misjonarze o. Zbigniew i o. Michał zostali zamordowani w 1991 r. przez terrorystów z Sendero Luminoso.

W dniach 6-8 sierpnia br., w wielu klasztorach krakowskiej prowincji odbyło się trzydniowe liturgiczne przygotowanie, poprzedzające to rocznicowe wydarzenie. Główne uroczystości odbyły się 9 sierpnia br. w bazylice św. Franciszka z Asyżu w Krakowie. Przewodniczył im prowincjał o. Kazimierz Malinowski.

Równocześnie przy grobach polskich misjonarzy w Pariacoto, modlili się pielgrzymi z Polski. Uroczystościom w Ameryce Płd. przewodniczy wieloletni misjonarz z Boliwii - o. bp Stanisław Dowlaszewicz OFMConv. ▶

zobacz więcej - str. 20

Budowa w rytmie ju-jitsu

Codziennie przychodziłem na miejsce budowy i wyobrażałem sobie, jak będzie wyglądał nasz przyszły dom. Siadałem na pniu i na kartce kreśliłem plany sytuacyjne rozwoju misji. Tam w dole po wykopanym drzewie, gdzie roiło się od szczurów, będzie garaż, a obok kuchnia polowa. Potrawy będzie się gotowało przy użyciu węgla drzewnego, którego w okolicy jest pod dostatkiem. Będzie to znacznie tańsze niż gaz... Tylko kiedy tak będzie? — zastanawiam się w duchu. Do rozwoju misji potrzebowaliśmy więcej ziemi, niż darował nam biskup. Zacząłem się zatem interesować tym, czy jest możliwy zakup ziemi w Ugandzie przez obcokrajowców.

Według wierzeń miejscowych ludzi prawowitymi właścicielami ziemi są ich przodkowie. Przed okresem kolonialnym dystrybucja ziemi należała do króla, który zarządzał nią w imieniu przodków. Ziemia stanowiąca własność klanów i królowej matki była jedynym rodzajem prywatnej własności. Znajdowały się w niej groby przodków, a zarazem ośrodki kultu religijnego. W związku z tym lud Baganda ma szczególne przywiązanie do ziemi. Teraz prawo się zmieniło, ale białym i tak byłoby ciężko nabyć ziemię. Dlatego otrzymujemy ją od biskupa na zasadzie dzierżawy, a on jako Afrykańczyk jest jej prawowitym właścicielem.

Prowadząc budowę domu, zgłębiałem też tajniki miejscowej architektury. W Afryce czynnikiem kształtującym architekturę tradycyjną są klimat i funkcja użytkowa danego budynku. Przy projektowaniu chat ludzie wzorują się na naturze, obserwując, jak budują swoje schrony ptaki i termity. Konstrukcję domu określa materiał, jaki jest na danym terenie najłatwiej dostępny, najczęściej są to glina, gałęzie i trawa. Chaty są naj-

Wymiana trawy
na dachu murzyńskiej chatki

częściej budowane na wzór kopców termitów i panuje w nich
chłód. Klimat ma wpływ na ilość otworów, by w upale powietrze miało ruch i tym samym chłodziło wnętrze. Wedle tych
wzorców budowane są takie same chatki z pokolenia na poko-
lenie.

Tradycyjny dom w plemieniu Baganda zbudowany jest na
planie koła, zazwyczaj z dwoma drzwiami naprzeciwko siebie.
Nad drzwiami wejściowymi dach jest przedłużony na wzór werandy, która jest w kształcie podkowy. Z dachu werandy spada
sięgająca prawie ziemi trawa. Kształt drzwi to bardzo wysoki
owal. Dach ma najwyższy punkt na środku domu. Jest zbudowany z dużej liczby łodyg palmowych lub patyków ułożonych
wewnątrz, w środku podparty prostym palem z palmy daktylo-
wej. Konstrukcja jest z drewna, a ściany są misternie wyplata-

ne z wiotkich gałęzi, które potem są wypełniane gliną. Wnętrze jest skromnie wyposażone w zestaw najpotrzebniejszych sprzętów: gliniane naczynie na wodę, maty do spania, narzędzia do kopania ziemi, noże i siatki do polowania. Podłoga zrobiona jest z gliny i pokrywa się ją suchymi liśćmi bananowca lub matami wyplatanymi z suchej trawy. Palenisko znajduje się przy oknie, aby dym mógł opuścić chatkę. Przy ścianach rozłożone są drewniane łóżka dla mężczyzny i żony, z którą spędza daną noc. Chaty bogatego i biednego mają podobny kształt, ale różnią się rozmiarem.

W większości mieszkańcy naszej parafii też budują domki z gliny, ale kryją je blachą. Nie jest to najlepsze rozwiązanie. W czasie upałów w chatce z trawiastym dachem przyjemnie jest odetchnąć, natomiast w tej z blaszanym pokryciem jest duszno i gorąco. Blacha jest trwalsza, trawę bowiem trzeba często wymieniać — czasem po każdym deszczowym sezonie. Niektórzy budują całe domy z blach, ma to być oznaką nadchodzącej cywilizacji. W słońcu temperatura w takiej metalowej puszce jest jednak nie do wytrzymania, oczywiście dla Europejczyka, któ-

Afrykańskie dachy mają wiele funkcji

© ARCH. AUTORA

ry przywiózł blachę wraz z cywilizacją. Poza blachą w wioskach nie ma wielu oznak postępu, brakuje elektryczności, toalet, a nawet szyb w oknach. Poza tym ludzie nie trzymają w domkach żadnych mebli z drewna i książek, by nie zjadły ich termity. Wszystko to dla Europejczyka musi brzmieć wręcz niewiarygodnie.

Na początku budowy robotnicy ignorowali moje uwagi. Poleciłem na przykład, by kładąc płytki na ścianie w łazience, dobierali je w pasujące wzory. Niestety przytwierdzili je na chybił trafił. Po pracy, kiedy przyszedł czas na wypłatę, wpadłem w szał i przypomniałem sobie uderzenia, które kiedyś ćwiczyłem na treningach ju-jitsu (jedyny samurajski system walki bez broni). Nogi latały w powietrzu, łamiąc płytki, odrywając je od ściany, a te fruwały jak białe gołębie. Najpierw krzywe ściany wyprostowały się od kopnięć, po czym runęły na ziemię.

— Albo budujecie nowe ściany i kładziecie płytki porządnie — krzyczałem — albo wyrzucam was natychmiast z pracy! Zaskoczenie na twarzach robotników. Inżynierowi szczęka opadła. Potakując głową, z trudem wypowiedział słowa:

— Tak, odbudujemy ruiny.

I odtąd zaczęli mnie traktować poważnie. Kiedy pojawiła się jakaś wątpliwość, przychodzili po radę i akceptację, a potem robili dokładnie według otrzymanej instrukcji. Później, kiedy zorientowałem się, że wielu z nich nie zna angielskiego i mogli mnie do końca nie zrozumieć, dopadły mnie wyrzuty sumienia. Tutejsi mieszkańcy zawsze odpowiadają „tak", nawet gdy nic nie rozumieją. Ale o tym dowiedziałem się dopiero później. Postanowiłem powalczyć z moim „góralskim" temperamentem. Ponad „góralem" musiałem być dla nich kapłanem.

Od początku jednak przerażał mnie brak poczucia estetyki u miejscowych mieszkańców. Nie przeszkadza im, że wokół

Ekologiczne wywożenie śmieci.
Smród i ręczna praca

ich domów jest mnóstwo śmieci. Co chwila dorzucają jeszcze nowe. Denerwują mnie dziury w drodze, a raczej obojętny stosunek mieszkańców do tego problemu. Część dziur można by było łatwo zasypać, choćby w jednodniowym czynie społecznym. Jednak nikt nie ruszy głową ani rękoma. W czasie deszczu gromadzi się w dziurach woda, stoją kałuże, w których lęgną się komary, źródła malarii. Jakaś wrodzona albo wyuczona totalna bezradność tubylców, której nie umiem zrozumieć, nie daje mi spokoju.

Luganda — język natury

Równocześnie z budową obaj z ojcem Marcinem rozpoczęliśmy naukę języka luganda u miejscowego nauczycielem Kato. Nie szło nam. Dodatkowo mnie osobiście doskwierał bardzo upał. Nauczyciel, by nas pobudzić, opowiadał niesamowite historie, np. że widział, jak biegnący czarownik zamienił się w lamparta albo jak jego przodkowie z kory drzewa figowego wyrabiali materiał na ubrania. Podczas poznawania nazw miesięcy zwróciło moją uwagę opowiadanie, które w sposób obrazowy pokazuje pochodzenie nazwy miesiąca — czerwca. *Ssebo aseka* (tata się tylko uśmiecha). W czerwcu występuje wzrost przypadków malarii. Ma to związek ze żniwami kukurydzy, w której liściach zalęgają się komary, mają tam bowiem doskonałe warunki do rozwoju. Podczas zbiorów są rozdrażnione z powodu utraty schronienia i atakują ludzi, którzy potem z braku leków umierają na malarię. W kolejnej opowieści kobieta upiekła na ogniu kolbę kukurydzy i poprosiła synka, by zaniósł ją ojcu. Kiedy dziecko chciało podać jedzenie tacie, ten siedział na krześle, miał otwarte usta, jakby w uśmiechu, ale

Animals   Ensolo

Endogoyi

Cat kkapa

Goat   embuzi   Rabbit akamyu

Dog   embwa   Cow ente

Pig   embizzi   Sheep endig

Nauka języka luganda

nie reagował na słowa dziecka. Synek wrócił do mamy i powiedział, że tata nie chce jeść, tylko się stale uśmiecha. Kobieta poszła do męża i zobaczyła go zastygłego w pośmiertnej pozie. Ze wszystkimi nazwami miesięcy związane są podobne, fascynujące historie. Dzieci uczą się o nich, aby nie tylko zapamiętać nazwę, ale kojarzyć, co będzie się działo w danym miesiącu*. Dzięki wiedzy i bujnej wyobraźni nauczyciela nasze lekcje nie były nudne i dało się jakoś przetrwać upał. Nie mając dobrego słuchu muzycznego, często źle akcentowałem słowa. Na przykład słowo *amazzi*, kiedy akcent pada na środkową sylabę, znaczy woda, a gdy akcentowana jest końcowa sylaba, znaczy... mocz. Łatwo sobie wyobrazić, co się działo, gdy położyłem zły akcent w czasie sprawowania sakramentu chrztu. Takimi gafami wywoływałem na początku mojego pobytu salwy śmiechu pośród tubylców.

Nauka języka obcego zawsze zresztą, w moim przypadku, oznaczała drogę przez mękę. Wspomniałem o kursie językowym w Manchesterze, w Anglii, przed wyjazdem do Ugandy. Pojechałem tam, wykorzystując oszczędności z... książeczki

---

* Styczeń (*Gatonnya*) — dojrzewają banany, zaczyna się pora sucha. Luty (*Mukutula-nsanjasanja*) — pora sucha powoduje wysuszenie liści bananowców i ich spadanie. Marzec (*Mungula–nsigo*) — zaczyna się pora deszczowa i należy przygotować nasiona. Kwiecień (*Kafumuulampawu*) — wylatują białe mrówki. Maj (*Muzigo*) — jest dużo deszczu i rośliny wyglądają, jakby je ktoś posmarował olejem. Czerwiec (*Ssebo aseeka*) — występuje dużo przypadków malarii. Lipiec (*Kasambula*) — okres, w którym jest dużo pracy na polach. Sierpień (*Mukwakanya*) — druga pora deszczowa. Wrzesień (*Mutunda*) — okres, w którym sprzedaje się plony z pól. Październik (*Mukulukusa-bitungotungo*) — okres deszczu, który wypłukuje nasionka sim-sim. Listopad (*Museenene*) — na polach pojawia się szarańcza w dużych ilościach. Grudzień (*Ntenvu*) — pojawia się robak „ntenvu".

PKO, którą założyli mi rodzice w dniu urodzin, w czasach głębokiego PRL-u — w 1966 roku. Po śmierci taty brat przekazał te oszczędności zakonowi. W klasie maturalnej pieniądze zebrane na tej książeczce miały wartość fiata 126 p, a po reformie Balcerowicza można było już za nie kupić najwyżej rower. Gdy wyjechałem do Anglii, wystarczyło już tylko na opłacenie 45 godzin kursu angielskiego. Franciszkanie z Anglii dali mi pokój i wyżywienie, prowincjał z Krakowa opłacił mi podróż i wydawało się, że wszystko pójdzie jak z płatka. Tyle tylko, że do szkoły językowej przy Canal Street z klasztoru St. Clare Friary miałem ponad dwanaście mil... Wychodziłem wcześnie rano i wracałem wieczorem. Ponieważ nie miałem pieniędzy na autobus, chodziłem na piechotę. Droga w jedną stronę zabierała mi trzy i pół godziny. Przychodziłem do szkoły już zmęczony, a wracając do domu, nie miałem siły odrabiać lekcji. Po dwóch tygodniach pękły mi pęcherze na stopach i z nóg sączyła się krew. Każdy krok sprawiał mi ból. Zacząłem się modlić i rozglądać po ulicy, czy nie leżą gdzieś pieniądze, za które mógłbym kupić bilet autobusowy. W trzecim tygodniu znalazłem podczas marszu pięciofuntowy banknot i jeszcze kilka monet centowych. Chodziłem też na pole golfowe szukać zagubionych piłeczek. W lasku i w jeziorku znalazłem osiem, i sprzedałem je w pobliskim sklepie za dwadzieścia centów każdą. W ostatnim tygodniu pobytu polskie siostry pracujące w Manchesterze poprosiły mnie, abym odprawił im mszę i je wyspowiadał. Za posługę ofiarowały mi dziesięć funtów. Ostatni tydzień czułem się więc komfortowo — mogłem wreszcie jeździć do szkoły autobusem. Tamten pobyt w Anglii nauczył mnie pokory. Przydała się tutaj, w Ugandzie.

Oprócz tego, czego uczył nas o kulturze Baganda nauczyciel, sami zdobywaliśmy doświadczenia, żyjąc pomiędzy miejscowymi ludźmi. Pamiętam ich wielokrotne zażenowanie, gdy pytałem: która jest godzina? Najczęściej odpowiadali:

— jest około dziesiątej, bo ludzie wracają z pola;

— jest południe, bo słońce jest wysoko;

— zbliża się piąta po południu, bo ludzie poją krowy.

Nawet ci, którzy nosili zegarek na nadgarstku, odpowiadali w ten sposób, bo po pierwsze najczęściej nie działał, i służył tylko do ozdoby, a poza tym określenie czasu za pomocą zjawisk naturalnych mają we krwi. Czas jest mierzony w Ugandzie za pomocą znaków przyrody. Budzące się ptactwo oznajmia początek dnia. Siódma godzina jest dla mieszkańców Bagandy zarówno pierwszą, jak i ostatnią godziną dnia. Od siódmej do dziewiątej rano — *kumaka* (wczesny poranek), od dziesiątej do jedenastej — *kalasa* (w tym czasie koniki polne są aktywne, robią hałas). Czas można było także rozpoznać po przesuwającym się słońcu, które dawało odpowiedni cień, albo po dojeniu bydła. Kiedy słońce było w zenicie, w południe — *mutuntu*, to znak, by ukryć się przed upałem pod strzechą, zjeść posiłek i odpocząć. Od drugiej do piątej po południu — *olwegulo* (po południu księżniczki wychodzą z domu popatrzeć na słońce), od szóstej do siódmej wieczorem — *kawungezi* (wieczór, robi się ciemno), od ósmej do dziewiątej wieczorem — *ekiro* (noc), od dziesiątej do jedenastej w nocy — *kawoza masiga* (kamienie służące jako podstawki dla naczynia do gotowania robią się zimne), północ — *mutumbi* (bardzo ciemna noc), o trzeciej nad ranem — *matansejere* (białe mrówki, termity wylatują z ziemi), o czwartej rano — *kinyuwambogo* (czas, gdy bawoły idą do wodopoju), o szóstej rano — *makiri* (pieją kury, świta).

Kłopoty z określeniem czasu nie dotyczyły tylko pór dnia, ale także wieku człowieka. Na przykład, odwiedzając chorych, pytałem, ile dana osoba ma lat, by odnotować to w księdze parafialnej. Odpowiadali, że sto, bo pamięta dziadka obecnego króla. Kiedyś katechista powiedział mi, że chory ma bardzo dużo lat, ponieważ jak był dzieckiem, to Anglicy przyszli do Bagandy. Lata określa się na podstawie wydarzeń, które dana osoba pamięta.

Dla Afrykańczyków nie istnieje czas liniowy: przeszłość, teraźniejszość i przyszłość. Ludzie żyją w czasie wydarzeń obecnych, które rozgrywają się na tle wydarzeń przeszłych i są z nimi w jakiś szczególny sposób połączone. Długo nie mogłem zrozumieć, jak miejscowi pojmują czas, i prawdę powiedziawszy, chyba do dziś mi się to do końca nie udało.

Komunijne piżama party

Dwudziestego ósmego października w pierwszym roku mojego pobytu, w uroczystość świętego Judy Tadeusza, mieliśmy odpust parafialny. Przyjechał nasz biskup Kizito Lwanga i przyszło mnóstwo ludzi z wiosek. Podczas tej uroczystości dzieci przystąpiły do pierwszej komunii świętej, a młodzież otrzymała sakrament bierzmowania. Te sakramenty w parafii są udzielane podczas odpustu, by podnieść rangę wydarzenia. Dzieci były już o ósmej rano w kościele, ponieważ potrzebna była generalna próba ustawienia procesji ze świecami oraz śpiewu. Msza święta zaczęła się po godzinie dziesiątej, a skończyła... o czwartej po południu. Dzieci grzecznie siedziały i śpiewały bite siedem godzin z pustymi żołądkami Część z nich przyszła do kościoła w piżamach, które otrzymały w darach z Europy. Szczególnie zapamiętałem chłopczyka, który przystępował do pierwszej

Dzieci, które otrzymają
po raz pierwszy komunię świętą

© ARCH. AUTORA

Moje kochane „piżamki".
Do kościoła w tym,
co najlepsze

komunii we flanelowej piżamce w misie. Prawdopodobnie podobało mu się bardzo to ubranko, dlatego przyszedł w nim na uroczystość. Ale i tak wydawał mi się bardziej skoncentrowany na fakcie przyjęcia po raz pierwszy Jezusa niż na swoim ubraniu. Przypomniałem sobie wtedy historie z Polski, gdy przygotowywałem dzieci do pierwszej komunii świętej. Te długie, nużące dyskusje toczone z rodzicami na temat tego, w jakim ubraniu dzieci mają przystąpić do tego sakramentu. Dla każdego księdza to prawdziwe przekleństwo.

W kościele prawie wszystkie dzieci kaszlały, ponieważ była pora deszczowa. Łatwo się przeziębiają, ponieważ noce wtedy są chłodne, a one śpią na matach. Najczęściej przykrywają się workami po manioku lub fasoli. W jednym pomieszczeniu śpi pokotem cała rodzina, około dziesięciu osób.

Dziewczynki ze szkoły podstawowej ubogaciły liturgię tańcem. W rytm bębnów przy akcie pokuty okazywały swoją pokorę, trzymając złożone ręce na piersiach. Przed Ewangelią zespół chłopców odgrywał scenę przybycia pierwszych misjonarzy do Bagandy. Przybyli na łodziach, płynąc przez Jezioro Wiktorii z Bagamoyo do Entebe. Jest to przyjmowane radosnymi okrzykami, które towarzyszą tej barwnej procesji. Biskup mówił kazanie ponad dwie godziny. Długo witał właśnie nas — nowych misjonarzy. Mówił o tym, skąd przybyliśmy, że jesteśmy rodakami papieża Jana Pawła II. Opowiadał o swoich doświadczeniach z okresu, gdy studiował w Rzymie. O tym, jak w każdą niedzielę chodził na plac św. Piotra, by słuchać nauczania Ojca Świętego. Po wspomnieniach odpytywał dzieci z katechizmu, a one chórem odpowiadały. Dzięki temu cały Kościół przypominał sobie te prawdy i przykazania.

Liturgia Eucharystii trwała wiele godzin, ale nikt się nie nudził, dzięki pięknym śpiewom i tańcom. Ludzie w takt muzyki szli tanecznym krokiem, niosąc arbuzy, słodkie ziemniaki, kury, a także dwie kozy. Każdy taki dar biskup błogosławił. Ludzie Baganda w tańcu poruszają głównie stopami i biodrami. Akompaniują im bębny. Istotną częścią tego tańca jest klaskanie i charakterystyczny, nieustający uśmiech, nietypowy dla plemion z północy, które w czasie tańca obowiązkowo zachowują powagę. Ważną częścią ich kostiumów jest z kolei skóra z kozła, którą tubylcy przepasują biodra. Ponadto kobiety mają spódniczki zrobione z suchej trawy.

Na tę uroczystość kobiety przyszły w tzw. gomes, czyli długich sukniach owiniętych grubymi pasami, natomiast mężczyźni byli w białych, długich sukniach podobnych do tych, jakie noszą muzułmanie — kanzu — i marynarkach. Suknie miejscowych kobiet są niezwykle kolorowe, pełne zygzaków i prążków albo we wzory skopiowane ze skrzydeł motyli. Myślę, że bogactwo afrykańskiej przyrody inspiruje projektantów mody. Wiele kobiet przyszło z niemowlakami i bez skrępowania podczas mszy karmiły je piersią. Jest to w Ugandzie zachowanie naturalne i powszechnie przyjęte.

W dawnych czasach ludzie Baganda nosili skóry zwierząt jako ubrania. Potem ubierali się w materiał z kory drzew figowych, lubugo, a jadąc w podróż, wkładali sandały. Były zrobione ze sztywnej skóry byków i miały bardzo grubą podeszwę, podwijaną na brzegach tak, że stopa spoczywała w pewnego rodzaju łódce.

Po Eucharystii udaliśmy się na obiad. Podano miejscowe potrawy. Można było nakładać sobie, ile kto chciał, i najeść się do syta. Parafianie podchodzili do wielkich garów i nakładali jedzenie na duże plastikowe talerze. Pierwszy raz widziałem, że można tyle zjeść naraz. Ale ludzie wykorzystali tę okazję, by najeść się na kilka dni. Najpierw nakładali matooke, słodkie ziem-

Para z plemienia Baganda
w tradycyjnym stroju
— gomes i kanzu

niaki i kasawę, czyli maniok. Słodkie ziemniaki polewali sosem z orzeszków ziemnych, na matooke kładli porcję kurczaka, a na kasawę wołowinę. To wszystko nakryli gotowanymi warzywami: bakłażanami i sumałyki. Do plastikowych kubków nalewali miejscowe piwo bananowe — *tronto*. Po spożyciu tej góry jadła szli jeszcze po deser, składający się z ananasów i pokrojonych w duże kostki arbuzów. To była wspaniała i niezapomniana uczta — słowem wystawiliśmy się zgodnie z dawnym zwyczajem „czym chata bogata". A wszystko to pochodziło z darów zebranych od mieszkańców.

Dobry i obfity posiłek nadaje ceremonii odpowiednią rangę. Wszyscy składali się na niego przez długi czas przed uroczystością. Dzień przed świętem jeździłem po wioskach należących do parafii i zbierałem dary potrzebne do nakarmienia gości. To było wspaniałe doświadczenie. Witający mnie mieszkańcy wiosek nie zawsze byli ubrani, ale zawsze uśmiechnięci i gościnni. Dzieci w wioskach zrywały się na mój widok jak ptaki, tylko nie uciekały, a podlatywały i biegły za mną, wołając:

— Fadze, fadze!

Czasem miałem wyrzuty sumienia, bo w obliczu takiej spontaniczności należało się zatrzymać i poświęcić im więcej uwagi. Na to jednak brakowało czasu.

Po obiedzie, na placu przed kościołem odbywała się część artystyczna. Dzieci z Kyabutayiki zaprezentowały tradycyjną pieśń Baganda *Lugaba nalagira*, która mówi o tym, że świeci słońce, pada deszcz i pojawiła się tęcza, którą zesłał Bóg, by udekorowała niebo i była znakiem od niego, że troszczy się o świat. Dzieci z Katugo przygotowały tradycyjny bardzo szybki taniec *bakisimba*. Kiedy ludzie wybiegli na klepisko i poruszali się w rytmie bębnów, dałem się ponieść emocjom i dołączyłem do grupowego tańca. Po chwili wpadliśmy w trans. Wszyscy, nawet dotąd jedynie obserwujący, dawali upust emocjom w gestach, takich jak podniesione dłonie, skoki czy radosne okrzyki. Wciąż bardzo lubię taniec. Kiedyś poświęcałem mu dużo czasu. Mogę się w nim wypowiedzieć ciałem. Podoba mi się spontaniczność afrykańska, którą widać nawet w sposobie chodzenia w tanecznym rytmie. Wszędzie tańczą i śpiewają. Nie wstydzą się, że nie zawsze w odpowiednim miejscu i czasie. Lud Baganda wierzy, że jeżeli jest coś, co naprawdę łączy wszystkich Afrykańczyków, to właśnie ich zamiłowanie do muzyki, tańca i śpiewu. Afrykańskie serca wybijają rytm i w tym rytmie się poruszają. Jest to rytm życia. Poprzez ruch wydostajemy się z chaosu. Wszystkie uroczystości wypełnione są śpiewami i tańcami. Najbardziej popularnym instrumentem u Baganda jest bęben, który może wydawać setki różnych dźwięków, mających określone znaczenie. Do dziś w wioskach ludzie posługują się bębnem do przekazywania informacji. Inaczej zawiadamia się o tym, że ktoś się urodził, inaczej, że będzie się żenił albo że umarł. Bęben wzywa na zgromadzenie modlitewne lub do wspólnej pracy, np. na żniwa. Bębny zrobione są zwykle z drzewa *musizi* lub *muvule* i różnią się formą oraz wielkością.

Jedną z pierwszych rzeczy, którą zrobiłem po przylocie do Ugandy, to napisałem dla kanadyjskiego pisma „Z Pomocą" projekt wykorzystania instrumentów muzycznych w pracy misyjnej. Za otrzymane wynagrodzenie zakupiłem dla parafii kilka zestawów bębnów*. Ponadto popularnymi instrumentami są

---

* W zespole bębnów najważniejszy jest długi bęben o wysokim, głośnym dźwięku *ngalabi*. Oprócz niego używa się malutkiego bębna *namunjoloba*, obsługiwanego zazwyczaj małymi pałeczkami. Kolejny bęben to tzw. *jakuba*, wielki instrument o niskim tonie basowym, do wydobycia którego służy nienapięta skóra, następnie bęben średni do nadawania

tu również flety, zrobione z bambusa lub z grubych łodyg prosa, z trawy słoniowej i trawy cukrowej, rogi i trąbki z rogów krów i antylop i wszelkiego rodzaju grzechotki *akacense* i dzwonki, ksylofon i ugandyjska harfa*.

List do brata

Przed pierwszymi świętami Bożego Narodzenia napisałem do mojego brata.

Kochany Darku,

Jestem już trzy miesiące w Ugandzie. Obecnie czuję się dobrze, chociaż ciągle przechodzę aklimatyzację, to znaczy dostosowuję się do miejscowego jedzenia, klimatu i kultury. Ziemia jest czerwona, ruch jest lewostronny, a kobiety noszą na głowach takie ciężary, że u nas taksówka tyle nie przewiezie. Jest tu taki zwyczaj, że kiedy mężczyzna pozdrawia kobietę, to ona natychmiast klęka na dwa kolana, nawet gdy stoi w błocie. Następnie

rytmu, *mujaguzo* — bęben królewski, ostatni zaś i najważniejszy wśród bębnów to *empunyi*.
* Harfa ugandyjska jest dokładną kopią harfy używanej w starożytnym Egipcie. Dostarczono ją do Ugandy Nilem lub okrężną drogą handlową z Egiptu do Somalii, a stamtąd do Ugandy. Harfa zbudowana jest z następujących części: płytkiej drewnianej miski w kształcie pancerza żółwia oraz cienkiego kawałka skóry owcy lub antylopy, który jest na niego naciągnięty. Na jednym końcu miski przymocowany jest długi, gładki, podkręcony kawałek drewna. Harfa ma zazwyczaj osiem strun, które są przymocowane do pokręteł na drewnie i do drugiego końca miski.

oboje wypowiadają długie formuły pozdrowienia. Bagandyjczycy mają bardzo rozbudowane pozdrowienia. W kontekście tej kultury pojąłem, dlaczego Jezus zaleca Apostołom, aby szli głosić Ewangelię i nikogo w drodze nie pozdrawiali. Prawdopodobnie chodziło Mu o to, że w drodze spotkają wiele osób i gdyby się wdali z nimi w te formalne pozdrowienia, nigdy by swojej misji nie doprowadzili do końca. Niedawno gościłem w domu, gdzie gospodyni, podając nam obiad, miejscowym zwyczajem padła na kolana i zaczęła nas pozdrawiać. Po tym rytuale zadano mi pytanie, czy w moim kraju jest podobny zwyczaj. Odpowiedziałem, że w Polsce należy do kultury osobistej, by mężczyzna na powitanie pocałował kobietę w rękę. Mężczyźni tutejsi słuchali tego wyjaśnienia ze zdziwieniem i niedowierzaniem.

Tutejsze krowy mają bardzo długie rogi. Dla lepszego wyobrażenia ich sobie dołączam zdjęcie. Koło domu Ssabakristu z Ntutti, który jest uciekinierem z Rwandy, wszędzie widziałem łajna krowie. W naszej kulturze byłoby to oznaką nieporządku, a tutaj krowa jest bardzo ważna i stąd nawet jej odchody używa się do wielu rzeczy. Na przykład plemiona Tutsi stosują je jako spoiwo do budowy domu albo jako pastę do podłogi. Inne plemiona suszą je na opał, a krowim moczem dezynfekują tykwy, czyli butelki na mleko.

Jednak nie dla wszystkich plemion krowy są tak ważne. Niedawno, jadąc do Kampali, mijałem ciężarówkę wiozącą krowy do rzeźni. Jechały w strasznych warunkach z nogami na zewnątrz ciężarówki, a ponad metrowe rogi powkręcane w rury, co u niektórych zwierząt spowodowało zapewne skręcenie karku jeszcze

© ARCH. AUTORA

Krowy mają odpowiednie rogi, by bronić się przed dzikimi zwierzętami

Parafianie zdążają na niedzielną mszę

© ARCH. AUTORA

przed przybyciem na miejsce przeznaczenia. Niekiedy krowę wiezie się na targ na motorze. Nie jest to rzadki widok i nic trudnego dla miejscowych, ponieważ większość krów jest przeraźliwie chuda, a tym samym lekka. Afryka to kontynent kolorów. Na co dzień można to zauważyć w przyrodzie, barwach zwierząt i ubiorach ludzi. Słońce, dając światło, kreuje różne barwy w zależności od natężenia światła i zmiany pozycji w ciągu dnia. Niebo w południe jest błękitne jak bramy raju. Zieleń mieni się odcieniami, od nasyconej, która zdaje się tłusta, poprzez głębie ziół, aż do świeżości pąków wydobywających się z gałązek. Zwierzęta i ubarwione ptaki przystosowane do koloru otoczenia. Kiedy to piszę, na spalonej gałązce drzewa obok mnie siedzą dwa maleńkie ptaszki, jeden czerwony jak ogień, a drugi niebieski jak niebo. Węże inspirują zygzakami widocznymi w wielu afrykańskich wzorach. W porze deszczowej zazwyczaj po południu jest burza. Ziemia w strumieniach deszczu wygląda, jakby krwawiła i znikała w ogniu piekielnym. Po godzinie deszczu chmury znikają i pojawia się tęcza, znak nadziei, w kompozycji resztek kropli spadających z nieba i promieni słońca.

Byłem bardzo zaskoczony, gdy pierwszy raz widziałem chłopców i mężczyzn spacerujących i trzymających się za ręce. Wyjaśniono mi, że nie ma to jednak nic wspólnego ze skłonnościami homoseksualnymi. Po prostu taka jest kultura. Jeżeli ktoś jest aktywnym homoseksualistą w Ugandzie, to grozi mu więzienie. Była nawet propozycja, aby kontakty homoseksualne karano śmiercią. Jednak pod wpływem międzynarodowej presji prawo zmieniono na dożywotnie więzienie. Rzadko nato-

miast można spotkać sytuację, że kobieta i mężczyzna, idąc, trzymają się za rękę. Niektóre programy przychodzące z Europy zachęcają Ugandyjczyków, aby poprzez ten gest okazywali, że są zakochani i myślą poważnie o planowaniu życia we dwoje. Europejczycy mają tendencję, aby poprawiać miejscową kulturę.

Najciekawszą jednak historią, która mi się tu przydarzyła dotychczas, jest ta, gdy sprawowałem Eucharystię z miejscowym kapłanem, który jest w naszej parafii proboszczem. Miał on ochrzcić dziecko w naszym kościele. Ponieważ ceremonia się przedłużała, odrobinę sobie przysnąłem na przydługim kazaniu. Obudziły mnie krzyki, a właściwie kłótnia pomiędzy kapłanem a wiernymi. Zapytałem go, o co chodzi? Odpowiedział, że przyczyną napięcia jest imię, które rodzina chce nadać dziecku. Wybrali imię Dariusz. Według kapłana przewodniczącego liturgii biskup polecił, aby na chrzcie nadawać imiona świętych albo tradycyjne przodków. Ksiądz Byansi nie znał takiego imienia. Powiedziałem mu, że mój brat, czyli Ty, na chrzcie też otrzymałeś imię Dariusz. Tym go przekonałem, pozwolił, aby ceremonia chrztu toczyła się dalej, a ja zyskałem wdzięczność jednej rodziny więcej w parafii.

Tą historyjką, w której i Ty miałeś swój udział, kończę ten list. A z okazji zbliżających się świąt Bożego Narodzenia życzę Tobie, Agnieszce i Kasi radosnych Świąt. Ucałuj je ode mnie. Proszę Was o modlitwę.

Bogusław

PS Dla mnie będą to pierwsze święta bez śniegu, nie wiem, jak to przeżyję...

Dobry i ładny z klanu Ngeye

W dniu moich imienin, osiemnastego grudnia 2001 roku, parafianie z Kakooge po mszy świętej zgromadzili się przed nowo wznoszonym kościołem, by nadać mi lokalne imię i przyjąć do plemienia Baganda*. Ceremonię prowadził Kato Tebandeke, który należy do klanu królewskiego — Abalangira. Na początku

* Lud Baganda tworzą 52 klany składające się z wielu rodzin mających wspólnego przodka i aktualnego przywódcę. Abalangira to klan rodziny królewskiej. Większość klanów jednak nosi nazwy zwierząt. Klany: Nyonyi — ptaka, Nte teriko mukira — krowy bez ogona, Nganga — dzioborożca, Kitete, Nkima — małej małpy, Ngabi — małej antylopy bez ogona, Mamba — ryby z rodzin dwudysznych, Ngonge — wydry, Mbogo — bawołu, Ndiga — owcy, Njovu — słonia, Butiko — grzyba, Nseenene — konika polnego, Fumbe — dużego kota, Ngo — leoparda, Nkerebwe — wiewiórki żyjącej na drzewach, Mpindi — fasoli, Njaza — sarny, Musu — szczura jadalnego, Nkejje — srebrnej małej rybki, Namugona — kruka, Kinyomo — czerwonej mrówki, Mazzi g'e kisasi — rynny w chacie z trawy, Nsuma — małej rybki, Nsawaswa — jaszczurki, Ntalaganya — afrykańskiej antylopy krętorogiej z rodziny dujkerów, Ngeye — gerezy, Nnyange — białego ptaka, który wyjada insekty ze skóry bydła, Kasiimba — małego leoparda, Mbwa — psa, Kibe — szakala, Kkobe — jadalnego korzenia yam, Nvubu — hipopotama nilowego, Mutima — serca, Kayozi — szczura skaczącego, Lukato — igły, Enkebuka — wiewiórki żyjącej w buszu, Nkula — nosorożca, Ngaali — żurawia koroniastego, Katinvuma — małego krzewu, Mpologoma — lwa, Kiwere — rodzaju trawy, Mpewo — małej antylopy, Enkusu — papugi, Ekibuba — ryby, Jazi — szarańczy, Nte eyalubombwe — krowy łaciatej, Nakinsige — ptaka, Nssuma — ryby, Ndiisa — ptaka, Ababiito to służba klanu królewskiego. Każdy klan ma w strukturze królestwa swoją rolę do spełnienia, np. klan Bawołu odpowiedzialny jest za noszenie króla w lektyce, klan Grzyba za tańce i muzykę, a klan Szczura za czystość w pałacu. Nie wolno zawierać małżeństwa wewnątrz tego samego klanu. Zabronione również było jedzenie mięsa ze zwierzęcia symbolizującego klan, którego jest się członkiem.

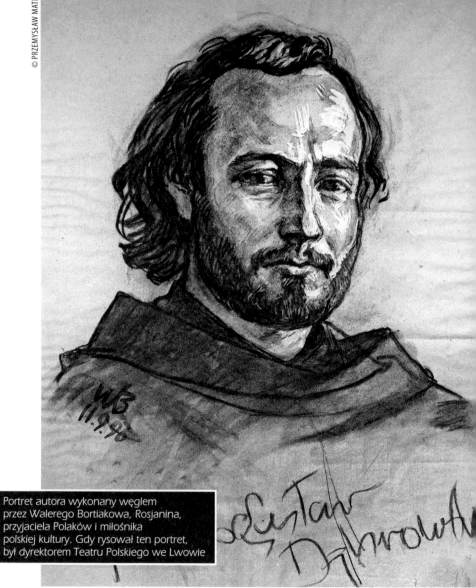

Portret autora wykonany węglem
przez Walerego Bortiakowa, Rosjanina,
przyjaciela Polaków i miłośnika
polskiej kultury. Gdy rysował ten portret,
był dyrektorem Teatru Polskiego we Lwowie

wylosowałem jedną z pięćdziesięciu kartek, na której było napisane nowe moje imię, brzmiące „Kalungi", co oznacza dobry i ładny i przynależy do klanu Ngeye. Po czym książę Tebandeke zaprosił parafian na drugą część ceremonii, którą zaplanował na drugiego stycznia 2002 roku.

Na uroczystość przyjęcia mnie do klanu Ngeye przybył jego szef o tym samym imieniu co ja, czyli Kalungi. Zostałem ubrany w tradycyjną męską, białą szatę nazywaną *kanzu* i przewiązany *olubugo*. Jest to tradycyjny materiał zrobiony z kory z jednego z gatunków drzewa figowego (*mutuba*), który był stosowany powszechnie do robienia ubrań i w ceremoniach małżeńskich i pogrzebowych oraz do innych obrzędów.

Siedziałem pod drzewem mango na małym tradycyjnym krzesełku. Na początku podszedł do mnie mistrz ceremonii z kalabaszem (pojemnik zrobiony z tykwy) wypełnionym piwem z bananów (*omwenge omuganda*) i powiedział po angielsku:

— Proszę, wypij to piwo.

Po chwili zapytał:

— Jak ci to smakowało?

— Całkiem dobry napój — odpowiedziałem.

Następnie podał mi do ręki dzidę i Biblię oraz zdjęcie, na którym widniał totem, rzadki okaz gerezy bardzo ładnej biało-czarnej małpy o długiej sierści.

Wypowiedziałem następujące słowa, których nauczyłem się wcześniej w języku luganda:

— *Nze Kalungi Bogusław Ndi muzukuru wa Kasujja Ebusujja, ndi mutabani wa Kalungi Ebusere* („Nazywam się Kalungi Bogusław, moim przodkiem jest Kasujja, który mieszkał na ziemi Ebusujja. Jestem teraz synem Kalungiego, który zamieszkuje miejsce zwane Ebusere").

Małpy gerezy

Po czym wszyscy obecni wstali i nastąpiło uroczyste odśpiewanie hymnu Baganda. Po tym przemówił przewodniczący ceremonii, życząc mi, jako nowemu członkowi Baganda, abym dobrze czuł się na ich ziemiach i abym poznał język oraz tradycje grupy Baganda i ją wspierał. Na koniec uroczystości podziękowałem za zaufanie, jakim mnie obdarzono, przyjmując do ludu Baganda. Następnie wszyscy udali się na wspólny posiłek, który w Baganda wieńczy każdą ceremonię. Podczas spożywania posiłku w kulturze Baganda się nie rozmawia, zatem rozmyślałem, jedząc. Uświadomiłem sobie, jak ważna jest rodzina i jaką wagę przywiązują miejscowi do zapamiętywania swoich przodków. Myślami byłem z rodziną, którą zostawiłem w Polsce.

Testament rodziców

Moi rodzice byli głęboko wierzącymi ludźmi. Pamiętam, że tata zawsze w kościele stał w bocznej nawie, przy filarze z widokiem na ołtarz, a mama siedziała w ławce obok. Była nauczycielką podmiejskiej szkoły podstawowej w Piątkowej. Skończyła studium nauczycielskie, a potem również studia zaoczne. Już jako młoda nauczycielka mogła zostać kierownikiem szkoły, gdyby tylko wstąpiła do PZPR. Jednak pełna ideałów odmówiła i nie zrobiła kariery. Pochodziła z rodziny ziemiańskiej. Jej ojciec był żołnierzem w wojsku austriackim, a potem walczył z bolszewikami pod Lwowem, u boku Piłsudskiego. Przez cały okres powojenny zmuszeni byliśmy ten fakt ukrywać, a gdy w 1989 roku sytuacja się zmieniła, nadano mu stopień oficerski. Dziadek kochał konie, zawsze miał ich kilka w stajni i po wojnie nimi handlował. Kiedy przyjeżdżałem do niego na wakacje, lubił opowiadać mi historie ze swojego życia. Szczególnie lubiłem tę o powołaniu do wojska podczas drugiej wojny światowej. Mając już za sobą udział w pierwszej wojnie i w walkach z bolszewikami w 1920 roku, ponadto gromadkę dzieci w domu, bardzo się tym martwił. Poszedł więc do karczmy napić się wódki. Wracając nad ranem, upadł gdzieś w zaspę i usnął. Po kilku godzinach snu na mrozie zachorował na zapalenie płuc. Zamiast na wojnę trafił więc do szpitala. Później okazało się, że kompania, do której miał przydział, została zdziesiątkowana w bitwie pod Gorlicami. Dziadek, opowiadając tę historię, zawsze podkreślał, że wódka uratowała mu życie.

Babcia wywodziła się z warstwy bogatych chłopów. Jej ojciec był właścicielem młyna. Jednak po śmierci swojej mamy nie została zaakceptowana przez macochę i musiała opuścić rodzinny dom. Na szczęście spotkała mojego dziadka i jako nastoletnia dziewczyna wyszła za niego za mąż. Moja mama też

© ARCH. AUTORA

Z mamą

Z tatą

© ARCH. AUTORA

nie miała łatwego dzieciństwa. Jako dziecko musiała paść krowy, a w domu panowała bieda. Miała tylko jedną parę butów,
do kościoła chodziła więc boso, dopiero przed drzwiami wkła-
dała buty na nogi.

Tato pracował w ZNTK (Zakłady Naprawcze Taboru Ko-
lejowego) jako inspektor BHP. Jego ojciec podczas drugiej wojny światowej był więźniem niemieckiego obozu. W tym czasie
babcia sama musiała zajmować się domem i wyżywić ośmioro
dzieci. W pobliskim lesie w Klęczanach, w niektórych miejscach wybijały źródła ropy, która była wykorzystywana jako
paliwo do lamp naftowych. Babcia napełniała więc butelki ropą
i sprzedawała w bogatszych domach. Kiedy jednak nie udało się
sprzedać ropy, mój tata i jego rodzeństwo głodowali. Zdarzało się, że jedynym posiłkiem, jaki mogła przyrządzić dzieciom
w ciągu dnia, była sałatka z pokrzyw albo obierki z ziemniaków,

z których gotowało się zupę. Dziś nie jesteśmy w stanie nawet czegoś podobnego sobie wyobrazić. Ulubioną zabawą mojego taty i jego brata było skakanie z wysokich drzew w pobliskim lesie. Obfite, iglaste gałęzie amortyzowały upadki. Ponieważ ich ojciec trafił do niemieckiej niewoli, ze złości śpiewali antyniemieckie piosenki. Sąsiad folksdojcz doniósł o tym stacjonującym we wsi niemieckim żołnierzom. Postawili babcię z dziećmi pod murem i zagrozili, że jeśli sytuacja się powtórzy, cała rodzina zostanie rozstrzelana.

Dziadek wrócił z obozu zniszczony i wyczerpany fizycznie. Mimo to, jako ojciec ośmiorga dzieci, natychmiast zaczął szukać pracy. Znalazł ją w komisji przydzielającej ziemię obywatelom, jednak zrezygnował na znak protestu, gdy nie przydzielono ziemi jego sąsiadom z uwagi na „niewłaściwe pochodzenie". Pamiętam z dzieciństwa, jak mój tata, jedząc śniadanie, delektował się każdym kęsem chleba i każdym łykiem mocno posłodzonej kawy. To był posiłek, o którym marzył w dzieciństwie. Był człowiekiem szalenie wrażliwym na ludzką krzywdę. W naszym mieszkaniu pojawiało się mnóstwo biednych i schorowanych ludzi, którym tata pomagał w pisaniu podań o odszkodowania i renty inwalidzkie. Po jego śmierci, już na pogrzebie, podeszło do mnie kilka osób, dziękując za to, że im pomógł. Było to dla mnie ważne świadectwo o jego życiu i zarazem testament taty.

Opowiadałem o swojej drodze do zakonu franciszkanów. Później, już na studiach w krakowskim seminarium, zafascynował mnie filozof Wilhelm Ockham swoim krótkim ujęciem zasady franciszkańskiej, żeby „bytów nie mnożyć, fikcji nie tworzyć, tłumaczyć wszystko jak najprościej", czyli rzeczy niepotrzebne wyciąć jak brzytwą. Ta filozofia prostoty stała się moim mottem życiowym. Od tej pory starałem się nie marnować rzeczy, nawet niezapisane kartki starałem się wykorzystać do końca, oszczędzać światło, wodę i obchodzić się bez wielu zbędnych rzeczy.

Nie wiem jednak, czy gdybym nie miał takich rodziców, wybrałbym życie pośród biednych ludzi w Afryce.

Kradzież

Następnego dnia po przyjęciu mnie do klanu Ngeye, wczesnym rankiem, odwiozłem ojca Marcina Zagórskiego na dworzec autobusowy do Kampali. To był mój pierwszy wyjazd w roli kierowcy, więc bardzo koncentrowałem się na tym, by nie spowodować wypadku. Pamiętam, że pociłem się za kierownicą z ogromego stresu. Kosztowało mnie to mnóstwo nerwów. Ojciec Marcin wyjeżdżał do Kenii na spotkanie delegatów naszych franciszkańskich misji w Afryce. Bracia z naszego zakonu pracują w Kenii, Tanzanii, Zambii, Malawi, Burkina Faso i Ghanie. Po pożegnaniu ojca Marcina, razem z bratem Twongyeirwe, pojechaliśmy popływać w Jeziorze Wiktorii. Potem odświeżeni poszliśmy na obiad do małej restauracji przy Kampala Road. Apetyt mi dopisywał. Spoglądałem na lokalne jedzenie, a było z czego wybierać. Nałożyłem sobie na talerz jednego gotowanego zielonego banana (matooke), słodkiego ziemniaka (lumonde muganda), frytki z kasawy (muwogo). Polałem to wszystko sosem z orzeszków ziemnych, z dodatkiem małych białych grzybków (enva ebinyebwa ne butiko). Palce lizać, co za smak! Na dodatek pachniało przepysznie. Całkowicie skoncentrowany na pysznym jedzeniu zapomniałem o bożym świecie. Byłem już na którymś stopniu niebiańskiej podróży, gdy nagle nastąpił zwrot o 180 stopni. Zauważyłem, że nie mam teczki, z którą przyszedłem do restauracji. Rozejrzałem się nerwowo dokoła.

— Nie ma! Ktoś ją ukradł! — głośno oznajmiłem po polsku o swoim odkryciu.

Przerwałem obiad i pobiegłem na zaplecze do kierownika restauracji. Zdenerwowany starałem się wyjaśnić problem:

— Prawdopodobnie chłopiec, który sprzątał, czyli pana pracownik, przesunął miotłą moją teczkę w stronę drzwi, a jego wspólnik wszedł do restauracji z gazetami i ją wyniósł.

Kierownik wysłuchał, potem wzruszył ramionami i powiedział:

— Jest mi przykro, ale w tej sprawie nic nie mogę zrobić. Chłopiec poszedł do domu, a ja nie wiem, gdzie on mieszka. Zresztą na pewno tego nie zrobił.

Wydawało mi się, że jest mu to obojętne. Kto wie, może nawet pochwala czyn sprytnego pracownika? Widząc, że nic tu już nie wskóram, razem z bratem Twongyeirwe udałem się na pobliski posterunek policji. Pod drzewem siedział łysy i postawny mężczyzna w mundurze policyjnym. Oczy miał przymrużone, chyba drzemał. Moje przybycie również nie wzbudziło jego zainteresowania.

— Dzień dobry — powiedziałem po angielsku.

Podniósł oczy i skierował wzrok na mnie.

— Zostałem okradziony w restauracji, tej tam... koło... — trochę chaotycznie starałem się wyjaśnić w której, ze zdenerwowania gubiąc słowa.

Policjant słuchał znudzony. Dopiero po moich usilnych prośbach leniwie podniósł się z krzesła i wolno udał się do małej budki z blachy, która była jego biurem. Na kartce zapisał zgłoszenie, że ukradziono mi: aparat fotograficzny, miejscowe prawo jazdy, mszał w języku luganda i 500 dolarów amerykańskich, które były przeznaczone na zakup mebli do nowego domu. Postawił pieczątkę na dwóch egzemplarzach zeznania, jeden dał mi, a drugi włożył od niechcenia gdzieś między papiery. Jego brak entuzjazmu pozbawił mnie nadziei na odzyskanie zguby.

Po tym zdarzeniu jechaliśmy w milczeniu do Kakooge. Postanowiłem wstąpić po drodze do misji salezjanów, by podzielić się tą przykrą dla mnie wiadomością z księdzem Janem Marciniakiem.

Przywitał mnie ciepło i widząc moją smutną minę, spytał:

— Boguś, co się stało?

Opowiedziałem mu historię kradzieży. Po chwili milczenia ksiądz stwierdził ze spokojem:

— Wiesz, zbliżają się święta Bożego Narodzenia i może złodziej był biedny i potrzebował pieniędzy, by dać lepszy posiłek swojej licznej rodzinie?

Nie do końca mnie pocieszył, ale to dało mi do myślenia w drodze powrotnej.

Pasterka po afrykańsku

Dwudziestego pierwszego grudnia 2001 roku dołączył do nas trzeci misjonarz — ojciec Jarosław Wysoczański, który wcześniej był przełożonym męczenników z Peru: bł. Zbigniewa Strzałkowskiego i bł. Michała Tomaszka. Dzięki temu miałem możliwość dowiedzieć się dużo o życiu błogosławionych braci od naocznego świadka.

Tego samego dnia wprowadziliśmy się do nowo wybudowanego domu. Jednak nie było w nim jeszcze prądu i bieżącej wody. Pierwsze święta w Ugandzie rozpoczęliśmy kolacją wigilijną, wraz z pojawieniem się pierwszej gwiazdy, około godziny siódmej wieczorem. Był barszcz czerwony przysłany przez nasze rodziny i banany przyrządzone na różne sposoby, ryby złowione w Nilu, który płynie około 40 kilometrów od naszej misji. O ósmej poszliśmy odprawić pasterkę w kościele, który wybudował biskup przed naszym przybyciem. Było ciemno, więc rozpaliliśmy ognisko... na środku kościoła. Przewodniczył biskup Kizito Lwanga, który przybył specjalnie do nas, by podtrzymać nas na duchu w tych trudnych i ubogich początkach. W kościele było zaledwie kilku parafian. Biskup porównał tę sytuację do nocy w Betlejem, gdzie też było ciemno, tylko gwiazdy i ogień oświetlały grotę, i niewiele osób było świadkami narodzenia Jezusa. Jest takie przysłowie afrykańskie, wyjaśniające tę małą frekwencję na liturgii wieczornej, że dzień należy do ludzi, a noc do zwierząt. Poza tym ludzie boją się opuszczać swoje domostwa w nocy, aby ktoś ich nie okradł. Westchnąłem na myśl o pasterkach w Polsce, gdy kościoły pękają w szwach. Z tym tylko, że na pasterkę przychodzą ludzie, dla których jest to być może jedyna msza w roku.

W Boże Narodzenie katolicy z Kakooge uczestniczą we mszy świętej w kościele, a potem w gronie najbliższych spożywają lepszy niż zazwyczaj posiłek: gotowane banany z mięsem przyrządzonym w liściach bananowych (matooke i luwombo). Drzewko z banana przybrane jest najczęściej w różne kartki świąteczne i wstążki. Ludzie obdarowują się prezentami, lubią śpiewać, tańczyć, piją po południu alkohol. Temperatura wynosi około trzydziestu stopni ciepła. Nie ma zwyczaju wieczerzy wigilijnej i dzielenia się opłatkiem. Tylko w nielicznych kościołach są szopki. Tradycję robienia szopek sto lat temu przekazali miejscowym misjonarze z Europy, ale nie za bardzo się przyjęła.

Jasełka w Kakooge

Na moje pierwsze święta Bożego Narodzenia w Ugandzie postanowiłem zrobić jasełka. Jako dziecko chodziłem z bratem i mamą na jasełka do szkoły, w której mama była nauczycielką, więc miałem o nich jako takie pojęcie. Wcieliłem się w rolę reżysera. Tekst wziąłem z Biblii i trochę go zmodyfikowałem, na potrzeby tutejszych warunków. Jednak prawdziwy problem miałem przy obsadzie ról, np. kogo wybrać na diabła? W Polsce musiał to być ktoś czarny, a w Afryce — najlepiej pasowałby biały, więc posypaliśmy kandydata mąką. Przy jasełkach pomagała mi miejscowa młodzież. Poleciłem im, żeby zrobili dekoracje. Wykazali się niesamowitą wyobraźnią, między innymi owinęli drzewko sosny papierem toaletowym, w którym powycinali pomysłowe wzory, gwiazdę zrobili z suchego liścia bananowego, a szopkę na wzór miejscowych chatek z gliny. Te jasełka wystawiliśmy tylko raz — w Boże Narodzenie po mszy świętej, ale przy pełnym aplauzie zgromadzonej w kościele publiczności.

Po świętach Bożego Narodzenia ojciec Jarosław zajął się dokończeniem budowy kościoła, a ja wyjechałem do misji w buszu Kasmbya, prowadzonej przez Ojców Białych, uczyć się dalej języka luganda.

ROZDZIAŁ II

U Ojców Białych

Ojcowie Biali są znani również jako Misjonarze Afryki.
Jest to zgromadzenie założone w 1868 roku
przez arcybiskupa Charles'a Lavigerie. Celem misjonarzy
było na początku ewangelizowanie terenów
północnej Afryki, z czasem ewangelizowali również inne
afrykańskie kraje.

Charles Lavigerie

W regule napisanej przez założyciela Ojców Białych, profesora na Sorbonie, widzimy idealne połączenie teorii z praktyką. Lavigerie dawał misjonarzom przemyślane i sprawdzone rady, które sprawiały, że ich misje osiągały sukces. Przed nimi franciszkanie i jezuici chcieli ewangelizować plemię Baganda, ale im się to nie udało, ponieważ w drodze do niej większość zmarła na malarię i inne tropikalne afrykańskie choroby. Ojcowie Biali byli dobrze przygotowywani i mieli iść na pierwszy front. Tak jak święty Paweł zakładali kościoły, parafie i przygotowywali następców w osobach miejscowego kleru. Gdy te struktury były już wystarczająco mocne, przekazywali misje kapłanom tubylcom. Przechodzili do kolejnego, nowego, najczęściej trudnego miejsca, gdzie nikt inny nie chciał pójść, i zaczynali wszystko od początku. Nie przywiązywali się do rzeczy doczesnych, nawet do miejsc, które sami stworzyli. Liczył się tylko cel misji — zdobycie człowieka dla Chrystusa.

Królestwo Baganda — prapoczątki

W misji Kasambya przełożonym i proboszczem był ojciec Peter Hooyschuur, Holender. Był wysokim, postawnym mężczyzną, przyjaznym w kontaktach z innymi. Gdy mówił, trochę seplenił. Podczas jednego wieczornego posiedzenia opowiedział mi smutną historię, która mu się przydarzyła, gdy zakładał tę misję. Było to w latach sześćdziesiątych dwudziestego stulecia. Mieszkał wtedy sam i był odpowiedzialny za budowę nowej misji. Gdy już była prawie skończona, w nocy wdarli się do misji uzbrojeni rabusie. Wyważyli drzwi, związali go nowymi kotarami i torturowali, starając się wyciągnąć informację, gdzie schował pieniądze. Powiedział, że pieniądze ma w banku. Zdenerwowani połamali mu żebra, kolbą karabinu wybili wszystkie zęby i złamali szczękę. Na koniec podpalili misję i skradzionym z misji samochodem odjechali. Ludzie z wioski, widząc ogień, przybiegli mu na ratunek. Po jakimś czasie udało im się ugasić pożar, i uwolnić skrępowanego misjonarza. Po tym wydarzeniu ojciec Peter kupił dwa duże czarne psy. W niedzielę rano, przed mszą, obchodził kilka razy kościół z wiadrem krwi otrzymanej od miejscowego rzeźnika i rozpowszechniał wiadomość, że jego psy codziennie piją wiadro krwi. Wiedział, że miejscowi boją się czarnych psów i krwi. Od tej pory nie było już żadnego napadu na misję. Codziennie jednak przypominała misjonarzowi to wydarzenie sztuczna szczęka, którą nosił od tamtej chwili.

Moim nauczycielem w misji Kasambya był stary misjonarz z Belgii, ojciec Gillain Christian. Niskiego wzrostu, chudy i bardzo żywego usposobienia, wszędzie było go pełno. Ubrany był w biały habit, przepasany skórzanym pasem, a na szyi miał różaniec z dużym krzyżem. Miejscowi ludzie nazywali go Fadze Kiki. Imię to otrzymał, gdy uczył się języka luganda i przebywał często z dziećmi. Często zadawał im pytanie ki? ki? („Co to jest?"). Dzięki tym małym nauczycielom poznał dobrze język luganda. Na naszych lekcjach przede wszystkim wyjaśniał zawiłe zagadnienia gramatyki, a do domu zadawał codziennie listę nowych słów. Na przykład już po pierwszej lekcji musiałem wkuć na pamięć listę rzeczy, które są ważne w codziennym życiu ludzi Baganda. *Akati* — kij, symbol władzy w plemieniu pasterskim, pomaga w podróży, zwłaszcza przy spotkaniu z wężami. *Egali* — rower, podstawowy środek transportu, w Ugandzie właściwie wszystko można nim przewieźć. *Ekidomola* — pojemnik do noszenia i przechowywania wody. *Ekiso* — maczeta, podstawowe narzędzie pracy służące do wycinania buszu i ochrony przed dzikimi zwierzętami. *Endagala* — liście bananowe, świeże są używane do gotowania mięsa, a ususzone do siedzenia na ziemi. *Engato* — najlepsze buty, zrobione z opon samochodowych, bardzo trwałe. *Enku* — chrust zbierany w buszu, służący do palenia ognisk, na których gotuje się jedzenie. *Enkumbi* — motyka, podstawowe narzędzie pracy służące do kopania ziemi. *Esepiti* — duże garnki, około stulitrowe, używane do gotowania bananów, mięsa podczas większych zgromadzeń związanych z takimi uroczystościami jak ślub, pogrzeb itp. *Esabo* — miejsce modlitwy, tradycyjna świątynia koło domu, w której oddawano cześć bogom i duchom przodków. *Matooke* — rodzaj zielonych bananów, podstawowe pożywienie ludzi Baganda. *Mwenge* — słodkie piwo robione z soku z bananów zwanych *kainja*. *Ngali* — żuraw koroniasty, symbol Ugandy. *Olubugo* — tradycyjny materiał zrobiony z kory jednego z gatunków drzewa figowego (*mutuba*), który był kiedyś stosowany powszechnie do robienia ubrań na ceremonie małżeńskie i pogrzebowe oraz obrzędy kultowe. *Omukeka* — mata wyplatana z suchej trawy, służy do spania i siedzenia. *Omuti* — drzewo, w Afryce cenne, bo daje cień.

Luganda nie jest językiem łatwym, zwłaszcza dla Europejczyków. Posiada własny sposób ekspresji myśli, inny od języków indoeuropejskich*. Mój nauczyciel, ojciec Kiki, był kilkanaście lat temu przełożonym wszystkich Ojców Białych w Ugandzie. Zna dobrze historię i kulturę Baganda. Z jego lekcji sporządziłem dużo notatek. Naukę o kulturze rozpoczęliśmy od czytania niebywale rozbudowanej, wielowątkowej legendy o przodku plemienia Baganda w oryginalnej wersji luganda.

Według tradycji Baganda pierwszym człowiekiem na ziemi, który założył królestwo Baganda, był Kintu. Jedyną żywicielką Kintu, prostego ugandyjskiego pasterza, była krowa. Dlatego też, gdy stał się on wybrankiem serca Nambi, córki ojca króla niebios — Gulu, ten postanowił poddać Kintu próbie zaradności i odebrał pasterzowi jedyny dobytek.

Kintu nauczył się więc jadać korzonki, lebiodę i inne zielska. Gdy okazało się jednak, że był bliski głodowej śmierci, Nambi, podniósłszy lament w niebie, że chcą uśmiercić jej ukochanego, wróciła na ziemię i zdradziła oblubieńcowi miejsce pobytu krowy. Oboje postanowili udać się do nieba w celu odszukania zguby, jednak powstrzymał ich rozkaz nieprzejedna-

---

* Przedrostek „lu-" służy w językach bantu do określenia rodziny języków, przedrostek „bu-" do określenia królestwa, przedrostek „ba-" do nazwania ludu, plemienia. Trzon „ganda" odnosi się do ludu Bagandy. Słowa języka luganda budowane są przez dodawanie odpowiednich sylab przed, po lub w środku rdzenia wyrazu. Rzeczowniki nie dzielą się na męskie, żeńskie i nijakie, lecz na klasy, o której decyduje przedrostek wyrazu. Na przykład klasa pierwsza *mu-ba*, określa ludzi, klasa druga *mu-mi* określa m.in. długie obiekty, klasa trzecia *li-ma* określa m.in. części ciała. Czasowniki są zrośniętymi cząstkami, określającymi po kolei osoby, czas, obiekty czynności, czynność i sposób jej wykonania. *Ba-li-mu-n-ku-bira-ko* — „Oni będą bić go trochę za mnie". Ponieważ w języku luganda nie ma wielu wyrazów odpowiedników dla języków europejskich, zatem filmy tłumaczone są w sposób opisowy, tzn. lektor opowiada fabułę widzom.

nego Gulu, który postanowił poddać Kintu kolejnej próbie. Pasterza zamknięto w chacie z jadłem przygotowanym na sto osób i przykazano mu zjeść wszystko. Uszczknąwszy jedynie część zapasów, Kintu sprytnie ukrył resztę w wydrążonej pod klepiskiem, zamaskowanej jamie, po czym wezwał ludzi, by zabrali puste kosze. Gulu wciąż jednak wątpił w umiejętności zięcia i wymyślił dla Kintu nowe zadanie. Rozkazał mu narąbać skały na opał, podkreślając, że dawno już przestał używać zwykłego drewna. Kintu znalazł jednak spękaną skałę i jej odłamy zaniósł Gulu. Ten wciąż wierzył, że uda mu się zaskoczyć Kintu niewykonalną pracą. Rozkazał, by pasterz przyniósł dzban pełen rosy, tłumacząc, że nie pije zwykłej wody ze studni. Kintu tym razem prawie zwątpił, ale pozostawiony na trawie dzban następnego dnia rano skrzył się kropelkami rosy, wewnątrz wypełniony nią po brzegi. Dopiero wtedy król niebios uwierzył, że Kintu nie jest zwykłym prostakiem. Ogłosił wreszcie, że odda mu swą córkę za żonę i zwróci jego krowę, pod warunkiem że Kintu podda się ostatniej próbie — sam wybierze zgubę ze stada. Temu najtrudniejszemu zadaniu Kintu sprostał dzięki pomocy pszczoły, która podpowiedziała pastuchowi, że w pierwszych dwóch przyprowadzonych stadach nie było jego krowy, w trzecim zaś wskazała na dobytek Kintu i dwa cielęta krowy, które urodziły się na miejscu. Król Gulu był zachwycony. Oddał Kintu krowy i córkę, pozwolił im wyruszyć w drogę z powrotem na ziemię ze skromnym dobytkiem i bananowym drzewkiem, zakazał jednak oglądania się za Walumbe (za śmiercią), która pragnęła im towarzyszyć. W drodze Nambi zorientowała się, że nie wzięła z domu prosa dla kury. Mimo przestróg ojca i Kintu wróciła się i spotkała Walumbe, który od tamtej pory nie odstępował jej na krok i postanowił im towarzyszyć w drodze na ziemię. Dotarłszy na miejsce przeznaczenia, Kintu

i Nambi żyli szczęśliwie, mieli wiele dzieci, Walumbe zaś mieszkał z dala od nich. Pewnego dnia jednak ich spokój zaburzy-
ła prośba Walumbe, który domagał się od Kintu, by ten dał mu
jedną ze swoich córek jako kucharkę. Gdy Kintu odmówił, Walumbe zagroził śmiercią dzieci Kintu i Nambi. Ci nie wiedzieli, co to oznacza. Walumbe zapytany, co zamierza zrobić, za-
milkł jednak, a dzieci kolejno zaczęły umierać. Kintu poszedł
na skargę do Gulu, ten jednak skarcił go:

— Czyż nie przestrzegałem was, byście nie zabierali ze
sobą Walumbe ani też nie zawracali z drogi? Dlaczego pozwo-
liłeś Nambi wrócić po ziarno? Gdybyście mnie posłuchali, nie
wiedzielibyście nawet, co to śmierć.

Gulu jednak zlitował się nad rodziną i posłał na ziemię
Kaikuzi, brata Walumbe, by chronił rodzinę przed śmiercią.
Kaikuzi rozkazał bratu powrót do niebios, ten zgodził się pod
warunkiem zabrania także Nambi. Walumbe posprzeczał się
z bratem, uciekł i skrył się pod ziemią. Kaikuzi ścigał go bez-
skutecznie. Rozkazał, by Kintu, Nambi i ich dzieci przez jakiś
czas nie wychodzili z domu. Sam zaczaił się na Walumbe i byłby go dopadł, gdyby nie spłoszyły go krzyki dzieci. Zniecier-
pliwiony Kaikuzi postanowił wrócić do ojca. Od tej pory Walumbe pozostał na zawsze wśród ludzi. Zabijał mieszkańców
ziemi, a kiedy tylko się dało, chował się pod ziemią w Tanda,
w krainie Singo.

Późniejszy pierwszy król Kato Kintu przybrał imię legendarnej postaci, by miało to wymiar symboliczny — ojciec
wszystkich ludzi. Kintu zapoczątkował erę królów w Bagandzie.
Baganda znaczy dosłownie „wiązka", co ma symbolizować jedność, braterstwo i więzy krwi.

Nauczyłem się historii plemienia Baganda. Około XIII wieku lud Baganda rozpoczął proces wyodrębniania się z plemie-

nia Banyoro — Kitara, zamieszkującego okolice jezior Alberta i Kyoga, a w XV wieku całkowicie usamodzielnił się i zaczął rywalizować z Banyoro. Z czasem osiedlił się na północy
Jeziora Wiktorii i przejął całkowite panowanie na tym terenie, stając się największym i najlepiej zorganizowanym plemieniem. W XVIII wieku społeczność Bagandy podporząd-
kowała sobie sąsiednie plemiona. W XIX wieku dominacja
w regionie umożliwiała czerpanie zysków ze sprzedaży niewolników i rozwój handlu wymiennego z Arabami. Sprzedawano im szczególnie kość słoniową i niewolników, otrzymu-
jąc w zamian artykuły codziennego użytku, takie jak szkło
czy porcelanę, ale również broń palną potrzebną do utrzymania dominacji nad innymi plemionami. Arabowie nie tylko handlowali, ale też integrowali się z tym społeczeństwem,
zakładając rodziny arabsko-ugandyjskie. Panowała w nich
muzułmańska religia, obyczaje i styl życia. W ten sposób kultura arabska wraz z dominującą religią islamską coraz bardziej rozpowszechniała się wśród ludności Baganda, znacznie
wpływając na zmianę ich stylu życia.

Pierwsi podróżnicy-odkrywcy: Speke, Grant, Stanley

W połowie XIX wieku pierwsi podróżnicy europejscy: John
Hanning Speke i James Augustus Grant dotarli do Bagandy, rzą-
dzonej wówczas przez króla (noszącego tytuł *kabaka*) Mutesę I.
Przybysze z Europy ujrzeli nieznaną sobie wcześniej cywilizację
afrykańską, z regularną siecią dróg, z dobrą — dzięki gońcom
— łącznością pomiędzy rezydencją władcy a jego dostojnikami
w terenie. Karawany tragarzy nosiły towary na targi, na któ-

rych pobierano podatki od zawieranych transakcji. W stolicy Bagandy miał swoją siedzibę władca i jego dwór. Kabaka posiadał liczną armię. Dysponował tajną i jawną policją oraz sztabem kontrolerów. Podróżnicy dostrzegli, że bardzo duże wpływy na dworze królewskim mają Arabowie. Byli oni doradcami króla, piastowali też ważne stanowiska jak np. pisarz czy opowiadacz historii. Król korzystał również z ich porad medycznych. Arabowie posyłali niekiedy wojsko, jako wsparcie w wojnach prowadzonych przez króla. W czasie wizyty innego podróżnika, Henry'ego Mortona Stanleya, król Mutesa I zainteresował się chrześcijaństwem i zgodził się na przybycie chrześcijańskich misjonarzy. O początkach chrześcijaństwa w Bagandzie opowiem w dalszych rozdziałach. Trzeba zaznaczyć, że zainteresowanie króla nowymi religiami miało podtekst polityczny. Chodziło mu o rozwój królestwa, w którym mogli pomóc ludzie z Europy.

Cygara albo zapiski pierwszych misjonarzy

Po powrocie nadal odwiedzałem Ojców Białych, tyle że w Kampali. Słuchałem opowieści starych misjonarzy. Ojciec Gerald w czasach panowania dyktatora Idi Amina był proboszczem parafii Nakasongola, do której należało wtedy Kakooge. Opowiedział mi o czasach, gdy wojska tanzańskie napadały na domy w jego parafii, rabując dobytek i gwałcąc kobiety. Pewnego razu żołnierze z Tanzanii ukradli mu stado krów. Zdenerwowany udał się do ich dowódcy w nadziei, że je odzyska. Dowódca na powitanie wyciągnął pistolet i przyłożył mu do głowy, mówiąc:

— Jeżeli jeszcze raz poruszysz ten temat, to cię zabiję.

Moje relacje z Ojcami Białymi stawały się coraz bliższe. Dzięki temu otworzyły się przede mną ich archiwa. Pewnego razu zostałem w archiwum sam i przez kilka godzin penetrowałem okres przybycia pierwszych misjonarzy — pełen tajemnic. Pomyślałem, a może zabrałbym część materiałów do domu, i na spokojnie w swoim pokoju przeanalizowałbym je, a potem zwrócił? W tym zabronionym czynie już rodziło się coś dziwnie fascynującego. Zrobiło mi się gorąco, pot spływał po brodzie, nie wiedziałem, czy to z powodu upału panującego w czytelni, czy też to efekt moich niecnych myśli. A potem przeszyło mnie dla odmiany zimno, bo wyobraziłem sobie, co by było, gdyby ktoś nakrył mnie z materiałami pod pachą.

Byłem jednym z nielicznych, którzy dotykali tych materiałów, poznałem relacje naocznych świadków z Europy, którzy odkrywali ziemię Bagandy. Niektórzy opisywali niezwykłe historie, jak ta o odkryciu źródeł Nilu przez ekspedycję kapitana Richarda Burtona w latach 1857-1859. Do tej wyprawy dołączył J.H. Speke. Kierownik wyprawy wtajemniczył go we wszystkie swoje notatki i obliczenia. Kiedy Burton był chory, ten przybył do Anglii i ogłosił w „Royal Geographic Society Journal", że jest odkrywcą źródeł Nilu Białego oraz tajemniczego jeziora Nyanza (później nazwanego na cześć królowej Wiktorii jej imieniem). Tak więc część badaczy twierdzi, że Speke skradł Burtonowi jego wielkie odkrycie. Burton zostawił po sobie ponad 300 listów, dzięki którym można byłoby poznać prawdę. Niestety, po jego śmierci, z nieznanych powodów, jego żona Isabel spaliła całą korespondencję.

Z listów pierwszych europejskich odkrywców wyłaniała się tajemnicza atmosfera buszu, grozy chorób, wojen oraz legendarnej „dzikości" mieszkańców. Podróżnik H.M. Stanley, który przybył do Bagandy w 1875 roku, pisał:

Gdy podarowałem królowi karabin, ten poprosił o wy-
tłumaczenie, jak się go używa. Po prezentacji, którą zro-
biłem, król wziął nabity prochem karabin, wycelował
i wystrzelił do pierwszej osoby, która przypadkiem po-
jawiła się przed pałacem. Był to jeden z jego krewnych.
Zmroziła mnie ta scena, a na królu ten czyn nie wywarł
większego wrażenia.

Miałem w rękach listy pierwszych misjonarzy. Podchodzi-
łem do półek, na których były zamknięte teczki z informacja-
mi o pierwszych katolikach w plemieniu Baganda. Misjonarze
mieli personalne teczki. Odwiązywałem z drżeniem sznurki,
czytałem i zastanawiałem się, czy zdołam zapamiętać. Robiłem
notatki.

Ojciec Simeon Lourdel, Francuz, należał do grupy
pierwszych misjonarzy w Bagandzie. Uzyskał taki au-
torytet i wpływy na dworze króla Mwangi, że wyko-
rzystał go do rozszerzania ewangelizacji w Bagandzie.
Jednak z czasem został wplątany w wir rozgrywek po-
litycznych. Został prawdopodobnie zamordowany,
bo dbając o interesy królestwa Bagandy, przeszkadzał
kolonialnym mocarstwom w rozgrywkach politycz-
nych.

W teczkach były świadectwa chrztu, informacje, kto skąd
pochodził, szczegóły o jego rodzinach, wreszcie okoliczności
chrzcin. Rozłożone sterty starych pism oddychały przeszłością.
Razem z unoszącym się kurzem z pamiętników odsłaniały sytuacje sprzed stu lat. Ich autorzy pisali, jak radzili sobie z rozter-

kami i nadziejami. Wyjeżdżając z domu, zdawali sobie sprawę, że najprawdopodobniej już do niego nie powrócą.

Zaraz po wyjściu na ląd spaliłem paszport, by nie przyszło mi kiedyś do głowy wracać — pisze ojciec Van der Pol. — *Nie mogę wracać, nie chcę zawieść Boga, moich przyjaciół i siebie! A boję się, że w chwili słabości mógłbym chcieć uciec z powierzonej mi misji.*

Wyjeżdżali w tereny dopiero co odkryte przez Johna Hanninga Speke'a, gdzie tubylcy po raz pierwszy spotkali się z cywilizacją europejską. Byłem bardzo podekscytowany faktem, że mogę dotknąć zbiorów, które były szansą na poznanie historii i kultury plemienia Baganda. Fascynował mnie radykalizm życia pierwszych misjonarzy, ale i dystans do niego, a często poczucie humoru. W jednej z teczek znalazłem taką historię:

Gdy przyjechałem na misję do Ugandy, przywiozłem paczkę cygar. Myślałem, że przekażę je mojemu nowemu biskupowi, o którym wiedziałem, że lubi palić dobre cygara. Jednak moi współbracia, podczas pierwszej naszej rekreacji, gdy graliśmy w brydża, zaproponowali:
— Bracie, przynieść te cygara, bo teraz jest czas radości z twojego przybycia.
Tak też zrobiłem. Poczęstowałem ich, a że zjechało ich na moje powitanie kilkunastu, więc paczka szybko opustoszała. Z okazji mojego przybycia na misje palili nawet ci, którzy na co dzień nie palą.

To, co czytałem, wprawiało mnie w zdumienie. Na przykład historia, która przydarzyła się Ojcu Białemu Charles'owi-Henriemu Vincentowi.

Jechałem samochodem na coroczne spotkanie księży z biskupem do Kampali. Niestety nie udało mi się zdążyć na czas. Wyjaśniłem wszystkim zebranym, że powodem mojego spóźnienia był fakt, iż całą noc podróżowałem z Mbarary do Kampali z kobietą. Po tym osobistym wyznaniu po zgromadzonych księżach przeszedł dreszcz, za takie bowiem wyznanie automatycznie wpadałem w karę zakazu pełnienia obowiązków kapłańskich. W tamtych czasach nie wolno było księdzu podróżować z kobietą „sam na sam" w nocy, pod groźbą kary zawieszenia na jakiś czas obowiązków kapłańskich. Zaraz jednak wyjaśniłem, że ta kobieta była martwa i wiozłem ją do rodzinnego domu, by tam została pogrzebana. Po krótkim czasie od tego zdarzenia biskupi Ugandy zmienili to prawo.

Rękopis znaleziony w Kampali

Pewnego dnia trafiłem na tekst ojca Yves'a Tourigny i dowiedziałem się podstawowych informacji o początkach chrześcijaństwa w królestwie Bagandy.

W 1877 roku do Bagandy przybyli misjonarze protestanccy, a dwa lata później swoją działalność misyjną na tym terenie rozpoczęli katolicy, francuscy Ojcowie Biali. Od początku relacje między protestantami i katolikami nie układały się dobrze. Protestanci mówili katolikom, by poszli sobie na inne tereny, ponieważ oni przyszli tu pierwsi i im należy się prawo ewangelizowania Bagandy. Gdy w styczniu 1892 roku katolicki młodzieniec zastrzelił protestanta, rozpoczęła się wojna. W odwecie kapitan armii brytyjskiej, Frederick Lugard, rozdał broń protestantom, którzy pod wodzą swego protektora zniszczyli trzy katolickie misje: Rubagę, Ssese i Kiwala w Buddu. Katolicy stracili w tej wojnie katedrę, sześćdziesiąt kaplic, dwanaście szkół, a 50 000 katolików zostało sprzedanych jako niewolnicy. Rząd brytyjski zgodził się wypłacić 10 000 funtów odszkodowania katolikom za poniesione straty, w zamian za nieupublicznianie tych danych szerzej.

27 sierpnia 1894 roku został oficjalnie ustanowiony protektorat, w skład którego weszła Baganda. Tym samym okres wojny domowej w Bagandzie został zakończony. Misjonarze z Francji pozostali osamotnieni, a katolicy stali się obywatelami drugiej kategorii, ponieważ protestanci uważali, że na terenach brytyjskich wpływów to właśnie im należy się pierwszeństwo. Jednak o dziwo! największe żniwo w swojej pracy misyjnej zbierali misjonarze katoliccy.

Powstanie państwa Uganda

Do wyjątkowo ciekawych spośród moich „znalezisk" należały wspomnienia Harry'ego Johnsona, gubernatora, który w imieniu królowej Wiktorii podpisał z ludźmi króla Bagandy traktat zwany *Uganda Agreement*. Zrobiłem z niego taki wypis:

⅂ *Państwo Uganda zostało utworzone w 1900 roku przez Brytyjczyków z królestw Bugandy, Toro, Ankole, Bunyoro oraz z Federacji Busogi, Bukedi, Teso, Lango (tzw. Prowincji Wschodniej) i z północnych plemion Karamonjong, Acholi, Bari i Madi.*

⅂ *Określono granice królestwa Baganda.*

⅂ *Ugandę podzielono na dwadzieścia okręgów administracyjnych, na czele których mieli stanąć wodzowie wyznaczeni przez rząd króla.*

⅂ *Rozwiązano armię, pozostawiając tylko królewską straż przyboczną.*

⅂ *Pozostawiono parlament królewski, z którego zdaniem liczyli się tubylcy — olukiko. Jednak wszystkie podjęte przez niego ustawy musiały być zatwierdzone przez rząd Protektoratu i podpisane przez gubernatora stojącego na czele tego rządu w imieniu brytyjskiej królowej.*

⅂ *Struktury władzy tradycyjnej zostały zastąpione przez władzę Protektoratu i automatycznie wodzowie klanowi stali się urzędnikami państwowymi.*

⅂ *Administracja kolonialna była nadrzędnym organem zarządzającym, a administracja królestwa stała się administracją wykonawczą ustaw Imperium Brytyjskiego.*

⅂ *Uganda stała się Protektoratem Brytyjskim, tzn. Brytyjczycy rządzili tam w sposób pośredni, wykorzystując do administracji dobrze zorganizowany system rządów królestwa Bugandy. Postanowiono zachować w ogólnych zarysach system polityczno-administracyjny dawnego królestwa.*

Odtąd Uganda miała dwa rządy: kolonialny z siedzibą w Entebbe oraz królestwa Bugandy z siedzibą w Kampali. Tak było aż do uzyskania niepodległości przez Ugandę w 1962 roku.

ROZDZIAŁ III

Gdy skromność nie jest cnotą

W każdy piątek Wielkiego Postu o godzinie trzeciej
po południu odprawiamy w naszym kościele
drogę krzyżową. Stacje, narysowane ołówkiem,
wykonał nasz parafianin Ponsiano Mutwala, który
ukończył liceum plastyczne w Kisubi. Ubiory postaci,
rysy twarzy, proporcje ciała są przerysowane, co jest typowe
dla sztuki afrykańskiej. Duża głowa Jezusa symbolizuje
mądrość, wydłużone i umięśnione ręce oznaczają siłę.
W stacji XIII postać Jezusa składanego do grobu
ma zapadnięte policzki i klatkę piersiową, co jest typowe
dla zmarłych. Mutwala wykonywał te prace, potwornie
cierpiąc. Dwa dni po ukończeniu rysunków drogi krzyżowej
umarł na AIDS.

W świecie wiecznego postu

Na początku Wielkiego Postu w klasztorze zrobiliśmy postanowienie, że wyremontujemy jakiemuś biednemu mieszkańcowi naszej parafii dom. Katechiści przedstawili nam sytuację najbardziej potrzebujących parafian. Wybraliśmy Kinoty'ego, mieszkańca Kakooge. Był obłożnie chory i nie wychodził z domu. Jego chata nie miała jednej ściany, a dach to była kupa przerdzewiałych blach. W czasie deszczu chory leżał w potoku wody. Najpierw naszym pikapem zwieźliśmy cegły, piasek i cement. Poprosiłem o pomoc Gyavirę, naszego lokalnego murarza. Na wybudowanie brakującej ściany wystarczył nam jeden dzień, w ciągu kolejnego położyliśmy nowy dach. Konstrukcja była z drzewa sosnowego, ściętego w naszym lesie, a blachę kupiliśmy w pobliskim sklepie.

Jako misjonarze staramy się żyć oszczędnie. Nic się nie może zmarnować. Nie wyrzucamy pustych butelek i puszek — wszystko jest zabierane przez dzieci i używane w ich domach. Często pytają nas o stare gazety (do Kakooge gazety nie docierają), których używają do oprawiania zeszytów. Jedzenia też nie marnujemy, a elektryczności używamy tylko wtedy, gdy jest potrzebna, nigdy nie świeci się żarówka w miejscu, gdzie nas nie ma. Nauczyła nas tego limitowana energia, którą wytwarzają panele słoneczne. Często nie ma u nas prądu z elektrowni, a „naszego prywatnego" z paneli słonecznych wystarcza zwykle na godzinę, przyzwyczailiśmy się więc chodzić spać z kurami. Gdy jedziemy do Kampali, wykorzystujemy maksymalnie transport i robimy zakupy na dłuższy czas, a na tył toyoty pikapa ładujemy maksymalną ilość materiału potrzebnego do naszych budów — słowem nie ma pustych przebiegów. Staram się nie odmawiać ludziom, jeżeli proszą o pomoc. Przewoziłem naszym pikapem zarówno żywych, jak zmarłych, a także zwierzęta.

Niekiedy zdarzały się sytuacje nie do przewidzenia. Pewnego dnia jechałem na spotkanie w Nuncjaturze Apostolskiej w Kampali. Co roku, w rocznicę wyboru papieża, nuncjusz zaprasza wszystkich ambasadorów, Episkopat Ugandy i przełożonych zakonnych. Tuż przed wyjazdem na to spotkanie nasz pracownik Kato poprosił o przewiezienie krowy do jego domu w pobliżu Kampali. Ponieważ było to po drodze, zgodziłem się. Niestety, podczas podróży krowa zapaskudziła mi samochód. Nie było ani czasu, ani wody, by go wymyć. Dojechałem do rezydencji nuncjusza, a ochrona nie chciała mnie wpuścić. Musiałem długo wyjaśniać, co mi się przydarzyło. W końcu dali się ubłagać. Mój misyjny, spracowany, „znaczony" przez krowę pikap stanął obok czystych zadbanych samochodów urzędników.

Przypomniała mi się podobna sytuacja kolegi inżyniera z Gdańska. Pomny na słowa swego ojca, żeby promować polską motoryzację, kupił starego poloneza i codziennie jeździł nim do pracy. Parkował go obok wypasionych fur swoich współpracowników. Po kilku dniach takich praktyk wezwał go do swojego gabinetu prezes firmy i rzekł:

— Proszę, aby pan więcej nie parkował samochodu w centralnym miejscu, bo wygląda to tak, jakby przed ambasadą amerykańską powiesić stare kalesony.

O ile jednak mogłem zrozumieć szefa firmy, który dbał o prestiż, to nie bardzo pojmowałem postawę pracowników nuncjatury w Kampali, bo przecież było to miejsce, gdzie o inne wartości powinno się zabiegać. Pobyt w Afryce nauczył mnie jednak, że skromność księdza nie jest tutaj wcale najbardziej oczekiwaną cnotą. Ale jeszcze do tego powrócę.

W pierwszą niedzielę Wielkiego Postu odwiedziłem Kitanda-Kinoni. Jest to nasza stacja misyjna, zamieszkana w większości przez grupę etniczną Bakeny. Nie znam tego języka, więc kazanie mówiłem w języku luganda, posiłkując się angielskim. Gdy objaśniałem ćwiczenia wielkopostne, które służą do rozwoju duchowego, nagle z tłumu padło pytanie, co to jest post.

— W Środę Popielcową jadamy tylko chleb i wodę — próbowałem wyjaśnić na swoim przykładzie.

— Ja jem co dzień podobnie, to znaczy raz dziennie posho (papka z mąki kukurydzianej) z *bigyanjaro* (fasola). Czy to znaczy, że codziennie poszczę?

Zamurowało mnie. Na takie pytania często trudno mi znaleźć odpowiedzi, które by pasowały do sytuacji Afryki. Zakończyłem kazanie. Zapanowała cisza. Parafianie widzieli, że jestem zmieszany. Kontynuowałem mszę, a w drodze powrotnej myślałem o tej sytuacji. Ja przynależę do żebraczego zakonu biedaczyny z Asyżu, a warunki, w których żyjemy — ubogie — dla miejscowych są wyobrażeniem bogactwa. Misja obecnie ma wszystkie warunki do dobrego funkcjonowania, tzn. dysponujemy samochodem, mamy bieżącą wodę, od czasu do czasu prąd i telefon. Tego wszystkiego używam i tym dysponuję. A tubylcy są tego pozbawieni. Zatem wychodzi na to, że ja jestem bogaty, a oni są ubodzy. Jak więc zachowywać ślub ubóstwa tutaj w Afryce? A przede wszystkim, jak być dla tych ludzi czytelnym znakiem — świadkiem Ewangelii?

Od fasolki do bush-meatu

Na misji nauczyłem się gotować, nie z zamiłowania, ale z potrzeby. Po prostu w pewnym momencie znudziło mi się jedzenie posho i fasoli. Rośnie tu dużo grzybów, a pięć odmian jest jadanych przez miejscowych, i szczególnie pożywnych. W posadzonym przez nas lesie zaczęły pojawiać się także maślaki, ale tubylcy nie chcą ich tutaj jeść i przynoszą nam wiadrami. Wyspecjalizowałem się więc w marynowaniu grzybów, w sosach i zupach grzybowych. Nieraz bywa tak, że jemy na śniadanie jajecznicę z grzybami, na obiad zupę grzybową i na kolację ryż z sosem grzybowym. Wolontariusze przywieźli nasiona ogórków i obrodziło ich mnóstwo, ale trzeba było je jeść szybko, inaczej po kilku dniach pojawiały się zainteresowane nimi szkodniki. Miejscowi nie przepadają ani za grzybami, ani za ogórkami, a nasze możliwości konsumpcyjne były ograniczone. Stąd powstała potrzeba, aby je zachowywać na dłużej, tak jak w Polsce przechowuje się zapasy na zimę. Zaczęliśmy kisić ogórki, używając wody z solą i czosnku. Niestety nie rośnie tu chrzan, widocznie potrzebuje innego klimatu. Brakuje też kopru z podobnego powodu. Marynujemy więc grzyby, dodając tylko octu. W Ugandzie wszyscy się dziwią temu, ponieważ tutaj nie ma zwyczaju przechowywania posiłku na dzień następny, bo szybko się psuje. Przynosząc nam grzyby, mówili: „Chcemy zobaczyć, czy naprawdę fadze Kalungi nie umrze, jedząc tę truciznę". A ponieważ ojciec Kalungi jadł i nie umierał, więc według miejscowych posiadł pewnie jakąś czarodziejską moc.

Radzimy sobie na różne sposoby, by uatrakcyjnić nasz kulinarny żywot. Typowy obrazek. Kiedyś Goretti, nasza kucharka, zrobiła zupę mleczną. która cieszyła się niewielkim po-

Chłopcy upolowali antylopę

wodzeniem, więc sporo jej zostało. A że darów bożych się u nas nie marnuje, to wrzuciłem do niej kalafiora i mieliśmy na obiad zupę kalafiorową. Wieczorem dolałem jeszcze ketchupu i zrobiła się zupa pomidorowa. Podczas kolacji nie wszystkim wytrzymały żołądki, ale jedną zupą nakarmiliśmy całą wspólnotę. Jakąś cenę trzeba zapłacić.

Ulubionym posiłkiem ludzi Baganda są zielone banany *matooke* w liściach bananowych i sos z mięsa *luwombo*. W Ugandzie jest trzydzieści różnych gatunków bananów. Bagandyjczycy uwielbiają *mwenge*, słodkie piwo robione z soku z bananów, który po dwudziestu czterech godzinach zaczyna fermentować. Większość mieszkańców Kakooge je *posho*, czyli mąkę kukurydzianą gotowaną na wodzie, ale o konsystencji stałej. Najczęściej jedzą ją z fasolą. Słodkie ziemniaki gotuje się lub piecze. Orzechy i ziarna spożywane są rzadziej. Ludzie jadają też mrówki i koniki polne, smażą je na oleju albo spożywają surowe. Koniki są podobne do szarańczy, którą żywił się święty Jan Chrzciciel. Bagandyjczycy ostatnimi czasy doceniali mleko, bardziej z powodu nauk Europejczyków niż z zamiłowania do jego smaku. Ze względu na panujące przesądy i tradycję jajka były sprzedawane Europejczykom, bo kobiety mogły je spożywać, dopóki nie wyszły za mąż lub jeśli mieszkały samotnie jako wdowy. Tłumaczono to tym, że kobieta, która je spożywa, urodzi dziecko z głową w kształcie jajka. A tak naprawdę chodziło chyba o to, by lepsze pożywienie było zarezerwowane dla mężczyzn.

Rolnicy uprawiają sezam, którego nasiona są pełne oleju.

Mieszkańcy Kakooge jedzą skromnie i bardzo mało, powiedziałbym głodowo. Raz dziennie *posho* i fasolkę. Niektóre dzieci w Ugandzie jedzą dziennie jeden kubek grysiku z kukurydzianej mąki w szkole, a podczas wakacji może wcale.

RAJ DLA PODNIEBIENIA

Rynek pełen
warzyw i owoców

Jackfruit — coś między
gruszką a wanilią

Passion-fruit — męczennica.
Daje ożywczy sok

© TADEUSZ TYSK

Ceny ruchome.
Kupić bez targowania
to zrobić z siebie idiotę
i obrazić sprzedawcę

© JAN GRZEGORCZYK

Po owoce i warzywa chodzimy na targ. W Kakooge mogę kupić słodkie ziemniaki, yam, fasolę, paprykę zieloną, pomidory, cebulę, kasawę i sumałyki. W owocach też można wybierać: mango, ananasy, banany, passion-fruits, jackfruits. Najpierw pozdrawiam sprzedawczynie stojące za straganami zrobionymi z kijków. Na każdym z nich znajdują się inne owoce i warzywa. Podchodzę do stoiska z bananami, biorę kiść do ręki i pytam w luganda:

— *Nyabo, sente meka matooke?* („Ile kosztują te banany?")
— Tysiąc szylingów.
— Czemu tak drogo?
— Dobrze, zapłać pięćset szylingów.
— Dobrze.

Biorę kiść bananów i idę do następnego stoiska po kolejne warzywa.

W czerwcu rozpoczyna się sezon na mango. Na naszym terenie rośnie mnóstwo drzew mango. Wszędzie można wtedy spotkać ludzi z tym owocem w ręku, wysysających z niego z rozkoszą sok. Widok jak u nas w kurorcie, kiedy wczasowicze chodzą z lodami. Ludzie Baganda lubią jeść mięso kóz, owiec, bydła lub dzikich zwierząt. Ponieważ mięso jest drogie, miejscowi wyprawiają się po nie do buszu. Polują zwłaszcza na antylopy. Wielokrotnie, jadąc przez busz, widziałem tradycyjne polowania. Naganiacze idą jedną stroną, krzycząc. Towarzyszą im psy. Z przeciwnej strony idzie grupa ludzi z dzidami i długą siatką. Przestraszona zwierzyna ucieka od tych krzykaczy prosto w siatkę. Później na rynku można kupić takie mięso (nielegalnie) jako *bush-meat*.

Mięso z buszu pozyskiwane jest nie tylko z polowań, najczęściej jednak zwierzęta łapie się w sidła. Pewnego razu w drodze na mszę świętą zobaczyłem płaczącego małego chłopca z nogą we wnykach. Na szczęście miał buty, które ją ocaliły. Katechista, który jechał ze mną, wyciągnął mu nogę z sideł i zawieźliśmy chłopca do szpitala. Jak się później okazało, sidła założył jego wujek. Kiedyś jechałem na uroczystość 25-lecia kapłaństwa księdza Katamby, do jego domu w Zirobwe. Nagle perliczka wyskoczyła na drogę i uderzyła w zderzak samochodu, tracąc życie. Zatrzymałem samochód i włożyłem ją na pakę. Jubilat bardzo się ucieszył z mojego prezentu. Mięso z tych ptaków jest bardzo smaczne. Innym razem taka sama śmierć spotkała antylopę. Znów byłem sprawcą jeszcze większej radości.

Drugi list do brata

Kochani Darku, Agnieszko i Kasiu,

Serdecznie Was pozdrawiam, niech będzie pochwalony Jezus Chrystus!

Jestem już dziewięć miesięcy w Ugandzie. Tydzień temu byłem chory na malarię. Miałem potworne bóle głowy i całego ciała i wysoką gorączkę około czterdziestu stopni. Poza tym pociłem się i było mi bardzo zimno. Przykryty kilkoma kocami czułem się, jakbym spał pod krą w Arktyce. Zażywałem kroplówki z chininą. To był tydzień wyrwany z życiorysu. Jestem jeszcze osłabiony, ale wracam powoli do pełni sił.

Przed malarią miałem taką przygodę. Będąc w stolicy, przejeżdżałem przez skrzyżowanie ulic Kampala Road i Garden City. Był duży korek i stałem na skrzyżowaniu. Podeszły do mnie kobiety z dziećmi, które nosiły na plecach przepasane chustą. Obok kręciła się grupka dzieci, które też przybiegły do samochodów i prosiły o pieniądze. Kobiety miały na twarzach blizny według różnych wzorów wyciętych nożami, a do uszów przypięte ciężkie metalowe kolczyki. Należały do plemienia Karamojong, ciało uważane jest przez Karamojong jako najważniejsze i piękne samo w sobie, zatem nie należy go zakrywać. Dlatego w swoich wioskach chodzą nago, a na ciele mają blizny o różnych kształtach, które mają je upiększać. Dawniej mężczyźni nosili na gołym ciele łuki i dzidy, obecnie noszą karabiny kałasznikowa. Teraz jest pora sucha i na ich terenach jest susza, dlatego kobiety z dziećmi przyszły żebrać do stolicy. Karamoja należą do ludów hamicko--nilotyckich i są spokrewnieni z Masajami. Podobnie jak oni są ludem pasterskim. Zamieszkują północno--wschodnią część Ugandy, tereny bardzo ubogie, gdzie klimat jest bardzo gorący. Krowy są podstawą ich egzystencji. Uważają oni, że Bóg stworzył krowy i dał im wszystkie pod opiekę. Organizują nocne rajdy-napady, zapędzając się nawet kilkadziesiąt kilometrów na tereny innych plemion, by odebrać „swoją własność". Ich krowy są małe i chude. Kiedy jest pora deszczowa i krowy mają pożywienie, to posiłek spożywa się codziennie, ale w porze suchej dwa razy w tygodniu. Mięso z krów jada się tylko wyjątkowo i to najczęściej z krowy, która padła. W przeszłości, gdy ich tereny były pełne dzikich zwierząt, dorastający młodzieniec wybierał się z dzidą na wielkiego zwierza: lwa lub słonia. Kiedy upolował go, pojawiał się u rady starszych i po-

*kazywał krew na dzidzie oraz ogon zwierzęcia lub inną
część trofeum. Kiedy została potwierdzona jego doros-
łość, otrzymywał byka ze stada ojca, którym dzielił się
z przyjaciółmi. Na tej ceremonii musiał posmarować
się krwią i kałem krowim. Znakiem dorosłości jest obrzęd obrzezania i pozwolenie na noszenie piór strusia.
Karamojong są poligamistami i liczba żon zależy tylko od możliwości zapłacenia za nie. Stosunki seksu-
alne osób nieżonatych są dozwolone, ale jeśli dziewczyna zajdzie w ciążę, sprawca musi uiścić zapłatę
rodzinie w wysokości 30 kóz. Jeśli ktoś popełni cudzołó-
stwo z mężatką i zostanie to wykryte, to sprawcy kon-
fiskuje się stado krów i dzieli się je pomiędzy członków
poszkodowanej rodziny. Rozwód jest dozwolony, tylko mężczyzna musi zwrócić zapłatę i kobieta jest sma-
rowana łajnem krowim na znak, że od tej chwili jest
kobietą wolną. Opowiadały mi polskie lekarki, które
pracowały w tym plemieniu, że gdy umarł ich sąsiad,
to jego ciało położono w środku ogrodzenia dla cieląt
z głową opartą na kamieniu i skierowaną ku północy,
ponieważ wierzono, że stamtąd przyszli, i przysypano
je kamieniami. Po kilku dniach wokół ich chatki pojawił się niemiły zapach rozkładającego się ciała.*

*Próbowałem z tymi kobietami-żebraczkami zaga-
dać, ale nie znały języka angielskiego ani lugandy. Znały tylko kilka wyuczonych zwrotów, takich jak:*

— Daj mi pieniądze na jedzenie.

*Miałem dylemat: dać czy nie? Burmistrz Kampa-
li apelował niedawno, aby nie dawać, ponieważ przez to
rozszerza się żebractwo. Ale mam tu konkretnego człowieka. Jezus mówił, że jest obecny w każdym biednym*

człowieku. Stoję na skrzyżowaniu już dziesięć minut z takim dylematem. Nareszcie policjant dał ręką znak, aby nasza linia samochodów ruszyła. Tym razem nie dałem jałmużny.

Niedawno do naszej parafii przyszła siostra zakonna, której zepsuł się samochód. Poprosiła, abym pomógł jej załatwić mechanika. Okazało się, że w samochodzie wiozła zmarłego brata, by pochować go w rodzinnej ziemi przy granicy z Sudanem. Kiedy zepsuła się klimatyzacja, kierowca próbował ją sam naprawić, coś podkręcił pod maską i niestety unieruchomił samochód. Stał bezradny, zmarłego położył pod drzewem i przykrył go liśćmi bananowymi. Po kilku godzinach poszukiwań przywiozłem mechanika i po skutecznej reperacji samochód ze zmarłym ruszył w ostatnią podróż na ziemi.

I na koniec jeszcze taki obrazek. Gdy wybudowałem dom dla naszej wspólnoty, to dyrektor szkoły podstawowej poprosił, aby dzieci ze szkoły mogły przyjść i obejrzeć toalety. Dzieci miały niezły ubaw, że muzungu mają toalety wewnątrz domu. A gdy wybudowaliśmy domek dla naszych psów, ludzie ze wsi przychodzili i prosili, abyśmy wybudowali taki sam dla nich. Jak mówiłem, że jest to dla psów, to się śmiali, bo myśleli, że żartuję.

Z okazji zbliżających się świąt wielkanocnych życzę Wam głębokich przeżyć paschalnych i radosnego świętowania Zmartwychwstania Pana Jezusa!

Bogusław

PS Proszę was o modlitwę.

Alleluja, „drzewo życia"!

Tydzień przed Niedzielą Palmową ogłosiłem, że będziemy mieli konkurs z nagrodami na najładniejsze palmy. Na Sądecczyźnie, skąd pochodzę, jest zwyczaj, że nagradza się najwyższą i najładniejszą palmę wielkanocną. Postanowiłem przenieść go do Kakooge. W Niedzielę Palmową ludzie przynieśli mnóstwo pięknie udekorowanych palm, więc procesja wypadła imponująco. Jednak coś za coś. Dzieci zerwały wszystkie kwiaty z naszego ogrodu i ogołociły drzewa palmowe z gałęzi, a ja jeszcze musiałem je za to nagrodzić. No cóż, słowo się rzekło.

W Wielki Poniedziałek pojechałem naprawić samochód, by na święta był sprawny. Aby było taniej, wybrałem warsztat w slamsach. Przywitało mnie kilku mechaników. Na pytanie, czy będą w stanie naprawić ten samochód (pięcioletnią toyotę pikapa, z napędem na cztery koła), bez wahania potaknęli głowami. Chciałem wymienić klocki hamulcowe. W serwisie toyoty kosztowały piekielnie drogo. Kupiłem zatem tańsze na rynku i chodziło mi tylko o ich zamontowanie. Chłopcy z zapałem zabrali się do pracy. Była dziesiąta rano. Już lekko się podenerwowałem, gdy śrubki z poodkręcanych kół rzucali na piasek. Powinno mi to dać do myślenia. Potem co jakiś czas przychodzili po narzędzia, których o dziwo (ale tylko dla Europejczyka) w warsztacie nie mieli. Co chwilę ktoś jechał do miasta motorkiem, by dokupić jakąś drobną rzecz. Oczywiście, każdy z tych drobiazgów musiałem finansować. W końcu wkurzony powiedziałem, że umówiłem się na określoną kwotę za naprawę i nie zamierzam ciągle dokładać na jakieś duperele. Wydawało się, że chłopcy zrozumieli, o co mi chodzi. Gdy o piątej po południu zapytali, czy mają jeszcze sprawdzić napęd na cztery koła, zmęczony i głodny, niefortunnie (co potem się okazało) zgodziłem się. Przy odkręcaniu kół w dwóch śrubach przekręcili gwinty. Kiedy nie dałem im już dodatkowych pieniędzy na zakup towotu, to w zamian użyli wazeliny kosmetycznej. Wreszcie o zmroku skończyli. Zapłaciłem i ruszyłem do domu. Byłem głodny i zmęczony tym całym dniem pilnowania, aby naprawa przebiegała fachowo. Przy wyjeździe z bramy coś dziwnie zaczęło stukać w podwoziu. „Naczelny mechanik slamsów" wytłumaczył mi, że teraz musimy jechać, aby wyregulować geometrię kół. Jechałem, a tu coraz głośniej stukało i zgrzytało, aż wreszcie na skrzyżowaniu odpadło przednie koło. Zablokowaliśmy skrzyżowanie, zdenerwowany kierowałem ruchem. Po chwili zatrzymała się policja i dostałem dziesięć minut na opuszczenie skrzyżowania. Mój mechanik w tym czasie próbował przytwierdzić koło. W końcu mu się udało. Odstawiłem samochód na najbliższy strzeżony parking. Krańcowo wyczerpany, z odwodnionym organizmem pojechałem zjeść śniadaniokolację. Rankiem następnego dnia udałem się już bez eksperymentowania do serwisu toyoty. Wyszło na to, że naprawa przez „fachowców" kosztowała mnie więcej niż w serwisie, nie licząc straconych nerwów i całego dnia.

W Wielki Wtorek, wracając wreszcie do Kakooge, po pechowej naprawie samochodu, utknąłem w korku na skrzyżowaniu ulicy Yosefa Lule z Mulago. Przyglądałem się dużemu polu golfowemu, liczącemu sto hektarów. Na korzystanie z niego stać wyłącznie bardzo bogatych ludzi. Ponoć odwiedza je nie więcej niż 10 osób dziennie. Po drugiej stronie wzgórza w Kamwokya podobną powierzchnię, co pole golfowe, zajmują największe slamsy w Kampali, zamieszkane przez ponad milion ludzi. Do mojego samochodu podbiega kilku żebraków. Dwóch z nich nie ma rąk. Pytam jednego z nich, co mu się stało? Odpowiada, że żołnierze Kony'ego ucięli mu ręce, gdy był dziec-

kiem. Daję im dwie bułki. Czasem nie daję nic, ale w ciszy odmawiam modlitwę *Ojcze nasz... chleba powszedniego daj nam
dzisiaj...* Tak uspokajam sumienie, bo przecież nie mogę materialnie pomóc wszystkim.

W nocy z wtorku na środę ktoś ukradł nam pompę solar-
ną. Pozbawił nas w ten sposób na długi okres wody. Zatem od
końca postu będziemy żyć jak miejscowi ludzie. Rano ojciec
Marcin postanowił wziąć sprawy w swoje ręce. Zabrał ze sobą różdżki, którymi zazwyczaj posługiwał się, szukając wody
dla miejscowych ludzi, i udał się na poszukiwanie skradzio-
nej pompy. Ludzie, widząc to niecodzienne zjawisko, ruszyli za
nim z zainteresowaniem. Szybko zebrał się spory tłum. Ojciec
zatrzymał się przed jednym domem, informując zebranych, że
różdżki wskazują, że w tym domu jest pompa. Z domu wyszedł
wysoki mężczyzna. Ojciec wytłumaczył mu, że szuka skradzio-
nej w nocy pompy i różdżki wskazały mu na ten dom.

— Jestem policjantem i to jest mój dom — przedstawił się
gospodarz.

— Nie szkodzi — odparł niezrażony ojciec Marcin — jednak wszystko wskazuje na to, że skradziona pompa znajduje się
w tym miejscu.

Na szczęście policjant wykazał się dużym poczuciem humoru, obracając metody detektywistyczne ojca Marcina w żart.

— Ojcze, pompy tu nie ma, ale może ojciec wejść i osobiście sprawdzić. Jeśli ojciec ją tu znajdzie, to osobiście zgłoszę się
w kajdankach na policję.

Tłum ludzi wybuchnął śmiechem, co rozładowało atmosferę. Niestety, pompy nie udało się znaleźć ani w domu policjanta, ani gdzie indziej, ale niekonwencjonalna metoda poszukiwań ojca Marcina odbiła się szerokim echem po parafii.
Ludzie mówili, że mamy w Kakooge wielkiego „czarownika".

W Wielką Środę podczas czytania Ewangelii poczułem na ciele mrówki, ale było już za późno. Normalnie w takiej sytuacji zrzucam ubranie i wpadam pod prysznic. Jednak okoliczności były inne. Przerwałem mszę i pobiegłem z kaplicy do buszu. Dopiero tam zrzuciłem, co miałem na sobie. Zaraz też zacząłem strzepywać mrówki, których ukłucie jest bardzo bolesne. Naliczyłem, że miałem ich na ciele ponad czterdzieści, czyli tyle, ile dni liczy wielki post. Potraktowałem to jako umartwienie, ale gdy uwolniłem się od nich, odetchnąłem z ulgą. Zaraz też odkryłem, że grupka dzieci cały czas przyglądała się tej scenie i po minach rozpoznałem, że miały wiele uciechy. Muzungu wreszcie odkrył ciało.

W Wielki Czwartek postanowiłem, że umyję nogi parafianom, pod warunkiem że przyjdzie minimum dziesięciu mężczyzn do kościoła. Na początku było tylko trzech, więc pomyślałem, że ominie mnie ten obrzęd. Jednak podczas kazania doszło jeszcze dziewięciu. Gdy naśladując Chrystusa, myłem ich nogi, okazało się, że połowa mężczyzn przyszła do kościoła bez butów, a na dworze padał deszcz, więc ich nogi były całe w błocie. Ale i tak daleko mi było do kapłana z sąsiedniej parafii u kombonianów, który spóźnił się na kolację, ponieważ mył nogi wszystkim ludziom obecnym w kościele. A było ich około dwustu.

W Wielki Piątek mieliśmy drogę krzyżową razem z anglikanami. Od czasów wojny pomiędzy katolikami a anglikanami Brytyjczycy podzielili teren pomiędzy mieszkańców tych wyznań. Tak więc Kakooge jest przepołowione, po jednej stronie miasteczka mieszkają anglikanie, a po drugiej — katolicy. Od kilku lat w Ugandzie wprowadzana jest ekumeniczna droga krzyżowa, gdzie te dwa wyznania razem się modlą. Tak więc w dzień śmierci Jezusa szliśmy razem w modlitwie do czternastu stacji — od kościoła anglikańskiego do kościoła katolickiego. Dwunasta stacja drogi krzyżowej przypada pod wielkim krzyżem umieszczonym przy drodze do Gulu. Kiedyś znalazłem ośmiometrową kłodę drewna w Luweero, która przypominała kształtem krzyż. Właściciele chcieli ją spalić. Była bardzo duża i ciężka. Zdecydowaliśmy się ją odkupić, wynajęliśmy dźwig i przetransportowaliśmy ją do Kakooge. Miejscowy artysta Patryk Lot wyrzeźbił z niej figurę Jezusa Chrystusa, który ma rysy Afrykańczyka. Krzyż otrzymał nazwę „Jezus Chrystus Książę Pokoju". Naszą intencją było stworzenie miejsca, w którym ludzie będą mogli się zatrzymać na chwilę i pomodlić o pokój na świecie, a szczególnie w północnej Ugandzie, gdzie Kony nadal zabija niewinnych ludzi.

Długo nie konserwowaliśmy figury z powodu braku dobrego środka. Była wystawiona na upalne słońce i deszcz. Wreszcie popękała. Z pleców Jezusa wyrastają teraz rośliny, a pszczoły uwiły sobie tam gniazdo. Jest to realne „drzewo życia".

© ARCH. AUTORA

Transport ośmiometrowej figury Chrystusa

Ewa Nikolin — fundatorka krzyża
Książę Pokoju, który stoi
przy drodze do Południowego
— wojującego — Sudanu

W Wielką Sobotę nie ma tutaj zwyczaju święcenia pokarmów. Ogłosiliśmy czuwanie przy grobie Pana Jezusa, który zrobiliśmy w szkole podstawowej. Niestety, przyszło zaledwie kilku parafian. Wieczorem miałem liturgię w wiosce. Ogień i świece oświetlały ciemność kaplicy. Do światła przylatywały różne insekty, które obsiadały wszystko, co było oświetlone. Nawet mówić mi było trudno, ponieważ wpadały do ust. A liturgia trwała około trzech godzin.

W niedzielę Zmartwychwstania Pana Jezusa pojechaliśmy do wiosek głosić radosną nowinę, że Pan Jezus pokonał śmierć, która była źródłem lęków dla ludzkości. Miałem trzy msze. O ósmej wyjechałem do Kyabutayiki, drugą mszę miałem w Bamusucie, a trzecią w Kitanda-Kinoni. Kaplice wszędzie przystrojono kolorowymi wycinkami z gazet i kolorowych papierów. Przy wejściu stały świeżo ścięte bananowce, którymi przystraja się drogi podczas ważnych okazji, tak jak u nas brzózkami. Ludzie odświętnie ubrani, kobiety w kolorowe gomesy, a mężczyźni w białe kanzu. Podczas kazania mówiłem, że gdyby nie było zmartwychwstania, to daremna by była nasza wiara. Było dużo radosnej spontaniczności. Podczas śpiewów kobiety co jakiś czas wydawały radosne wibrowane okrzyki na wysokich tonacjach, tzw. ululacje. Cały kościół tańczył. Na koniec Eucharystii błogosławiłem i życzyłem wszystkim radosnego świętowania w gronie rodziny, bliskich i przyjaciół. Przy wyjściu jeszcze rozdawałem cukierki. Wszędzie słychać było międzynarodowe słowo „Alelluja!".

Ten okres postu i świąt zmartwychwstania Pana Jezusa zapadł na długo w mojej pamięci. Wiele się wtedy wydarzyło, ale najważniejsze były moje doznania duchowe, te same co w Polsce, jakoś inaczej przeżywane w afrykańskim kolorycie.

ROZDZIAŁ IV

Czego się boję?

Boję się wojny, rebeliantów, chorób, głodu
i dzikich zwierząt...

Duch Idi Amina

Niedawno zabito dwóch Hindusów, którzy prowadzili farmę na terenie naszej parafii. Najpierw torturowano ich maczetami, a potem zastrzelono. Gdy na jednym z zebrań zapytałem, jaki był powód tego morderstwa, ktoś odpowiedział:

— Hindusi źle traktują pracowników, płacą im małe pensje, a ponadto jest ich już zbyt dużo w Ugandzie. Wkrótce przyjdzie nowy Amin, który ich znowu wyrzuci z Ugandy.

Nic nie odpowiedziałem, ale pomyślałem, że patrząc na tutejszą rzeczywistość, może się to powtórzyć. Duch Amina unosi się nadal nad Ugandą.

Wkrótce wpadła mi w ręce książka A. Seftela *Uganda: The Bloodstained Pearl of Africa* („Uganda — skrwawiona perła Afryki") o Idim Aminie. Wstrząsająca lektura. Kiedy premier Obote przebywał w Singapurze na zjeździe przywódców państw Commonwealthu, jego szef ochrony Idi Amin dokonał zamachu stanu i 25 stycznia 1971 roku przejął władzę. Na początku ludzie cieszyli się ze zmiany przywódcy. Mieli ku temu różne powody. Na przykład Baganda uważała, że usunięto człowieka, który niszczył jej dziedzictwo, inni mieli nadzieję, że Amin nie będzie popierał komunizmu afrykańskiego, który próbował wprowadzać do Ugandy M. Obote, niszcząc ekonomię i stopując rozwój kraju. Amin zadeklarował, że jest profesjonalnym żołnierzem, a nie politykiem i gdy tylko sytuacja się unormuje, władzę przekaże odpowiednim organom, a sam z żołnierzami wróci do koszar. Tymczasem ten kapral, kucharz, bokser i analfabeta z plemienia Kakwa mianował się dożywotnim władcą Ugandy. Sam sobie przyznawał też ordery, bywało, że te, które nosił na co dzień, ważyły po kilka kilogramów. Swoją ekstrawagancją zaskakiwał również w kontaktach dyplomatycznych. Między innymi pisał listy do przywódców państw, obrażając ich. Zwykle za sprawą ignorancji i braku obycia. Królowej Anglii Elżbiecie proponował, aby porzuciła męża i uciekła do Ugandy, a on jej pokaże, co znaczy być prawdziwym mężczyzną. W 1972 roku wydał dekret, na mocy którego Azjaci przybyli tu za rządów kolonialnych mieli opuścić kraj w ciągu 90 dni, nie mogąc zabrać nic oprócz ubrania. Nastąpił exodus 90 000 rodzin. Ich majątki i biznes zostały zmarnowane przez nieprzygotowanych, lokalnych następców.

Część Ugandyjczyków widziała w nim jednak bohatera. Przede wszystkim wychwalano go za wyrzucenie panoszących się w Ugandzie Hindusów. Miejscowi twierdzą, że po wyjeździe Anglików Hindusi opanowali cały biznes i handel w Ugandzie, sprowadzając Ugandyjczyków do taniej siły roboczej. Jednakże przepędzenie Hindusów miało swoje negatywne skutki. Choć znienawidzeni, byli jednak fachowcami. Bez nich Uganda zaczęła pogrążać się w chaosie. Ekonomia z dnia na dzień upadała, aż w końcu doprowadzono kraj do totalnej ruiny. Wiele państw zerwało kontakty z Ugandą, kraj utracił rynek eksportowy kawy i herbaty. Zamknięto kopalnie miedzi koło Fort Portal i linię kolejową prowadzącą do Kenii.

Amin się tym zupełnie nie przejmował. Palestyńczykom zaproponował siebie na dowódcę wojsk sprzymierzonych przeciw Izraelowi. Ćwiczył nawet różne warianty walki, na makietach, ponieważ Uganda nie posiadała potrzebnej broni nawet na manewry. Rzeczywistość okazywała się oczywiście inna od jego wybujałych marzeń. Izraelici odbili w jedną noc samolot ze swymi rodakami, który uprowadzili palestyńscy terroryści, gdy Amin użyczył im schronienia na lotnisku w Entebbe. W czasie, gdy Amin zabawiał się z kobietami, niedostępny dla otoczenia, izraelscy komandosi odbili zakładników. Dyktator stał się pośmiewiskiem całego świata. Miał prostackie poczucie humoru, cechujące w dużym stopniu psychopatów. Konsekwentnie likwidował przeciwników, aresztował wszystkich, którzy mu się sprzeciwiali, torturował ich i w końcu zabijał. Ludzie ginęli w tajemniczych okolicznościach. Ponoć trzymał w lodówce głowy swoich przeciwników politycznych. Ministra spraw zagranicznych M. Ondagi wedle przekazów kazał zabić i podać w potrawce na jednym z wystawnych przyjęć. Czasem mordował osobiście, ale częściej wydawał rozkazy masowych egzekucji. Żołnierze z jego plemienia Kakwa pili krew swoich ofiar i zjadali ich wątroby, wierząc, że to da im moc i ochroni przed ranami. Jest odpowiedzialny za śmierć pół miliona Ugandyjczyków. O Aminie powstał świetny film Kevina Macdonalda, w którym genialnie sportretował go Forest Whitaker. Za tę życiową kreację dostał Oscara. Oglądałem ten film parę razy.

Amin znalazł oparcie w pułkowniku Kaddafim, który wspierał go finansowo. Faworyzował islam w kraju, który jest w większości chrześcijański. Ponieważ dostrzegał potęgujące się niezadowolenie społeczne, postanowił dla odwrócenia uwagi rozpocząć działania wojenne na zewnątrz. Oficjalnym powodem zaatakowania Tanzanii było wspieranie przez ten kraj opozycji. Trzydziestego października 1978 roku wojsko Amina wkroczyło do północno-zachodniej Tanzanii i zajęło 1200 km kwadratowych tanzańskiego terytorium. Prezydent Julius Nyerere zarządził kontratak. „Krwawy błazen", jak już wtedy nazy-

wano Amina w świecie, nie tracił swoistego humoru i zaproponował wtedy prezydentowi Tanzanii... walkę na pięści. Kiedy połączone wojska Tanzanii i partyzantka ugandyjska zajęły
Kampalę w kwietniu 1979 roku, Amin uciekł do Libii. Ugandzie
przyszło zapłacić rachunek za wojnę z Tanzanią, która zażąda-
ła oficjalnie odszkodowania za zniszczenia, jakich doświad-
czyła w wyniku wojny. Zrujnowanego kraju nie było jednak
stać na odszkodowania. W Ugandzie pozostawało dwanaście
tysięcy żołnierzy tanzańskich, biorących udział w obaleniu
Amina. Mieli pomóc w odbudowie kraju, ale w rzeczywistości „odbierali, co im się należało”, rabując sklepy, napadając na
wioski, terroryzując ludzi i wybijając masowo dzikie zwierzęta. W tym czasie Amin przez trzy lata przebywał u Kaddafiego,
a potem przeniósł się do Arabii Saudyjskiej, która postanowiła go wynagrodzić za krzewienie islamu. Wiódł tam dostatnie
i spokojne życie.

Pewnego dnia zapytałem Gladys, naszą przyjaciółkę z Kampali, która pomagała nam w pracach ogrodowych:

— Jak wy, Ugandyjczycy, odbieracie Amina?

— Przebaczyliśmy mu wszystkie jego zbrodnie na naszych
braciach za to, że przywrócił nam godność jako Afrykańczy-
kom. Zrobił coś, co pozbawiło nas kompleksów względem białych ludzi. Upokorzył białego człowieka, który jest dla nas symbolem kolonializmu. Stało się to wtedy, kiedy kazał się nieść
w lektyce białym przedsiębiorcom angielskim, mających swoje interesy w Ugandzie. Afrykańczycy oglądali zdjęcie, jak biali
mu służą i uginają karki.

Wypowiedź Gladys mnie zszokowała. Można wybaczyć
tak potworne zbrodnie za ten jeden akt odwetu na kolonistach?

Idi Amin — za ten moment upokorzenia białych w Ugandzie są w stanie mu wybaczyć jego bestialstwo

Kony, rebeliant psychopata

Kilka miesięcy po moim przybyciu do Ugandy rebelianci samozwańczego generała Josepha Kony'ego szli w stronę stolicy, aby przejąć władzę. Nasza misja była na ich drodze. Na szczęście wojsko prezydenta Museweniego zatrzymało rebeliantów około trzydziestu kilometrów od naszej misji.

Nie miał tyle szczęścia misjonarz ze zgromadzenia Ojców Białych Bogusław Żero, pochodzący z Przemyśla. Kony napadł na jego misję i zniszczył ją doszczętnie. Po tym bolesnym wydarzeniu ojciec Bogusław przybył do nas, by dojść do siebie. Opowiedział nam swoją historię. Gdy dowiedział się, że rebelianci planują przybyć do jego misji, wsiadł do samochodu i ruszył do Soroti, by zasięgnąć języka u wojska. Zabrał ze sobą uzbrojonego mężczyznę z lokalnej ochrony. Podczas jazdy wpadł jednak w zasadzkę. Rebelianci ostrzelali jego samochód. Udało mu się uciec aż na tereny plemienia Karamoja. Jechał na felgach, bo przestrzelono mu opony. Zdołał uciec, jednak jego współpasażer został zabity.

Kony sprowadził na tę ziemię piekło. Dwa miesiące po moim przybyciu do Ugandy przyszedł do mnie do spowiedzi chłopiec, mógł mieć piętnaście lat. Mówił łamaną angielszczyzną. Miesiąc temu uciekł z armii Kony'ego. Opowiadał, jak napadali na wioski i jak oficerowie dawali rozkaz dzieciom, aby strzelali do mieszkańców. Zabijali niewinnych ludzi. Zabijali w ten sposób siebie, swoją niewinność... Swój świat. Chłopiec, opowiadając, płakał. Potem poprosił mnie o spowiedź. Tak jak pojawił się zaskakująco, znikąd, tak też po spowiedzi tajemniczo zniknął. Wydawało mi się, że nadal czegoś się boi i ciągle przed czymś ucieka... Jego spowiedź śniła mi się po nocach. Koszmar, który nie znikał. Związany tajemnicą nie mogłem nikomu go wyjawić.

Joseph Kony urodził się w wiosce Odok w plemieniu Aczioli. Ukończył cztery klasy szkoły podstawowej. Uczył się marnie. Powiedział kiedyś, że przestał chodzić do szkoły, gdy we śnie zaczęły nawiedzać go duchy. Gdy miał dwadzieścia pięć lat, wstąpił w niego duch Lukwena (duch walki), najpotężniejszy ze wszystkich. Nakazał ponoć Kony'emu stworzyć własne wojsko z żołnierzy Aczioli, by podbić całą Ugandę i za-

© ARCH. AUTORA

prowadzić „sprawiedliwe boże porządki". Dlatego nazwał swoje wojsko Armią Oporu Pana. Lord Resistance Army, dowodzona przez Josepha Kony'ego, powstała na bazie Holy Spirit Movement założonego przez jego ciotkę Alice Lukwenę i jej ojca Petera Otai. Ruch ten terroryzował przez ponad dwadzieścia lat ludzi w północnej Ugandzie. Paradoksem było nazwanie tego ruchu *Ten Commandments* („Dziesięć przykazań"). Swoim działaniem łamał bowiem wszystkie przykazania dekalogu. Żołnierze Kony'ego wierzyli, że był on nawiedzany przez różne duchy i się go bali. Natomiast psychologowie twierdzą, że był zwyczajnym psychopatą.

W pewnym momencie przedstawiciele plemienia Aczioli, zmęczeni długimi wojnami, odmówili Kony'emu rekrutacji żołnierzy z ich plemienia. Obrażony na swoich współplemieńców, postanowił napadać na wioski i wykradać ich dzieci. Uprowadzał je do buszu i szkolił na żołnierzy. Liczba uprowadzonych dzieci szła w tysiące. Chłopców wyszkolił na swoich żołnierzy, a dziewczynki były ich seksualnymi niewolnicami lub sprzedawał je do Sudanu. Posuwał się do czynów strasznych — jak choćby okaleczanie niewinnych ludzi, obcinając im części ciała, np. nos, wargi, uszy, itp. Podobno po wymordowaniu ludzi w wiosce koło Gulu ugotował ich ciała w dużych kotłach, po czym nakazał zjeść ich swoim żołnierzom.

Kiedyś pielęgniarka, która opiekowała się mną w czasie kolejnego ataku malarii, opowiedziała mi pewną historię. Jako mała dziewczynka często musiała uciekać z domu, gdy wojska rebeliantów przychodziły do wioski. Kiedy miała dwa lata, żołnierze generała Josepha Kony'ego zabili jej tatę, który był miejscowym katechetą. Innym razem podczas ucieczki zatrzymały się z mamą pod drzewem, by pomodlić się na różańcu.

Po skończonej modlitwie mama powiedziała, że powinny już pójść. Kilka minut później pod tym drzewem zjawili się rebelianci. Pielęgniarka wierzy, że to Matka Boża uratowała jej wtedy życie.

Akordeonowy koncert, czyli malaria

Najpierw bolała mnie głowa. Potem przyszły nudności, dreszcze, wymioty i biegunka. Wszystko przelatywało przeze mnie jak przez rurę. Leżałem w łóżku okryty dwoma grubymi kocami i trząsłem się z zimna, chociaż na zewnątrz było ponad 30 stopni Celsjusza. Pot dosłownie lał się ze mnie. Drgawki ciała powodowały, że wprowadziłem w drgania łóżko, które przesuwało się po pokoju. Byłem bardzo słaby, nie mogłem w pełni władać swoim ciałem. Ojciec Marcin pomógł mi wstać, zaprowadził do samochodu i przetransportował mnie do szpitalika w Kasana-Luweero. Tam zrobiono mi badania krwi. Miałem ciężką malarię. Podłączono mi kroplówkę, z której sączyła się chinina. Szpital był przepełniony. Położono mnie na korytarzu. Przyszła siostra i powiedziała:

— Zaraz damy ojcu specjalny pokój.

Na te słowa uśmiechnąłem się z wdzięcznością. Siostry umieściły mnie w ciemnym pokoiku bez okien, abym miał komfort i nie słyszał jęków chorych pacjentów, którzy przebywali w przepełnionych salach i na korytarzach. Co chwila traciłem świadomość, chyba zasypiałem. Pamiętam tylko moment, gdy pielęgniarka zmieniała kroplówki i gdy do mojego pokoju wnieśli trupa — ofiarę wypadku. W tym czasie w szpitalu nie było prądu i sanitariusze mieli tylko lampę naftową. Gdy weszli do mojego pokoiku, wydawało mi się, że się przebudziłem i o coś ich zapytałem. Kompletnie zaskoczeni, że przebywa tu żywy pacjent, nie wiedzieli, co odpowiedzieć. Następnego dnia przeniesiono mnie do czteroosobowej sali.

Dopiero po kilku dniach zacząłem wracać do życia. Podczas leczenia chinina uszkodziła mi narząd słuchu. Na szczęście tylko czasowo. Po wyjściu ze szpitala jeszcze przez jakiś czas grało mi w uszach kilka taktów melodii, których uczyłem się grać na akordeonie w dzieciństwie. Nie mogłem zasnąć, sku-

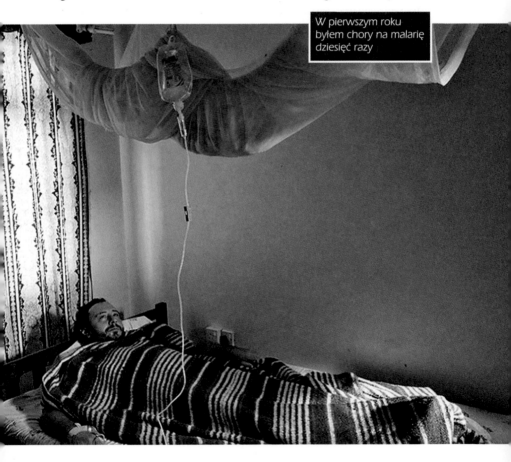

W pierwszym roku byłem chory na malarię dziesięć razy

pić się, bo myślałem, że zwariuję. Po dwóch miesiącach dźwięk ustąpił. Chwała Bogu, wróciłem do normalnego życia! Przyczyną częstego występowania malarii na naszej misji są otaczające ją bagna — wylęgarnie komarów. Taki komar może przelecieć dystans jednego kilometra, ale nie każdy komar przynosi infekcje. W porze godowej samice potrzebują krwi do rozmnażania się, zatem atakują, kłują i piją krew, często przynosząc malarię. Najczęstszą odmianą malarii jest tu tzw. malaria mózgowa, *plasmodium falticiparum*. Leczy się ją dość łatwo w początkowej fazie rozpoznania. Gdy pacjent jednak trafi do szpitala zbyt późno, zwykle następują powikłania i często trzeba użyć najsilniejszego środka, jakim jest chinina. Nieleczona malaria powoduje śmierć.

Największą bolączką dla misjonarza oprócz malarii są biegunki. Sensacje żołądkowe to codzienność w Afryce. Pewnego razu byłem bardzo głodny i to zmusiło mnie do zakupu pieczonego kurczaka, sprzedawanego przy drodze. Smak miał jakiś dziwny. Później dowiedziałem się, że w miejscu, w którym kupiłem pożywienie, kucharz smażył jedzenie na oleju dostarczonym mu z pobliskiego transformatora. Miejscowym to zbytnio nie przeszkadzało, bo ich żołądki są przyzwyczajone do różnych eksperymentów kulinarnych, np. picia wody z bagien czy jedzenia niemytych owoców. Ja tymczasem, mając mimo wszystko „europejski" żołądek, nie przyswoiłem tego bezboleśnie. Całą noc spędziłem w toalecie, a następne dni w szpitalu. A że trafiłem tam w porze deszczowej, poznałem, co znaczy przepełniony szpital. Miałem okazję doświadczyć takiego samego cierpienia jak miejscowi ludzie. Odkryłem przy tym, że w tutejszych szpitalach chorymi opiekują się ich rodziny, myją ich, piorą pościel i osobiste rzeczy, przyrządzają posiłki i karmią. Najbliżsi są przy chorym i opiekują się nim aż do końca pobytu.

Głód

Na początku mojego proboszczowania przeżyłem straszną sytuację. Przez dwanaście miesięcy nie padał deszcz i na wielu terenach Ugandy ogłoszono klęskę żywiołową. Żywność bardzo podrożała, bo Uganda sprzedała wszystko, co rosło do Sudanu Południowego, który był dotknięty jeszcze większą klęską głodu. Za litrową butelkę wody trzeba było tam płacić nawet dziesięć dolarów. Nie zgromadzili żadnych zapasów. W naszej misji w Kakooge nawet woda z bagien wyparowała. Najpierw padały krowy, a później zaczęli umierać z głodu starsi ludzie. Doszły mnie słuchy, że jeden człowiek się powiesił, bo nie miał nic do jedzenia, a inny za ostatnie pieniądze kupił sobie lokalnego alkoholu i zapił się na śmierć. Podczas jednego pogrzebu zagłodzonego człowieka omal szlag mnie trafił z poczucia bezsilno-

Kolejka pojemników na wodę

W czasie suszy
wszędzie szuka się pożywienia

ści. Po pierwsze dlatego, że ludzie nie poinformowali mnie, że w naszej stacji misyjnej Batuusie jest aż tak źle — nie wiedziałem, że umarło kilkoro ludzi z pragnienia i głodu. Gdy się dowiedziałem, było już za późno. Mimo wszystko szybko zorganizowałem młodzież, aby odwiedzała samotne osoby. Z naszych zapasów najbiedniejszym rozdawaliśmy po porcji grochu. Gdybym wiedział wcześniej, że sytuacja była tak tragiczna, na pewno bym więcej zdziałał, i może uniknęlibyśmy śmierci tych ludzi.

W Europie nieraz byłem świadkiem marnowania żywności. Widziałem, ile całkiem zdatnego do spożycia pożywienia z restauracji czy supermarketów lądowało na śmietniku. Można było przy odrobinie dobrej woli przetransportować jedzenie dla głodnych ludzi, zamiast np. transportować broń! Jak to się dzieje, że w jednych krajach ludzie się przejadają, a w innych umierają z głodu? Czyż nie wszystkich stworzył Bóg? Czy nie jesteśmy jedną rodziną ludzką? Zadawałem sobie takie naiwne pytania i bardzo źle się z nimi czułem. Bezradny. To, że tak się dzieje w Afryce, wiedziałem przecież od momentu, kiedy tylko przeczytałem pierwsze informacje o Ugandzie. Kiedy jednak zobaczyłem to na własne oczy, przyszła pokusa, by uciekać z misji. Głód powodował potworny lęk.

W Afryce zjadam wszystko. Zjadam nawet po innych resztki z talerza, a nawet psujące się produkty. Wiem, że jedzenie to podstawa przeżycia. Jakiekolwiek by ono było. Jedzenie w Afryce to nie rozkosz dla podniebienia. To przede wszystkim pewność, że przeżyjesz kilka kolejnych dni.

Na posiłek zasłużyć więc musi nawet zwierzę, zwłaszcza to udomowione. Nasz kot codziennie czeka przed jadalnią, aż coś dostanie z naszego stołu. Bo nie chce mu się łowić — przesiąkł już chyba typową mentalnością afrykańską. Ojciec Marek karmi go, dając mu... codziennie jedno ziarenko ryżu. Na moją uwagę, że kot z tego nie wyżyje, odpowiada:

— Kot ma łapać myszy i szczury, i sam się wyżywić.

A na moją sugestię, że już wszystkie myszy są wyłapane, dodał:

— Jest mnóstwo nietoperzy, co wiszą jak szynki na strychu, a jak kotu się nie chce wyjść i je zdjąć, to nie będziemy trzymać takiego darmozjada.

Msza w afrykańskim ulu

Są tutaj rzeczy i zjawiska, które czasem mnie cieszą, a innym razem denerwują. Na przykład busz. Kiedy jest pora deszczowa, wygląda zachwycająco, świeżo, soczyście. Jestem Bogu wdzięczny, że dane mi jest żyć w tak pięknym środowisku naturalnym, w którym mieszkają dzikie zwierzęta: antylopy, małpy, zające, wiewiórki i duże koty podobne do rysia.

To, co wprawia mnie w stan zdumienia i zachwytu, to cuda natury, na przykład budowle termitów sięgające około pięciu metrów wysokości. Termity potrafią wysadzić w powietrze nawet duże stuletnie drzewo z korzeniami, jeśli rośnie na placu ich zaplanowanej budowy. Co jakiś czas podnoszą swoją budowlę i wtedy drzewo unosi się u podstaw. Jeśli takie drzewo ma szczęście, to czasem zdarza mu się współegzystować z termitami na tym samym terenie, korzystając z tego samego, podziemnego źródła wody. Widziałem takie przykłady symbiozy i robią niesamowite wrażenie. Swoją drogą, jaką siłą musi dysponować wspólnota mrówek, że razem jest w stanie podnieść takie stare, kilkutonowe drzewo z korzeniami. Duże wrażenie zrobiło na mnie pewnej nocy odkrycie, jak z magazynu w klasztorze znikało błyskawicznie 100 kilogramów cukru, który kupiłem kilka dni wcześniej. Poszedłem w nocy do kuchni napić się chłodnej przegotowanej wody, która stała w glinianym pojemniku. Nagle zobaczyłem w świetle latarki poruszające się białe diamenty. Były to kryształki cukru. Każda mrówka wynosiła na plecach jeden taki kryształ. Miliony mrówek weszły do domu sobie znanymi tylko kanałami i w jedną noc, ziarenko po ziarenku, ukradły cały wór cukru. Kilka dni temu w nocy takie stado mrówek zaatakowało nasz dom. W mgnieniu oka oblazły jednego wielkiego szczura i w kilka sekund go uśmierciły swoim jadem. Można to spuentować: w dużej grupie wielka siła.

Kiedy trzeba się przedrzeć przez busz, bo pozarastał drogi, to narzekam na niego, nieraz klnąc pod nosem, gdy boleśnie rani mi ciało. Problemem są często owady. Postrzegają mnie jako intruza, gdy wchodzę na ich terytorium. Od razu przystępują do ataku. Raz pokąsały mnie dwa afrykańskie szerszenie — rękę miałem jak bochenek chleba, a nogę jak u słonia. Innym razem gąsienice, z których wylęgają się przepięknie ubarwione motyle, poparzyły mi skórę i powstała na ciele bolesna rana, która długo się goiła. A w czasie jazdy motorem owady wpadają mi do oczu, dostają się do nosa i do ust. Są dosłownie wszędzie. Najgorzej jednak, jeśli wejdą do domu. W łóżku mrówki, karaluchy na stole, a do tego komary kłujące o świcie i nocą.

Żaby w porze suchej wchodzą do rur, zatrzymując wodę dla ochłody i do picia, i blokują rury, zatykając ich ujścia z domu. Szczury najbardziej polubiły samochody. Robią gniazda i lęgną się w wiatraku, a załatwiają się w toalecie zrobionej w miękkim filtrze. Gdy taki szczur polegnie podczas pracy wiatraka, do wnętrza przedostaje się nieznośny smrodek. Nowy filtr powietrza w salonie Toyoty kosztuje 200 dolarów. Chcąc żyć w Afryce, musiałem też nauczyć się współżyć z dzikimi zwierzętami. W ostatnim czasie mieliśmy dwa napady zwierząt na misję. Inny wypadek ataku dzikiego zwierza zdarzył się w noc przed Świętem Niepodległości Ugandy (dziewiątego października). Leopard zrobił spustoszenie w naszym kurniku, zburzył dach z trawy, a potem zagryzł pięć perliczek, które wyhodowaliśmy z jajek znalezionych w buszu.

Gdy jechałem do Kyabutayiki, na drodze w naszym lesie wygrzewał się ponaddwumetrowy jaszczur, a może krokodyl, ale czy doszedłby po bagnach czterdzieści kilometrów od Nilu? Węży i żmij też widziałem na terenach naszej misji bardzo dużo, takich pięknie ubarwionych, począwszy od kobry, a na pytonach skończywszy.

Po trzech latach pracy na misji wybrałem się na moje pierwsze wakacje w Polsce. Przed wyjazdem ogłosiłem w kościele w Kakooge, że chętnie kupię jakieś miejscowe pamiątki, które mógłbym zabrać do Polski. Za dwa dni dzieci przywiozły mi na taczce sześciometrowego pytona. Zabił go z łuku nasz sąsiad Salongo, gdy wąż połykał jego psa. Ściągnąłem skórę i wyprawiłem ją z myślą, że podaruję ją naszemu misyjnemu muzeum w Krakowie. Jednak na lotnisku w Warszawie zostałem zatrzymany i sprawę przemytu skóry węża skierowano do sądu. Odtąd można ją oglądać na lotnisku Okęcie w Warszawie ku przestrodze przywożących do kraju podobne rzeczy.

Na koniec jednak historyjka optymistyczna. Przyjechałem do Kitangali, aby w szkole dla liderów odprawić niedzielną mszę świętą w intencji śp. wujka Staszka, którego pogrzeb

Sześciometrowy pyton

w Polsce w tym czasie się odbywał. Wujek mieszkał pod samym lasem i jego pasją było pszczelarstwo. Gdy wszedłem do kaplicy, zaniemówiłem. Kaplica kształtem przypominała ul, ale to jeszcze nie wszystko. Latał w niej rój tych pożytecznych, ale i napawających lękiem stworzonek. Okazało się, że pod dachem składały miód. Nie wiedziałem, co robić. Nagle jeden z młodzieńców spokojnym głosem powiedział:

— Niech ojciec odprawia mszę i się nie boi. My już przyzwyczailiśmy się do tych pszczół, a one do nas.

I rzeczywiście, całą mszę nikogo żadna pszczoła nie użądliła. Nie mam wątpliwości, że wujek cieszył się w niebie z tej mszy sprawowanej w afrykańskim ulu.

ROZDZIAŁ V

Komar pomiędzy płatkami śniegu

Komary kojarzą mi się z możliwością zachorowania na kolejną malarię. A tego bardzo bym już nie chciał. Jeśli w nocy przebudzę się i słyszę pod siatką bzyczenie komara, to już do rana nie mogę usnąć.

Klątwa

Po kilku miesiącach budowy, spaniu kątem u innych, wreszcie mamy swój dom! Dwudziestego trzeciego marca 2003 roku został oficjalnie założony klasztor w Kakooge. Pierwszym przełożonym naszej wspólnoty został ojciec Jarosław. W nowym domu zamieszkały trzy osoby o różnym temperamencie. Wszyscy mieliśmy mnóstwo pomysłów na budowanie nowej misji. Każdy z nas musiał jednak okiełznać swoje indywidualne pomysły i włączyć je w dzieło, które akceptuje zakon. Potrzeba było wielu kompromisów z naszej strony, by misja się rozwijała.

W 2003 roku dołączyło do nas dwóch nowych misjonarzy: ojciec Piotr Tymko i brat Piotr Gorący. Zatem pod jednym dachem było nas już pięciu. Aby lepiej zintegrować naszą wspólnotę, połączyliśmy urlop z rekolekcjami i pojechaliśmy tam, gdzie przed stu pięćdziesięciu laty rozpoczynały się chrześcijańskie misje — we wschodniej Afryce, czyli do Bagamoyo.

Wyjechaliśmy zaraz po świętach Bożego Narodzenia, dwudziestego szóstego grudnia rano autobusem. Podróż do Tanzanii trwała czterdzieści godzin. Nad ocean dotarliśmy następnego dnia późno w nocy. Wynajęliśmy trzy afrykańskie chatki nad oceanem w Bagamoyo. To miejsce było siedzibą pierwszych misjonarzy ze Zgromadzenia Świętego Ducha, którzy dopłynęli do wschodniej Afryki w XIX wieku. Chłonęliśmy piękno natury i napawaliśmy się symboliką tego miejsca. Pierwszego stycznia o świcie wynajęliśmy małą rybacką łódkę z motorkiem i popłynęliśmy na Zanzibar. Było nas siedmiu, w tym dwóch właściciteli łódki, którzy służyli nam jednocześnie za przewodników. Po trzech godzinach podróży motor odmówił posłuszeństwa, a my nie mieliśmy żadnych wioseł, a nawet kapoków. Ocean Indyjski był niespokojny, padał deszcz, wzmagał się wiatr, fale rosły i co jakiś czas wlewała się do łódki woda. Najstarszy z nas, 73-letni ojciec Marcin, zdawał się niewiele przejmować tą sytuacją. Siedział spokojnie na burcie chwiejącej się łódeczki i łowił ryby. A ryb pływało co niemiara, szczególne wrażenie na nas zrobiły podpływające rekiny. W pewnym momencie jeden z nich urwał żyłkę, co wprowadziło w gniew naszego wędkarza, a pozostałych w przerażenie. I nie wiadomo, jakby się sytuacja skończyła, gdyby „kapitanowi" nie udało się wymienić zalanej świecy na suchą i silnik znów nie wystartował. Wybuchła eksplozja radości, wyrażona oklaskami i śmiechem. Napięcie z nas opadło. Płynęliśmy dalej. Do Zanzibaru dobiliśmy około południa. Wyspa jest opasana plażami z czystym białym piaskiem, a ocean ma kolor błękitny jak niebo.

Miałem nieodparte wrażenie, że tak musiał wyglądać raj. Był Nowy Rok, a w katedrze mało ludzi, z czego połowa to Hindusi, a pozostali to miejscowi — Afrykańczycy. Nie było żadnego białego turysty, który zwykle przybywają tłocznie z całego świata na wypoczynek. Większość mieszkańców to muzułmanie, zatem ich życie toczy się wokół meczetów. Na rynku zobaczyliśmy mnóstwo przypraw, rosnących tu owoców i warzyw. To na nim kiedyś sprzedawano niewolników, a dziś jest tu protestancki kościół św. Pawła. Przeszliśmy kilka bardzo wąskich uliczek z charakterystycznymi budynkami, wyposażonymi w drzwi okute w grube metalowe bolce, w stylu zanzibarskim. Weszliśmy na główną ulicę, przy której, jak obwieszczała tabliczka, mieszkał z rodzicami w czasach kolonialnych wokalista grupy Queen — Freddie Mercury. Niestety po paru godzinach musieliśmy zostawić nasz raj. Powrotna droga okazała się koszmarna, bo przebiegała głównie w ciemnościach. Płynęliśmy przy latarce, częściowo znieczulając strach przed wzburzonym oceanem modlitwą różańcową i bukłakiem wina, zakupionego w Zanzibarze. Do Bagamoyo dopłynęliśmy kompletnie mokrzy i wyczerpani podróżą. Ojciec Jarek postanowił zapłacić przewoźnikom tylko połowę z uzgodnionej sumy, tłumacząc, że podczas podróży straciliśmy aparat fotograficzny, który został zalany słoną wodą i nie zapewniono nam żadnych środków bezpieczeństwa, takich jak kapoki i wiosła. Doszło do kłótni, zakończonej klątwą rzuconą na nas w języku suahili przez właścicieli łódki. Przetłumaczył nam ją ojciec Jan, który przybył odebrać nas i zawieźć na rekolekcje do Dar Salam. Wedle klątwy każdemu z nas miał się przytrafić w życiu jakiś przykry wypadek.

Po tylu mocnych wrażeniach podczas podróży do Zanzibaru na drugi dzień rozpoczęliśmy rekolekcje. W moim życiu przyniosły one nie lada korzyści, ponieważ często odnoszę te przeżycia do tego, co Bóg chciał mi przez nie powiedzieć. Gdy zostaliśmy sami na oceanie, silnik mógł nie wystartować, mógł przyjść sztorm i stalibyśmy się tylko pokarmem dla rekinów. A ja nadal pracuję na misjach. Natomiast klątwą się nie przejmuję, bo wierzę, że Bóg kieruje moim życiem, a Anioł Stróż mnie strzeże. I pomimo iż każdego z nas dosięgły w życiu jakieś przykrości, w żaden sposób nie łączę ich ze złorzeczeniem naszego zanzibarskiego przewodnika. Większość ludzi na tym świecie przeżywa mniejsze lub większe dramaty, ale są one wynikiem albo bożego scenariusza, albo naszych złych wyborów czy zbiegów okoliczności.

Czas zwątpienia

Na przełomie 2004/2005 roku dopadł mnie pierwszy poważny kryzys. Pamiętam, jak kiedyś podczas wykładów z psychologii klinicznej na KUL-u profesor Zenomena Płużek mówiła o kryzysach. Twierdziła, że są one potrzebne w życiu, bo dają okazję do osobistego rozwoju. Na koniec, a był to ostatni wykład przed świętami Bożego Narodzenia, życzyła nam, abyśmy w życiu przechodzili jak najwięcej kryzysów. I spełniło się! Nasuwa się pytanie, czy w swoich wywodach brała pod uwagę Afrykę?

Tropikalny klimat, nowe jedzenie, tyfus i malaria, toaleta w buszu i mieszkanie w klasie szkoły podstawowej, później we własnym domu, ale bez prądu i łączności telefonicznej, obcość innej kultury, słaba znajomość miejscowego języka, i co gorsza niewiara, że kiedykolwiek się go nauczę, powodowały utratę sensu mojej pracy. W jaki sposób, dukając, mam tym ludziom przekazywać treści wiary i tak same w sobie trudne do przekazania? Ponadto moja koncepcja rozwoju misji różniła się znacznie od tej, którą miał ojciec Jarek. Twierdził on na przykład, że powinniśmy żyć tak, jak miejscowi ludzie, czyli jeszcze bardziej ubogo i radykalnie. Poprzednio był przełożonym błogosławionych męczenników z Peru, więc takie idee mógł wcielać ze świętymi. Ale teraz miał podwładnego, któremu daleko było do świętości. Ja uważałem, że powinniśmy skoncentrować się na powolnym budowaniu fundamentów misji. Wiedziałem, że bardziej radykalnie żyć nie podołam, ponieważ ledwo radziłem sobie w tych warunkach. Widziałem, że jego słowa nie współgrają z naszym życiem. Uważałem, że lepiej głosić mniej nieosiągalnych ideałów, a odrobinę podwyższać poprzeczkę duchowych wymogów. Na poważnie zacząłem rozważać powrót do Polski. Miałem dni, gdy myślałem, że te wszystkie niebotyczne wysiłki można w jeden dzień zdmuchnąć, spalić, a w najlepszym wypadku przepędzić. Człowiek chce zostawić ślad po sobie, po swojej pracy, a tutaj dopadło mnie przeświadczenie, że dżungla tu szybciej wszystko porośnie, niż trwać będzie pamięć po nas. Ojciec Piotr, widząc, co się ze mną dzieje, zaproponował, abyśmy poszli razem w góry Rwenzori. Mieliśmy pieniądze na tę wyprawę, albowiem w październiku 2004 roku przybyła do nas Ewa — podróżniczka z Polski, której spodobała się nasza misja i sfinansowała kilka projektów, takich jak budowa kaplicy w Mitanzi czy postawienie dużego krzyża koło głównej drogi do Sudanu. Wydrukowała też obrazki z modlitwą w języku luganda do Miłosierdzia Bożego, ponieważ była głęboką jego orędowniczką i czcicielką. Piotr miał nadzieję, że trud wspinaczki i piękno natury spowoduje we mnie przemianę.

Wyprawa w Księżycowe Góry Rwenzori

Zacząłem więc przygotowania do wyprawy. Codziennie przed zachodem słońca biegałem z Piotrem i naszymi wilczurami Sabą i Miśkiem dystans pięciu kilometrów, a rano robiłem półgodzinną gimnastykę rozciągającą mięśnie. Czytałem też książki o górach. W jednej z nich dowiedziałem się, że w październiku 1955 roku pani doktor Wanda Błeńska weszła na szczyt Vitoria Emanuela (4894 m n.p.m.). Zaintrygowała mnie ta wiadomość, że tak święta kobieta — nazywana Matką Trędowatych — widziała w tej wyprawie sens. Szkoda, że nigdy z nią nie rozmawiałem na ten temat, choć była kimś szczególnym w moim „przedafrykańskim" życiu. Po raz pierwszy spotkałem ją na kursie w Centrum Formacji Misyjnej w Warszawie. Uczyła nas o chorobach tropi-

Z Wandą Błeńską. Matka Trędowatych dawała mi matczyne rady, jak żyć w Afryce

kalnych i dawała praktyczne rady, jak należy się zachować, gdy któraś z tych chorób nas zaatakuje. Przepracowała w Ugandzie czterdzieści cztery lata w szpitalu dla trędowatych w Bulubie.

Kiedy w 2001 roku pojechaliśmy wraz z nią na zakończenie kursu po błogosławieństwo misyjne od papieża Jana Pawła II do Rzymu, dziewięćdziesięcioletnia wówczas pani Wanda pokazała mi, co to jest kondycja. Oniemiałem, gdy nie mogliśmy za nią nadążyć, wchodząc na kopułę Bazyliki św. Piotra.

Często po wykładach zapraszałem doktor Błeńską na herbatę i wtedy opowiadała mi o Ugandzie. Na przykład w Bulubie miała pod opieką chłopców z wiejskiej szkoły. Villagersi (chłopcy w wioski) przychodzili bez butów, w podartych ubraniach. Mówiła im, żeby dbali o swój wygląd, ale jednocześnie wpajała im, żeby nie mieli kompleksów względem chłopców z rodzin bogatych, których było stać na ubrania. Organizowała zawody sportowe. Jeśli wygrał chłopiec z wioski, podnosiło to ich dumę i poczucie wartości. Jej wysiłki zostały nagrodzone tym, że po kilku latach pracy villagersi nie czuli się gorsi od chłopców z bogatych rodzin.

Starałem się zdobyć jak najwięcej informacji o Rwenzori. W 150 roku n.e. Ptolemeusz usytuował je geograficznie. Napisał, że śniegami swymi karmią jeziora, z których wypływa Nil. Góry były znane już wcześniej i wspominane przez starożytnych mędrców: Ajschylosa (524 r. p.n.e.), Herodota z Halikarnasu (484 r. p.n.e.), Arystotelesa (350 r. p.n.e.). Nazwa Rwenzori wprowadzona została do użytku przez ich odkrywcę Henry'ego Mortona Stanleya, który w 1888 roku oznajmił światu, że odkryty przez niego łańcuch górski to Góry Księżycowe i ich nazwa oznacza w języku miejscowym „góry tworzące deszcz". Rzeczywiście, ponad trzysta dni w roku tam pada. W wyższych rejonach występują nieprzeniknione mgły i śnieży.

Tablica informacyjna szpitala w Bulubie

© ARCH. AUTORA

Nasz parafianin Nsubuga chory na trąd

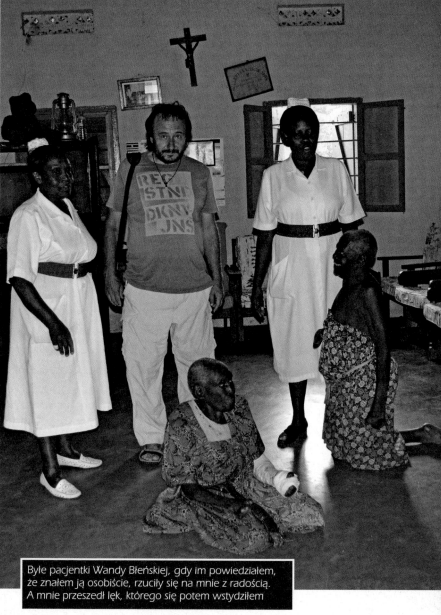

Byłe pacjentki Wandy Błeńskiej, gdy im powiedziałem,
że znałem ją osobiście, rzuciły się na mnie z radością.
A mnie przeszedł lęk, którego się potem wstydziłem

Pierwsza wyprawa w góry Rwenzori miała miejsce w 1906 roku i była zorganizowana przez British Museum. Jednakże prawdziwe geograficzne i alpinistyczne poznanie masywu przyniosła dopiero włoska wyprawa pod wodzą księcia Abruzzów — w tym samym roku. Dzięki dużym środkom materialnym oraz stosunkowo sprzyjającej pogodzie włoscy podróżnicy zdobyli szesnaście spośród dziewiętnastu rozpoznanych szczytów z wiecznym ośnieżeniem. Podczas tej wyprawy dokonano pomiarów lodowca, ustalono rozdział i kierunek dolin, wzajemne ugrupowanie szczytów oraz zrobiono pierwszą mapę łańcucha górskiego. W latach 1926 i 1932 dr G.N. Humphreys zorganizował siedem wypraw do tych niegościnnych gór. Początkowo trafiał na nieprzezwyciężone przeszkody, stopniowo jednak zaczął odnosić coraz większe sukcesy, przechodząc wzdłuż cały masyw i zdobywając dwa kolejne szczyty (Weissman i Johnston) spośród trzech pominiętych przez wyprawę włoską.

W Rwenzori od dość dawna bywali Polacy: w roku 1933 podróżnik Kazimierz Nowak doszedł do wysokości 4150 m n.p.m., a w 1938 roku wyruszyła pierwsza polska wyprawa naukowo-alpinistyczna pod kierownictwem prof. E. Lotha. Grupę alpinistyczną tworzyli: dr Tadeusz Bernadzikiewicz, autor książki *Polska safari w Górach Księżycowych* i Tadeusz Pawłowski.

Dwudziestego czwartego stycznia 2005 roku wyruszyłem w góry Rwenzori, razem z ojcem Piotrem. Naszym celem była najwyższa góra — Margherita (5109 m n.p.m.), która uchodzi za najtrudniejszą do zdobycia w ogóle w Afryce, pomimo że wyższą od niej jest Kilimandżaro (5895 m n.p.m.) w Tanzanii. Wyjeżdżamy w poniedziałek o godzinie 9.00 z Kakooge, a o 18.00 osiągamy Kasesse, gdzie nocujemy w domu biskupa Egidio Nkaijanabwo.

Pierwszy dzień w górach — 25 stycznia (wtorek)

Rano idziemy do biura RMS (Rwenzori Mountaineering Service), by poznać warunki wejścia na trasę. Dowiadujemy się, że dziś wyjście jest niemożliwe ze względu na zbyt małą ilość sprzętu, ochrony i tragarzy. Niezrażeni tą wieścią jedziemy do innego punktu wyjścia, Nyakalengija (1646 m n.p.m.) i tam niemożliwe staje się możliwe. Dogadujemy się z przewodnikami. W zamian za to, że sami będziemy nieśli nasze osobiste bagaże i nie potrzebujemy żadnego dodatkowego personelu, takiego jak np. ochrona żołnierzy, kucharz, możemy iść za „pół ceny" i „półlegalnie". Co to znaczy, nie do końca pojmuję. Wiem tylko, że zrezygnowaliśmy z asysty żołnierzy, którzy mieli nam zapewnić bezpieczeństwo na trasie. W tamtym czasie przechodziły z Konga jeszcze grupy rebeliantów i napadały na turystów. Wzięliśmy tylko jednego przewodnika i dwóch tragarzy. Jedzenie szybko nam się skończyło. Bezustanne podejścia i zejścia. Byłem cały przepocony, śmierdziałem, bo wziąłem tylko jeden zapasowy podkoszulek i dres do spania. Wieczorem w schroniskach zdejmowałem ciuchy i wieszałem na balustradkach, mając nadzieję, że do rana wyschną. Niestety, rano wkładałem tak samo mokre i nim się rozruszałem, ciałem wstrząsały dreszcze. Najważniejsze było zabezpieczenie suchych rzeczy na noc. Miałem wokół siebie cuda natury, a głowę zaprzątała ciągle jedna myśl: czy osiągnę szczyt. Zmęczenie fizyczne rozładowywało jednak napięcia. Wraz z wysokością coraz lepiej udawało mi się myśleć o wszystkim z jakimś dystansem.

Do pierwszego obozu Nyabitaba (2658 m n.p.m.) doszliśmy parę minut po szesnastej. Tragarz, który dźwigał plecak Piotrka, spóźnił się dwie godziny. W tym czasie Piotr musiał siedzieć okryty tylko kurtką przeciwdeszczową, koszulkę bo-

Sen był podstawą w czasie tej wyprawy.
Na finiszu mi go zabrakło

wiem miał mokrą od potu. Czas oczekiwania na ekwipunek
wykorzystaliśmy na rozmowę z Anglikami. Jeden z nich imieniem Andrzej okazał się Polakiem z pochodzenia i bardzo dobrze mówił po polsku. Został poproszony przez ugandyjski rząd
o przeszkolenie miejscowych przewodników górskich, spraw-
dzenie warunków na starych szlakach oraz o zorientowanie się
co do możliwości wytyczenia nowych. Znał kilka języków —
przetłumaczył też na język angielski książkę Jerzego Kukuczki.
W pewnym momencie bardzo nam pomógł. Otóż gdy na
pierwszym noclegu grupa Rosjan, skora do zaczepki, opowiadała głośno dowcipy o głupich Polakach, pan Andrzej podszedł do nich i zapytał po rosyjsku, czemu nas zaczepiają. Zdę-
bieli.

— Kim ty jesteś, że stajesz w ich obronie? — spytali.

— Obywatelem Korony Brytyjskiej.

— Skąd zatem tak dobrze mówisz po rosyjsku? — spytali zdziwieni.

— Królowa zarządziła, że każdy jej poddany musi nauczyć się tego języka, ponieważ już niedługo komunizm opanuje świat i wszyscy będą obywatelami Kraju Rad — odpowiedział tonem żartobliwym, ale Rosjanie chyba tego nie załapali.

Po tym wystąpieniu już do końca wędrówki nie mieliśmy z nimi żadnego kłopotu.

Inni towarzysze wspinaczki to para angielska: Richard i Lucinda z uniwersytetu w Londynie, którzy badają lodowce zanikające na Rwenzori, jako następstwo efektu cieplnego. Dowiaduję się od nich, że 100 lat temu było na Rwenzori 7 km kwadratowych śniegu, a obecnie jest tylko około 1 km kwadratowego lodowca, za 40 lat zaś prawdopodobnie nie będzie po nim śladu.

Bajkowa, zdradliwa ziemia — 26 stycznia (środa)

Tego dnia trasa wiodła z Nyabitaba przez Nyamuleju do John Matte Hut (3414 m n.p.m.). Przekraczamy rzeki Mubuku i Bujuku. Potem idziemy dalej ich dolinami. Poruszamy się uważnie po grząskim terenie, często przeskakując z kępki trawy na kolejną kępkę. Ze względu na bagniste łąki całą trasę pokonywaliśmy w kaloszach, a dla utrzymania równowagi używaliśmy kijów. Teren wybitnie zdradliwy. Parę razy przeżyliśmy strach przed wessaniem. Uwaga cały czas napięta. Dokoła wspaniała roślinność, między innymi cudowne, gigantyczne lobelie i senecje. Spośród kwiatów najbardziej zapamiętałem everlasting flowers, białe kwiaty, które rozkwitają w słońcu, a potem zwijają się w kulki i wyglądają jak suszki. Wspinamy się po bagnach pionowych. Kamienie śliskie. Przewodnik zresztą ostrzegał: *slippery* — czyli ślisko.

Idziemy przez bajkowe, nierzeczywiste krainy. Mchy porastają drzewa na wysokość kilkunastu metrów. Co jakiś czas odsłania się gigantyczny potok, będący źródłem Nilu, mitycznej rzeki, wokół której zbudowana została cała starożytna kultura.

Cuda natury w Rwenzori.
Czterometrowe lobelie.
Z ojcem Piotrem Tymko

Śnieżny lampart — 27 stycznia (czwartek)

Opuszczamy John Matte i docieramy przez bagna do Bujuku Hut (3962 m n.p.m.). Doktor Wiśniewski w 1939 roku widział tu z odległości czterech metrów śnieżnego lamparta. Nam udało się jedynie dziś spotkać małą antylopę (red duikers). Piotr chciał, byśmy kontynuowali i doszli aż do Elena, ale mnie już nie starcza sił. Po południu oglądamy szczyt Speke, tym samym zbliżając się do granicy z Kongiem (ok. 1 km).

Noc w blaszanej chatce — 28 stycznia (piątek)

Z Bujuku docieramy do Elena (4430 m n.p.m.). Ostatni punkt, z którego atakuje się Margheritę. Jest to dość ostra, a przede wszystkim niebezpieczna wspinaczka, w końcowej partii we mgle, po oblodzonych i ośnieżonych skałach. Można zjechać w przepaść i to bez satysfakcji, że odpadło się z pionowej ściany. W domku spotykamy grupę ośmiu Japończyków oraz dwóch Holendrów, którzy tutaj w puchowych śpiworach od kilku dni czekają na poprawę pogody. Włosi i Rosjanie, którzy przyszli później, musieli rozbijać namioty na skale pokrytej śniegiem, ponieważ w chatce nie było już miejsca. W nocy szaleje burza śnieżna. Temperatura spada poniżej zera stopni Celsjusza. Przed snem zaklejamy szpary w ścianach i dachu, ale i tak śnieg wdziera się do środka. W Afryce, w której przyszło mi żyć, śnieg jest czymś obcym.

Gdy Afrykańczycy zobaczyli go po raz pierwszy w czasie wyprawy na Rwenzori w XIX wieku, nie wiedzieli w ogóle, co to jest. Sądzili, że to jakiś drogocenny kruszec. Niestety, nie było im wtedy dane się o tym przekonać, nie doszli bowiem do celu. Śnieg na szczycie Margherity to również symbol, że w niedostępnym dla wielu ludzi miejscu jest biały, czysty rezerwuar wody, tak koniecznej do życia w Ugandzie. Pośród spadających płatków śniegu widziałem dwa latające komary. Być może przyniesiono je z rzeczami w plecaku z nizin albo po prostu jest to jakaś ich górska odmiana.

Kładliśmy się właśnie spać głodni i zziębnięci w ciasnej chatce z blachy, gdy tragarze zaprosili nas do ogniska. Razem z przewodnikami siedzieli na zewnątrz w padającym śniegu w kucki, przytuleni do siebie i na ognisku piekli górską kozicę. Widzieli, że jesteśmy trochę inni od turystów (ubrani podobnie do miejscowych, nie w butach górskich, ale w gumowcach, a w wolnych chwilach się modlimy). Po jakimś czasie dowiedzieli się, że jesteśmy misjonarzami. Widzieli, że mamy mało jedzenia, więc zaprosili nas do ogniska i poczęstowali pieczonym mięsem. Piłem wodę z topniejącego śniegu gotowaną na ognisku, smakowała dymem. Wiele różnych trunków zdarzało mi się pić w życiu, ale nic nie da się porównać z tą wodą z dymem pod szczytem Rwenzori, gdy zmęczony, głodny i spragniony przeraźliwie jej łaknąłem.

Niedosyt — 29 stycznia (sobota)

Wcześnie rano Holendrzy decydują się zaatakować Margheritę, bo jest to ich ostatni opłacony dzień. To motywuje resztę towarzystwa. Tylko przez kilka minut widać ośnieżone szczyty, bo potem wszystko tonie we mgle. Niestety czuję się zbyt słabo, by dołączyć do grupy. Wysokość sprawia, że mam spore problemy z ciśnieniem. Piotr z przewodnikiem wychodzą o godzinie siódmej rano. Ja około godziny dziesiątej idę w stronę lodowca, ciągle rozmyślam, że się poddałem. Nie mogę sobie z tym poradzić. Jestem smutny, a właściwie wściekły na siebie. Dlaczego się wycofałem? To pytanie mocno dudni mi w uszach. Może podczas drogi wróciłyby mi siły? Może, gdyby była lepsza pogoda, gdybym lepiej spał, pewnie bym poszedł.

WYPRAWA

Przez błota na szczyty

Senecje

© TADEUSZ ZYSK

© TADEUSZ ZYSK

Schroniska

Źródła Nilu. Everlastingflowers
— wieczne kwiaty

Tragarz — w Afryce
wszystko musi unieść głowa

Pramatka marchwi

A tu trzeba się pogodzić, że nie wszystko zależy od nas, choćby-śmy nie wiadomo ile sił w to wpakowali. W czasie tej wyprawy ocieram się o granice moich fizycznych możliwości. Zostało mi tylko podziwianie gór i marzenia. Może jeszcze kiedyś tu wró-cę. Przypomniałem sobie, jak niedługo przed wylotem na misje brałem udział w mistrzostwach Polski księży w narciarstwie alpejskim w Wiśle. W slalomie gigancie zająłem trzecie miej-sce. Nie było to małe osiągnięcie, biorąc pod uwagę, ilu wśród księży jest górali. Po zawodach podeszła do mnie reporter-

W kaloszach po śniegu

Franciszkanin Bogusław Dabrowski
zajął 3 miejsce
w Mistrzostwach Polski Księży
w Narciarstwie Alpejskim.
Wisła 2001

Na podium w mistrzostwach Polski księży
w narciarstwie alpejskim tuż przed wyjazdem na misję.
Marzyłem wtedy o zjechaniu na nartach z Rwenzori.

ka z telewizji i zapytała: „Jak teraz będzie ojciec sobie radził bez śniegu w Afryce?". „Słyszałem, że w górach Rwenzori jest śnieg, zatem postaram się też tam pojeździć na nartach" — odpowiedziałem, nie do końca zdając sobie sprawę, o czym mówię. W Tatrach jeździłem po podobnych stokach, tylko że prawie trzy tysiące metrów niżej.

Piotr wraca już po zmroku i opowiada o zdobyciu szczytu. Cieszę się i jednocześnie mu zazdroszczę. Pozostał niedosyt. Pocieszam się, że może nauka pokory, pogodzenia się ze swoją słabością, z warunkami zewnętrznymi, jest dla mnie ważniejszym szczytem.

Smaki wyobraźni — 30 stycznia (niedziela)

Opuszczamy Elena i schodzimy do Guy Yeoman Hut (3261 m n.p.m.). Niedaleko widzimy jezioro Kitandara (4023 m n.p.m.), w którym nie ma życia. Ze szczytu spływa strumyk, który stanie się dopływem Nilu. Po wysiłku spocony i spragniony zasmakowałem wody z cienistego źródełka. Ta właśnie woda o różnych smakach zrodzonych w wyobraźni, ponieważ sama ma smak wyjątkowy, dostosowujący się do potrzeb pijącego, dodała mi sił, by pielgrzymować do górskich katedr przyozdobionych śniegiem i na skalnym ołtarzu powtarzać Najświętszą Ofiarę. Powyżej jeziora w południe sprawujemy dziękczynną Eucharystię w intencji naszej ofiarodawczyni. Już przy samej chatce ze skał przygląda się nam mały rock hyrax (podobny do naszego górskiego świstaka).

Powrót — 31 stycznia (poniedziałek)

W południe osiągamy Nyabitaba. Na szlaku spotykamy dwóch ludzi ze Śląska, z którymi wdajemy się w półgodzinne Polaków rozmowy. W pewnym momencie ujrzeliśmy dużą czarną małpę, która w lesie bambusowym wykonała pokazowy piękny, długi skok. To był dla mnie najtrudniejszy etap. Skały, bagna, strome zejścia. O szesnastej docieramy do Nyakalengijja. Tu oddajemy cały sprzęt wspinaczkowy i o godzinie siedemnastej wyjeżdżamy do Mbarara. Nocujemy u franciszkanów z innej „gałęzi" niż nasza, w nowicjacie. Przyjmują nas skromnie, lecz bardzo serdecznie. Do domu w Kakooge docieramy pierwszego lutego pełni niezapomnianych wrażeń.

Choć wyprawa była ogromnym przeżyciem, wbrew nadziei Piotrka nie zmieniła jednak mojej decyzji o opuszczeniu misji. Po powrocie z wyprawy kupiłem bilet do Polski.

Człowiek planuje, Pan Bóg decyduje

Moje plany uległy zmianie z niezależnych ode mnie powodów. Dwudziestego trzeciego marca 2005 roku doszło do wypadku ojca Jarka. Wieczorem, wracając z Kampali, trzymał łokieć oparty na oknie samochodu, a nadjeżdżająca z przeciwka ciężarówka, prawdopodobnie wioząca ciężki spychacz wystający poza lawetę, zahaczyła o nią, miażdżąc mu łokieć. Po tym wypadku ojciec Jarek musiał jak najszybciej wyjechać z misji na leczenie do Polski. Do tego był nieodzowny bilet. Ja go miałem.

Aby nam pomóc w trudnej sytuacji, przyleciał z Boliwii ojciec Lucjan. Ojciec Piotr został przełożonym misji, a ja proboszczem w Kakooge. To wszystko było dla mnie bardzo trudne. Sam przeżywałem ogromny kryzys i toczyłem walkę wewnętrzną, czy pozostać nadal na misji, czy wrócić do kraju? Kilka razy próbowałem rozładować napięcie wewnętrzne alkoholem, ale nad ranem budziłem się z takim samym poczuciem, że trzeba znowu stawić czoło niełatwemu życiu. Zmaganie się z tymi problemami potęgowało proces wypalenia się! Trwałem na misji, ale zostałem do niej przywiązany niejako na siłę. To już nie była moja wolna wola. Ale czy działo się to dla mojego dobra?

Przypomniałem sobie radę mojej mamy, która zawsze powtarzała mi, abym w życiu słuchał mądrych ludzi. Na szczęście na mojej drodze spotykałem wielu takich, którzy swoimi radami i przykładem bardzo mi pomogli.

W chwilach słabości dzwoniłem do ojca Stanisława Strojeckiego.

— Słuchaj, Stanisław, nie mam już siły...

— Boguś, jeśli mogę ci w czymś pomóc, to mów.

Jak z armaty wyrzucałem emocjonalne pociski.

— Cholera, co za dzień, od rana muszę się użerać z czarnymi braćmi, chyba robią na złość. Mówię pracownikowi, żeby wyplewił trawę, a on na to: „Ojcze, tu jest Afryka i trawa ma prawo rosnąć, tam gdzie chce”. Stanisław, szlag mnie trafia. Albo to ciągłe proszenie o pieniądze, ja tego już nie mogę znieść. Ci, którym naiwnie pożyczyłem, do dziś nie oddali. A jak proszę ich o zwrot pożyczki, patrzą na mnie takim wzrokiem, jakbym zabił im matkę. Nie interesuje ich wiara, tylko kasa. Widzą we mnie bank, a nie kapłana. Jestem zmęczony ciągłym wyciąganiem rąk po forsę. Czasem słyszę taki zwrot *Muzungu give me my money* („Biały człowieku, daj mi moje pieniądze”). Jakie jego pieniądze, kurwa?! Pierwszy raz w życiu go widzę i nigdy mu nic nie zabrałem. Z jakiego zatem powodu mam temu nieznajomemu człowiekowi coś dawać? Jestem załamany...

Wygadywałem się Stanisławowi, a on słuchał. Po prostu potrzebowałem wysłuchania. Czułem, że jest ktoś, kto mnie wspiera, a nie osądza. Przypominałem sobie również, co mówili mi doświadczeni misjonarze na kursie w Centrum Formacji

Misyjnej, że takie kryzysy przyjdą i trzeba się z nimi zmierzyć. Trzeba wtedy się modlić, być cierpliwym, prosić Boga o pomoc, a życzliwych ludzi o wsparcie.

Do pomocy wkraczał też doświadczony misjonarz, ojciec Marcin Zagórski, którego miejscowi ludzie nazwali father Ssonko, co znaczy wydra, dlatego, że bardzo lubił łowić ryby. Postać szalenie ciekawa i lubiana przez współbraci i ludzi, którym głosił Ewangelię. Wieczorami, gdy upał już zelżał, spacerowałem z nim i opowiadałem mu o swoich problemach. Często te rozmowy kończyły się spowiedzią.

Rekolekcje — moje własne Rwenzori

W końcu pojechałem na dziesięciodniowe rekolekcje, prowadzone metodą ignacjańską. Na początku rekolekcji zwierzałem się ojcu prowadzącemu z moich problemów, wśród których jednym z największych było słabe opanowanie miejscowego języka luganda.

— Bez opanowania miejscowego języka nie masz co szukać na misjach — stwierdził w pierwszych słowach ojciec duchowny.

Mocny cios! Czyżbym zatem miał opuścić misję? — zadawałem sobie pytanie w myślach.

Drugiego dnia rekolekcjonista zadał mi pytanie:

— Ile czasu spędziłeś wczoraj w kaplicy?

— Ponad cztery godziny — odpowiedziałem, z pewną dumą w głosie.

— Tyle to jako zakonnik powinieneś się modlić codziennie, a tu są rekolekcje. Zatem minimum sześć godzin masz spędzać na adoracji Najświętszego Sakramentu.

Takiej odpowiedzi się nie spodziewałem. Ja mam naturę działacza, mnie „roznosi" siedzenie w jednym miejscu przez dłuższy czas. Przecież chodząc po parku, też rozważałem sprawy w obecności Boga.

— Weź za przykład innych uczestników rekolekcji — poradził.

Rzeczywiście, jedna z uczestniczek tych rekolekcji, siostra z Włoch, wychodziła z kaplicy tylko na posiłki. Przyglądałem się jej uważnie. Nie mogłem z nią porozmawiać, ponieważ na rekolekcjach obowiązywało ścisłe milczenie. Jednak jej twarz promieniała radością. Po posiłkach zawsze była też pierwsza do zmywania naczyń.

Trzeciego dnia poruszaliśmy temat ślubów: czystości, ubóstwa i posłuszeństwa, które złożyłem na całe życie, a które sprawiały mi problemy. Odkrywałem przed ojcem duchownym swoje słabości i grzechy. Mówiłem, że czasem czuję się samotny, tak bardzo, że chce mi się wyć... Brakuje mi kobiety, rodziny, przyjaciół i mojego kraju, bo praca misyjna jest bardzo trudna. Chciałbym wtedy mieć kogoś bliskiego, do kogo mógłbym się przytulić, kto dałby mi odrobinę czułości i miłości, takiej ludzkiej po prostu. Opowiedziałem sytuację, która przydarzyła mi się pewnego razu. Do misji przyszła ładna kobieta, w wieku około trzydziestu lat, i zapytała mnie:

— Ojcze, słyszałam, że poszukujecie kucharki.

— Tak — odpowiedziałem. — Jakie ma pani kwalifikacje? Proszę coś o sobie powiedzieć.

Powiedziała coś o sobie i pokazała poprzednie świadectwa pracy. Na koniec dodała:

— Jestem dobrą kucharką i gdy mnie ojciec przyjmie, to będzie też miał ojciec do kogo się przytulić w nocy.

Nasza kuchnia
w Kakooge i kucharki

— Wie pani, jestem kapłanem i obowiązuje mnie samotność, bo ofiarowałem całe swoje życie Bogu.

Jednak potem ta pokusa wielokrotnie wracała do mnie.
Jak nigdy dotąd zaczęła fascynować mnie kobiecość. Stałem
się wrażliwy na piękno kobiet. Do tego doszło jeszcze prag-
nienie posiadania dzieci. To wszystko razem w świetle ślubów, które złożyłem, powodowało mocne napięcia. Pojawiały
się mocne pokusy. Trwała walka z nimi. Czasem już nie miałem sił.

Mijały kolejne dni rekolekcji. Starałem się jak najwięcej czasu spędzać z Panem Jezusem. Mówiłem Mu, że chcę uciec od afrykańskiej biedy, chorób i ludzi, którzy na każdym kroku mnie oszukują. W ciszy pojawiały się myśli, że nie da się uciec od siebie samego. To we mnie tkwią problemy, lęki, że odpowiedzialność mnie przerasta. Błagałem Boga o miłość do miejscowych ludzi, takimi jakimi są!

Wiedziałem, że trzeba zaufać Bogu. Wierzyłem, że z Jego łaską wszystko jest możliwe. Prosiłem Boga, aby dał mi łaskę podołania misji i abym uzyskał przekonanie, co mam dalej robić. W Biblii wyszukiwałem fragmentów i postaci pasujących do mojego życia. Byli prorocy jak Jeremiasz czy Jonasz, którzy chcieli uwolnić się od woli Bożej, wymawiając się tym, że są za słabi, źle mówią itp., a jednak nie porzucili swojej misji.

W osobistych spotkaniach z prowadzącym rekolekcje otrzymywałem dalsze mocne ciosy w moją pychę. Miały wzbudzić u mnie postawę pokory, pomóc stanąć w prawdzie o swojej kondycji duchowej. W miarę upływu czasu ojciec duchowny, poznając lepiej moje wnętrze, stopniowo łagodniał. Już nie uderzał, by burzyć mechanizmy obronne, ponieważ one już się otworzyły, ale powoli przechodził do procesu odbudowywania.

W czasie tych rekolekcji odbywałem moją rzeczywistą wyprawę na Rwenzori. Były wsysające bagna czarnych myśli, ale i całe piękno wspinaczki. Pojawiały się cudowne myśli, jak kwiaty koncentrujące mój zmęczony umysł. Duchowny mówił, że samotność jest wpisana w powołanie kapłana. Codzienna walka duchowa, którą trzeba toczyć, opiera się na regularnej modlitwie, ciężkiej pracy fizycznej i pracy nad sobą.

— Pan Jezus — podawał przykłady — walczył z pokusami postem i modlitwą na pustyni, a w czasie próby był sam w ogrodzie Getsemani, bo uczniowie usnęli. Na krzyżu był sam, bo uciekli. Czuł wielką samotność. Krzyczał do Boga Ojca: „Boże, mój Boże, czemuś mnie opuścił?!". Ale swoją misję na ziemi doprowadził do końca. Święty Franciszek z Asyżu w chwilach ciężkich pokus rzucał się nagi na ciernie, i ból kolców wbijających się w ciało osłabiał pokusy.

Pod koniec rekolekcji ojciec duchowny uznał moje dokonania na misji i przyznał, że budując tę misję, od początku przygotowałem podstawy pod jej funkcjonowanie i przyszły rozwój. Po mnie przyjdą inni misjonarze i miejscowi franciszkanie, którzy będą mieli już gdzie mieszkać i będą mogli skoncentrować swoje wysiłki na ewangelizacji w lokalnym języku. Porównał nawet moją pracę do misji Jana Chrzciciela, którego rolą było przygotowanie gruntu na przyjście mocniejszego od niego. To porównanie bardzo mi się spodobało i podniosło mnie na duchu.

Zrobiłem następujące postanowienia: nie odrzucać codziennego krzyża, nieść go do końca, zwalczać pokusy i zwiększyć samodyscyplinę, codziennie pracować fizycznie, modlić się i i pisać doktorat.

Resztę pozostawiłem Bogu. Uzyskałem pokój w sercu.

Telefon od ojca Piotra

Po skończonych rekolekcjach wreszcie mogłem włączyć telefon. Przez dziesięć dni bowiem byłem całkowicie odcięty od świata. Odebrałem wiadomość od ojca Piotra, który poinformował mnie, że postanowił wyjechać z misji w Ugandzie. Teraz wszystko stanęło na głowie. Jeszcze niedawno Piotr namawiał mnie do pozostania na misji, a teraz on sam zdecydował się ją opuścić. Afryka ma to do siebie, że z dnia na dzień może człowieka wykończyć. Nagle wydarza się coś, co sprawia, że chcesz i czujesz, że musisz stąd uciec. Piotr nie dał rady przystosować się do mentalności tutejszych ludzi. Walczył z sobą, ale nie potrafił już dłużej tu żyć.

Przejąłem więc funkcję przełożonego całej misji w Ugandzie. We wspólnocie byłem z ojcem Marcinem, ojcem Lucjanem i bratem Piotrem. Musiałem uczyć się bycia przełożonym, tzn. jak poznać granice drugiego brata, których nie należy przekraczać, bo składają się na nie doświadczenia i wartości wyniesione z domu i środowiska, w którym wcześniej żył. Napięcia we wspólnocie wynikają z prostej przyczyny — wspólnota jest zbiorem różnych osobowości osadzonych w jednym miejscu i mających działać dla jednego celu. Każdy chce dobrze, ale każdy widzi inne sposoby realizacji tego celu. Jak się nie weźmie poprawki na to, że nie jest to nigdy rzeczywistość idealna, nie zaakceptuje się tych różnic, to ta szlachetna inicjatywa może przeobrazić się w piekło. Trzeba patrzeć z dystansem na innych i na siebie. Poza tym z mojego doświadczenia wynika, że najlepiej jest przydzielić każdemu odpowiedzialność za konkretny odcinek pracy. To pozwala człowiekowi realizować jego talenty i sprawia, że czuje się on potrzebny. Weryfikuje też jego zdolności i pomaga dojrzewać.

Po jakimś czasie ojciec Lucjan stwierdził, że nie może się zaaklimatyzować w Afryce i woli pracować na misji w Ameryce Południowej. Wówczas w Nairobi studiowało teologię czterech naszych kleryków z Polski. Dwóch wystąpiło z zakonu, jeden zakochał się w pielęgniarce z Kenii, którą poznał w podróży i potem się z nią ożenił, a drugi nie był w stanie żyć w warunkach, jakie zobaczył. Dwóch pozostałych skończyło studia. Ojciec Wojtek Ulman jest obecnie proboszczem

Ojciec Wojtek

i przełożonym misji w Munyonyo oraz delegatem ojca prowincjała na Ugandę. Ojciec Marek Warzecha został wyświęcony w 2007 roku i od tego czasu pracuje na misji w Kakooge. Ojciec Marek jest w moim wieku, ale do zakonu wstąpił znacznie później, bo wcześniej studiował na AGH w Krakowie, potem jakiś czas pracował — w Anglii jako malarz pokojowy i w Tunezji jako przewodnik. Po studiach filozoficznych w naszym franciszkańskim seminarium w Krakowie wyjechał na studia teologiczne do Nairobii. Pamiętam, że jako kleryk miał praktykę na naszej misji. Drugiego dnia świąt wielkanocnych wszyscy misjonarze poszli na basen odpocząć. Gdy my opalaliśmy się, on cały czas pływał. Przepłynął chyba kilkanaście kilometrów. Od tego czasu już więcej nie chodzi na basen, bo uważa, że jest to zbyt droga rozrywka. Jest człowiekiem twardym i bezkompromisowym. Gdy po dziesięciu latach pracy na misji wyjechałem na roczny urlop naukowy do Polski, Marek został proboszczem w Kakooge. Wszędzie starał się docierać na rowerze, to wynik ślubu ubóstwa.

W naszej wspólnocie w Kakooge był z nami także franciszkanin brat Piotr Gorący. Jest zakonnikiem, ale nie kapłanem. Pomagał w ekonomii klasztoru i jako ratownik medyczny był kierowcą naszej karetki. Jednak w 2015 roku wrócił do Polski. W naszej drugiej misji — Matuuga — obecnie pracują: ojciec Adam Klag, proboszcz i gwardian tej misji, oraz ojciec Marcin Załuski.

Ojciec Marek

© ARCH. AUTORA

Ojciec Adam „Mutebi" Klag z dziećmi
ze Szkoły Podstawowej w Matugga

Ojciec Marcin „Ssali" Załuski
podczas odwiedzin chorych w parafii

© ARCH. AUTORA

Ojciec Marcin „Ssali" Załuski
oraz ojciec Adam „Mutebi" Klag

Ojciec Jarosław i lek antystresowy

Ojciec Jarosław Różański, mój profesor misjologii na kursie w Centrum Formacji Misyjnej, mawiał:

— Boguś, zamiast oglądać sztuczny świat w internecie, lepiej zajmij się czymś pożytecznym, czytaj książki, rozmawiaj z ludźmi.

Po kilku latach spotkaliśmy się na obronie pracy doktorskiej mojego kolegi. Napisał jej dowcipną recenzję, w której wytknął doktorantowi m.in., że pomylił „czarodziejkę" z „czarownicą". Wyjaśnił jeden i drugi termin bardzo mądrze, a później z uśmiechem i przymrużeniem oka dorzucił: „A niektórzy mówią, że tak naprawdę różnica między czarodziejką i czarownicą to jakieś dwadzieścia lat". Po tej obronie podzieliłem się z nim moimi przeżyciami z misji. Wysłuchał ich i zaproponował mi pisanie doktoratu, jako środek antydepresyjny i antywypaleniowy. Powtórzył to, co przed wiekami św. Hieronim powiedział: „Jak diabeł zastanie mnie przy pracy, da sobie spokój". A więc regularna praca. Wieczorami zamiast pić alkohol i rozczulać się nad sobą lub surfować po internecie, czytałem książki i robiłem zapiski, z których powstała praca naukowa o grupie etnicznej, wśród której pracuję. Kiedy miałem zbyt dużo obowiązków na misji i przyszedł kryzys, że nie podołam pracy naukowej, Jarek przyleciał do Kakooge, by porozmawiać ze mną i podtrzymać na duchu. Był w drodze do Zambii, gdzie miał wręczyć doktorat honoris causa kardynałowi Adamowi Kozłowieckiemu. Pierwszej rozmowy dokładnie nie pamiętam, ale wydaje mi się, że wyglądała mniej więcej tak. Rano spotkaliśmy się po śniadaniu.

— Boguś, pokaż, co tam dotychczas zrobiłeś?

— Zebrałem trochę materiałów i coś napisałem, jest tego chyba ze sto stron.

— Wezmę to i przeglądnę, a wieczorem się jeszcze spotkamy i pogadamy.

Wieczorem stwierdził:

— Boguś, z materiałów, które zebrałeś, widzę, że chcesz być antropologiem. W tym wypadku musisz zmienić promotora.

— Chcę być misjologiem, bo interesuje mnie tutejsza historia misji i Kościoła. Nie chcę zmieniać promotora, chcę, byś ty nim był.

Chciałem, by on był moim promotorem z wielu względów, ale przede wszystkim dlatego, że zależało mu na mnie. Specjalnie dla mnie przecież przybył do Ugandy. A wiedziałem, że doktorantów mu nie brakuje.

— Czyli mam rozumieć, że kwestię tę rozstrzygasz na rzecz misji?

— Tak.

— Jeśli tak, to musisz przerobić całą pracę pod kątem inkulturacji Kościoła w Ugandzie. Jak ona się rozwijała, co ją charakteryzowało.

— Dobrze, ale jestem zmęczony i nie daję już rady ciągnąć i doktoratu, i pracy duszpasterskiej. Kiedy zamykam misję o zmroku, nie mam już sił na robotę, chciałbym robić coś przyjemnego, mieć jakąś radość.

— Potraktuj zatem zbieranie materiałów do pracy doktorskiej jako przyjemność.

Dalsza rozmowa przebiegała już towarzysko przy lampce wina. Jarek ma dar wnoszenia radości do wspólnoty, w której przebywa. Jest mistrzem opowiadania żartobliwych historii, z przesłaniem w puencie. „Kiedyś mój współbrat, już śp. ojciec Marian z Kamerunu — mówił — pojechał z dopiero co przybyłym misjonarzem do wsi w buszu. Gdy zobaczył tam grupę młodych, beztrosko spędzających czas pod drzewem, sztorcował ich ostro: «Weźcie się do pracy, a nie tu leżycie i drapiecie się po tyłku». «Co to było?» — zapytał go nowy. «Pogadanka o zasadach rozwoju ekonomicznego» — odpowiedział Marian".

Kiedyś w dniu jego imienin pobiegłem złożyć mu życzenia. Lubi książki, więc wszedłem do antykwariatu na starówce w Warszawie, prosząc sprzedawcę, by pokazał mi jakąś książkę o Afryce, którą chciałbym wręczyć na prezent imieninowy znawcy tematu. Wybór antykwariusza wprawił mnie w dobry humor, ponieważ pierwszą książką, jaką mi podał,

Ojciec Marek odmawia brewiarz na Marghericie.
Moje marzenie. Może kiedyś...

była *Przysłowia gizigijskie* w opracowaniu profesora soleni-
zanta. Nigdy też nie zapomnę mszy w Bamusuta, w kapliczce
z gliny pokrytej strzechą, podczas której kazanie wygłosił Jarek. W trawie na dachu zrobił sobie gniazdo wąż. Tak się zło-
żyło, że wygłaszając płomienne kazanie, profesor go obudził,
i stworzenie ukazało się nad ołtarzem, siejąc grozę. Wszyscy
patrzyli, co dalej będzie, bo wąż wił mu się nad głową.

Jedynie sam zainteresowany nie wiedział, że to zaciekawienie
wynika z czegoś innego niż magia jego słów. Dopiero gdy skończył i usiadł, pokazaliśmy mu zieloną mambę nad jego głową.

ROZDZIAŁ VI

W nowej roli

Ludzie nie mają nic, a dają mi wiele.
Kiedyś ktoś napisał na siedzeniu naszego
misyjnego samochodu „father Kalungi, I love you".

A czy ja potrafię ich kochać?

Bwana Mukulu znaczy „proboszcz"

Proboszczem zostałem w 2005 roku i od tego momentu musiałem uczestniczyć w wielu spotkaniach. Było to dla mnie często, z wielu powodów, uciążliwe. Spotkania trwają bardzo długo, ponieważ ludzie lubią dużo mówić, tyle że jest to typowe gadanie dla gadania. Na początku wspólnie ustalaliśmy plany, ale gdy spotykaliśmy się na kolejnym zgromadzeniu, nikt nie przejął się tym, co było ustalone wcześniej. Wtedy zmieniłem strategię. Ogłosiłem, że nie będę uczestniczył w spotkaniach, z których nic nie wynika. Powiedziałem, aby dyskutowali sami, a mi przynosili gotowe wnioski. To był czas takiego wzajemnego docierania się. Ludzie badali mnie, jak będę reagował na ich propozycje, a głównie, czy będę załatwiał pieniądze na ich pomysły. W końcu po około roku doszliśmy do wniosku, że musimy współpracować i wszystko, do czego dojdziemy w dyskusji, starać się razem realizować w życiu.

Na początku każdego roku mamy spotkanie organizacyjne księży z biskupem diecezji. Planujemy działalność na cały rok. W przerwach prowadzimy ożywione dyskusje, najczęściej o miejscowej kulturze. Dyskutujemy o najróżniejszych problemach związanych z uszanowaniem miejscowych tradycji i oczekiwań ludzi. Jak być sobą i jednocześnie nie zrazić do siebie tubylców.

Pytam kiedyś ojca Previdiego, siedemdziesięcioletniego
kombonianina, misjonarza z Włoch i proboszcza sąsiedniej parafii Kasaala:

— Czy kobiety mają nas traktować jak miejscowych mężczyzn, tzn. czy podczas pozdrowień mają klękać na dwa kolana?

— Ja zachowuję miejscowe zwyczaje — odpowiada.

— Ja natomiast czuję się nieswojo, gdy kobieta rozmawia
ze mną w pozycji klęczącej — stwierdzam.

Podchodzi do nas miejscowy proboszcz z katedry w Luweero, ksiądz Kakoza, i mówi:

— Nie powinieneś, Kalungi, jeździć na pace pikapa jak
zwykły robotnik, bo jesteś proboszczem, a ludzie o tym już mówią w diecezji, i przez to obniżasz swój i nasz prestiż.

Wkrótce przyłącza się do dyskusji inny misjonarz, ojciec
Arasu, salezjanin z Indii:

— A ja czasem muszę odmawiać posiłków w wioskach, jeśli ludzie mnie zaproszą, bo mam chory żołądek.

— Ja również to zauważyłem — mówię — że taką od-
mowę traktują miejscowi jako znak ich lekceważenia. Jednak
pewnego razu podali mi mięso z chorej krowy i zachoro-
wałem na brucelozę. Choroba uszkodziła mi błędnik, dlatego czasem ludzie myśleli, że jestem pijany, bo idę chwiejnym
krokiem. Nie mogłem prowadzić samochodu. Kilka miesięcy
zmagałem się z tym wirującym przed oczyma światem. Od tej
pory jeśli intuicja podpowiada mi, że jedzenie może być dla
mnie niestrawne, odmawiam.

Tydzień z życia proboszcza

W niedzielę do kościoła w Kakooge przychodzi około tysiąca osób. Większość uczestników niedzielnych mszy to uczniowie szkół, którzy są przybyszami z zewnątrz. W stacjach misyjnych aktywnych jest kolejny tysiąc parafian. Wydaje mi się,
że parafianie są bardzo emocjonalni, część z nich przeszła do
sekty balokole, gdzie modlitwy są bardzo spontaniczne. Wielu
z naszych parafian praktykuje synkretyzm religijny — rano idą
do kościoła, a wieczorem do uzdrawiacza lub świątyni religii
tradycyjnej. W czasach radości i pokoju mogą prowadzić życie
jak prawdziwi chrześcijanie, ale gdy nadchodzą problemy, takie
jak choroby, cierpienia, niesprawiedliwość, wojny, śmierć itp.,
wtedy łatwo wracają do swojej afrykańskiej tożsamości i patrzą
na świat zgodnie z tradycją przodków, często niewiele mającą
wspólnego z nauką Kościoła. Pamiętam, jak jeden z kapłanów
naszej diecezji, gdy groziła mu amputacja nogi, zaczął chodzić
do miejscowego uzdrawiacza.

Po powrocie z dwóch wiosek, gdzie spowiadałem i sprawowałem Najświętszą Ofiarę Jezusa dla ludzi, postanowiliśmy
z kolegą napić się polskiej wódki, przywiezionej z ojczyzny.
Opowiadaliśmy sobie, co nam się ostatnio przydarzyło, gdy
nagle w naszą misję uderzyły dwa pioruny. Jeden uszkodził
prąd i spalił panele słoneczne, drugi spalił pompę do wody.
Trzeci piorun uderzył u naszych sąsiadów i zabił dziewczynkę bawiącą się przy zbiorniku wody. Ludzie będący świadkiem
tego wypadku zanieśli dziecko do szpitala, ale nie udało się jej
uratować.

Nie mogłem się pozbierać. Prąd można naprawić, panele
kupić nowe, ale życia dziewczynce się już nie zwróci. Nie było
w tym żadnej naszej winy, ale jakoś mi było głupio, że stało się

to akurat, gdy piłem wódkę. Nie potrafiłem odczytać sensu tego zdarzenia.

W poniedziałki zazwyczaj jeżdżę do Kampali. Teoretycznie powinien być to dzień wypoczynku, ale w praktyce załatwiam różne sprawy, robię zakupy, opłaty. W naszym życiu zakonnym mamy codzienny modlitewny schemat: jutrznia (modlitwa chwalenia Boga, gdy wstaje dzień), rozmyślanie, godzina czytań (jedno czytanie z Pisma Świętego, a drugie jakiegoś świętego autora, najczęściej Ojca Kościoła), nieszpory (odmawianie psalmów Dawida, gdy dzień chyli się ku końcowi) i kompleta (modlitwa na zakończenie dnia z rachunkiem sumienia i polecenia nocy Bogu). Jeśli nie udaje się nam pomodlić wspólnie, z racji różnych zajęć, to musimy je odmawiać prywatnie w zorganizowanym przez siebie czasie.

We wtorek dyżuruję w biurze parafialnym. Kiedy przyjmowaliśmy dzieci do franciszkańskiej adopcji, przychodziło mnóstwo ludzi. Chcieli otrzymać pieniądze na opłatę szkoły dla swoich dzieci. Jednak w sprawach duchowych nie było ich zbyt wielu. Kiedyś miałem już dość tego, że ludzie przychodzą do kancelarii parafialnej głównie po pomoc materialną. Postanowiłem powiedzieć o tym kazanie. Ponieważ ludzie lubią, aby treść była przekazywana im przez obrazy, posunąłem się do dość ryzykownego czynu. Mianowicie kopnąłem koszyk z darami i pieniądze zebrane w ofierze od ludzi się rozsypały po całym kościele. Parafianie byli zszokowani moim postępowaniem. Zaraz więc wyjaśniłem, że pieniądze nie są najważniejsze w życiu, a ja przyjechałem tu jako misjonarz, czyli dla spraw duchowych przede wszystkim, nie jako bankier. W kancelarii parafialnej zmniejszyła się od tej pory liczba przychodzących po pomoc materialną. Nie zmienia to jednak faktu, że wielu parafian wydawało się urażonych moim czynem. Z czasem ludzie przyzwyczaili się do moich niekonwencjonalnych kazań. Mnie jednak nie dawało spokoju to, że trochę wówczas przesadziłem. Uraziłem część ludzi, którzy z dobroci serca przynieśli do kościoła ofiarę i chcieli ze mną podzielić się tym, co mieli, często „wdowim groszem", a ja tym darem pogardziłem. Sumienie długo mnie zżerało. Gdy po dziesięciu latach wyjeżdżałem na roczny urlop do Polski, powiedziałem ludziom, że nie wiadomo, czy wrócę do Ugandy, ponieważ będzie to zależało od stanu mojego zdrowia. Chociaż nie chciałem, urządzono mi huczne pożegnanie. Przyszła wielka rzesza ludzi, większość z bardzo daleka. Na koniec poprosili, abym wrócił do nich. To mnie bardzo wzruszyło. Zebrałem tacę, która była przeznaczona na mój urlop. Po mszy świętej zgromadziłem przedstawicieli wszystkich wiosek, którzy pojawili się na moim pożegnaniu i oddałem im wszystkie zebrane pieniądze, mówiąc, aby podzielili je sprawiedliwie między siebie i kupili sobie coś do jedzenia. Przyszli z daleka, więc są głodni. Tym postępowaniem chciałem trochę odkupić moje zachowanie sprzed lat. Widać było, że ludzie się cieszą. Tutaj wszyscy żyją chwilą, szybko zapominają to, co dobre, i to, co złe. Zapomnieli moją niedojrzałość i niedobre emocje.

Potrzebowałem jednak dużo czasu, nim zyskałem ich zaufanie i zaczęli przychodzić ze swoimi osobistymi sprawami. Niedawno przyszedł dyrektor szkoły z delegacją z Lwanjuki, by podziękować franciszkanom za projekt dożywiania dzieci i prosić o to, abyśmy kontynuowali współpracę. Rok temu zakupiliśmy nasiona kukurydzy i sto kur, aby każde dziecko otrzymało przynajmniej raz na tydzień jajko. Okazało się, że nasza inicjatywa miała swoich przeciwników. Miejscowy polityk straszył ludzi, że pod płaszczykiem tego projektu chcemy im zabrać ziemię. Myślał, że w ten sposób zatuszuje fakt, że jako polityk niewiele robi dla miejscowej ludności, podczas gdy Kościół troszczy się o parafian. Na szczęście mądry dyrektor przekonał rodziców, że jeśli włączą się do projektu kopania ziemi i sadzenia kukurydzy w porze deszczowej, dzieci otrzymają potem w szkole posiłek, dla wielu jedyny w ciągu całego dnia. I ludzie nam zaufali. Projekt się sprawdził i rodzice przyszli podziękować.

Innego dnia przyszła do biura parafialnego trzydziestoletnia kobieta Ruhanda. Powiedziała, że od lat nosi w sobie straszne przeżycie i musi mi o tym opowiedzieć. Jej dziadek pochodził z Rwandy i należał do książęcego rodu. Ojciec urodził się już w Ugandzie, a mama jest z plemienia Bagandy. Jako pięcioletnia dziewczynka została zgwałcona przez wujka, który nastraszył ją, że jak komuś o tym powie, to ją porąbie na kawałki maczetą. Dziewczynka więc milczała, oczywiście straszliwie cierpiąc. Śniły się jej różne koszmary, potwory, zabójstwa, krew. Od trzynastego roku życia ma codziennie miesiączkę. Jej narządy rodne nie funkcjonują prawidłowo. Jest głęboko wierzącą katoliczką, dlatego przebaczyła temu, kto wyrządził jej tę krzywdę, ale nie potrafi się odnaleźć w życiu. Nie może mieć dzieci, co w kulturze Baganda całkowicie ją marginalizuje. Potrzebuje duchowej pomocy, bardzo cierpi. Zapamiętałem tę wizytę na długo.

Jestem do dyspozycji ludzi do godziny szóstej po południu. Wtedy zamykam kancelarię parafialną. Wychodzę. Na dworze robi się nareszcie przyjemnie, zdarzają się podmuchy chłodnego powietrza. Kobiety w wiosce wychodzą z domu zaczerpnąć trochę świeżego powietrza, nazbierać naręczy dzikich kwiatów i ziół. Patrzę na te cudowne widoki. Noc zapada bardzo szybko na równiku. Wtedy zaczynają swój koncert świerszcze i cykady. To dobry moment, żeby zapalić ognisko i zapaść w milczenie.

Niebo jest czarne, a na tym tle dobrze komponują się złote i diamentowe gwiazdy. Przy domowych ogniskach unosi się aromat piwa bananowego i tytoniu własnej produkcji. Wydaje się, że duchy przodków unoszą się w powietrzu. Ta mieszanina zapachów tworzy aromat egzotycznej Afryki. Wpatrzeni w gwiazdy i owiani wesołym wietrzykiem ludzie odpoczywają od gorąca i słuchają opowiadań o dziwnych historiach ich klanów.

W środę rano biorę do plecaka katechizm, siadam na terenowy motor honda i ruszam rozgrzaną słońcem do czerwoności drogą, która bardzo paruje, bo w nocy mocno padało. Po deszczu trawa wygląda w słońcu niezwykle świeżo. Na zielonych źdźbłach leżą krople deszczu niczym drobne diamenty. Jadę do Kyanaki egzaminować dzieci przygotowujące się do przyjęcia Pierwszej Komunii Świętej. Co jakiś czas mijam palmy, kaktusy, wpadam w busz, by za chwilę wylecieć z niego jak z procy i dalej pędzić przed siebie. Ależ jazda! Uwielbiam ten podmuch świeżego powietrza. Motyl zderzył się ze mną i przykleił do mojego czoła. Na mokrym piasku motor pędzi, bo specjalny bieżnik na oponie ma dobrą przyczepność, co innego na glinie. Na zakrętach spod tylnego koła wyrzucane są chmury błota.

Pewnego dnia, gdy tak pędziłem, głębokie na metr dziury wypełnione były wodą. W jednej z nich utknąłem i trzeba było wypychać motor. W przemokniętych spodniach i butach brnąłem po kolana, a nawet po pas w wodzie. Wreszcie wsiadłem na motor, ale musiałem uważać, bo było bardzo ślisko. Znowu wpadłem w dziurę, poślizgnąłem się na błocie. Motorek leży, i ja też. Wstaję i staram się go wypchnąć. Jest ślisko, wreszcie udaje mi się to. Jestem cały w błocie. Przybywam wreszcie do Kyanaki. Nie ma kościoła, bo został zburzony podczas ostatniej bratobójczej wojny. Dzieci czekają na mnie pod drzewem. Witają mnie śmiechem.

— Ojciec wygląda jak diabeł — krzyczą na mój widok.

— A kto to jest diabeł? — pytam, wykorzystując nadarzającą się okoliczność. Z reguły dzieci odklepują zdania z katechizmu, niewiele z tego rozumiejąc. Tym razem ktoś mi odpowiada inaczej, czyli swoimi słowami:

— Diabeł to ktoś taki brudny jak ojciec.

Zaskakuje mnie ta odpowiedź, zatem dopytuję dalej:

— A dlaczego diabeł jest brudny?

— Bo się kiedyś ubrudził — kontynuuje siedmiolatek.

— A w piekle nie ma wody, żeby się umył? — pytam, trochę zbity z tropu.

— Nie ma, tam jest tylko ogień, tak jak na naszych bagnach w porze suchej, gdy ktoś je podpali — zakończył swój wywód mój mały filozof.

Wracając, myślałem o tej sytuacji. Pojechałem egzaminować dzieci z wiedzy o Bogu, a sytuacja odwróciła się i to one uczyły mnie o diable i piekle w ich rozumieniu. I można by tę opowieść nazwać bajką, gdyby mnie naprawdę się nie przydarzyła.

Po południu w środy odwiedzam Małe Wspólnoty Kościelne. Raz w tygodniu sąsiedzi spotykają się tu na wspólnym czytaniu Pisma Świętego, na rozważaniu i zastanawianiu się, jak wprowadzać Słowo Boże do codziennego życia. Jadąc do Kabale, przejeżdżałem przez bagna i poczułem, że tyłem motoru zarzuca, bo nie ma w kole powietrza. Ponieważ nie zabrałem narzędzi i zapasowej dętki, musiałem za tę niefrasobliwość zapłacić pchaniem ciężkiego terenowego motoru przez kilometry. W wiosce ludzie wskazali miejsce, gdzie ktoś reperował rowery. Zorganizowano szybką pomoc, dzieci przyniosły kawałek gumy, ktoś inny poszedł po klej, a jeszcze inny po klucz, by odkręcić śruby. Po godzinie dętka była zaklejona i mogłem

TYDZIEŃ Z ŻYCIA PROBOSZCZA

Msza w buszu

Kaplica w Bamusucie
ufundowana przez
Renatę i Janusza Gołąb

Ściana, która została
po tropikalnym deszczu,
resztę domu zmył deszcz

Po tropikalnym deszczu

Ofiara na tacę

Kapliczka w Kyanice

Katechista. Nie, ojcze,
nie wracamy do przeszłości

© PIOTR KUBIAK

[198]

dalej kontynuować podróż. Zaraz po przybyciu miałem ciekawą rozmowę z byłym katechistą Kabaale, Kityo. Kiedy nowy katechista Katumba nie przybył na spotkanie, zwróciłem się do niego:

— Widzisz, Kityo, pewnie będziemy musieli wrócić do starego katechisty. Zgodzisz się?

— Nie, ojcze, nie wraca się do przeszłości. Musimy iść do przodu.

— Czasem jest dobrze wrócić do tego, co było dobre.

— Trzeba iść do przodu. Chociaż nam starym jest przykro, gdy widzimy, że młodzież już nas nie słucha i upada nasza tradycja i zwyczaje.

W czwartki odwiedzam katolickie szkoły buszowe w naszych stacjach misyjnych. W nocy obfity deszcz rozmył drogi, dlatego używam samochodu terenowego z napędem na cztery koła — toyoty hilux. Ponieważ przede mną jest ogromne jezioro, bo woda z bagien zalała drogę, muszę zostawić samochód i kilometr iść pieszo. Gdy przybyłem do szkoły w Mwanji, nauczyciele zebrali wszystkie klasy pod drzewem mango. Pod osłoną tego drzewa w Ugandzie odbywają się różne spotkania. Ma ono dużą i gęstą koronę i skutecznie chroni przed palącym słońcem. Liczne liście wydzielają też przyjemny zapach. Kiedy wszystkie dzieci już usadowiły się w cieniu drzewa, rozpocząłem katechezę. Dziś jej temat brzmiał: „Kto jest kim w Kościele? (Jezus, apostołowie, papież, biskupi, księża, lud Boży)". Katechezy prowadzę w języku angielskim. Na język luganda tłumaczy mnie jeden z nauczycieli. Uczniowie pytają o wydarzenia z życia Jana Pawła II. Opowiadam im historyjki z jego życia:

— Wiecie, że w waszym wieku Karol bardzo lubił grać w piłkę, najczęściej grał na pozycji bramkarza. Jego koledzy po latach wspominali, że był dobrym bramkarzem, wpuszczał mało goli. Po lekcjach lubił chodzić z kolegami na kremówki. To są takie ciastka, podobne trochę do tych, które wypiekają wasze mamy, dodając do nich banany — kontynuowałem.

Na koniec moich opowieści pomodliliśmy się za zmarłego papieża:

— *Ayi Mukama mwe ekiwummulo ekitaggwawo, n'ekitangala ekyoliberera kimwakire atebenkerere miremba...* („Wieczny odpoczynek racz mu dać, Panie...").

Następnie odwiedzam szkołę w Lwanjuki. Chyba nareszcie zaczął się sezon deszczowy, bo pada od dwóch dni. Bagna, które jeszcze w niedzielę były wypalone, czarne, dziś są pokryte świeżą zielenią. Na placu szkolnym zastaję przemoczonych uczniów

Klasa pod drzewem

zajętych zbieraniem do kubków termitów, które w nocy wyleciały z ziemi. Niektórzy pakują je bezpośrednio do ust. Małe urwisy są dziś uśmiechnięte z powodu daru, który „spadł z nieba". Gdy dostrzegają księdza, porzucają zajęcie, pozdrawiają i idą do klasy „pod drzewem". Katecheza ma ten sam temat co poprzednio, ale nie jest taka sama. Postanawiam, że tutaj dzieci odegrają scenki. Pytam ich, kto chce być małym Karolem Wojtyłą? Zgłasza się mnóstwo dzieci, nawet dziewczynki. Wybieram małego chłopca z trzeciej klasy. Pytam go:

— Jak masz na imię?

— Kato — odpowiada.

— Teraz, Kato, będziesz Karolkiem. Będziesz pokazywał dzieciom, jak wygląda twój dzień — tłumaczę.

Mały aktor, najpierw staje na bramce wyznaczonej przez dwa kamienie. Kilkunastu jego kolegów próbuje mu strzelić gola. Mały Karol uwija się, ale w końcu kapituluje. Gool! Cieszą się koledzy.

Następnie odgrywają scenki, w których mały Karol czyta książki, odrabia zadania. Wszystko dzieje się pod drzewem. Dzieci, które grają kolegów Karola, są bardzo zaangażowane w role. A te, które oglądają teatrzyk, śledzą wszystko z dużym skupieniem. Ja pełnię rolę reżysera, wyjaśniającego aktorom, co i jak mają grać, a także narratora. Opowiadałem im, że przed wojną w Polsce też nie było prądu, więc podobnie jak w ich domach lekcje trzeba odrobić szybko po powrocie ze szkoły, jeszcze za dnia.

Po moich opowieściach i scenkach zagranych przez dzieci modlimy się za zmarłego papieża. Opuszczam szkołę przy aplauzie klaszczących dzieciaków.

Trzecią szkołą, którą odwiedzam, jest Kyabutayika. Tu również zbieram wszystkie dzieci pod drzewem i wygłaszam im katechezę. Uczestniczą w niej chętnie, przychodzą prawie wszystkie. Jest 274 uczniów (97 katolików, 139 protestantów — anglikanów, 4 muzułmanów i 34 innych wyznań). Powtarzam opowieści o małym Karolu, który został papieżem, ale już czuję zmęczenie i głód. Zbliża się pora obiadowa i odczuwam to. Robi mi się żal tych dzieci, bo niektóre są głodne, a rodzice wielu z nich nie opłacili obiadu, więc nic nie zjedzą w szkole. A przebywają tutaj od siódmej trzydzieści do siedemnastej i tylko niektóre podczas przerwy idą do domu na posiłek.

W piątek pojechałem do Kitandy. Zaprosili mnie Hindusi, abym pobłogosławił ich tartak i budowę fabryki przerobu drewna. Zdziwiłem się, ale pojechałem. Rano o godzinie ósmej zebrało się na placu budowy ponad stu robotników pochodzących z różnych części Ugandy. Odmówiliśmy modlitwę *Ojcze nasz* w języku luganda, następnie poświęciłem kamień węgielny pod fabrykę i pobłogosławiłem pracowników w ich ciężkiej pracy. Życzyłem właścicielom dochodu i troski o pracowników, a robotnikom tego, aby dobrze im się układała współpraca z właścicielami i oby nie byli przez nich wykorzystywani. Następnie inżynier odpowiedzialny za budowę zabrał mnie do maszyny, która dozuje i miesza beton, i poprosił, abym się tu szczególnie pomodlił, ponieważ wczoraj pracownik wpadł do niej i został „zmieszany na śmierć". Teraz reszta boi się przy niej pracować. Ktoś z mieszkańców doradził Hindusom, że jak przyjedzie kapłan katolicki i pomodli się, to problem zostanie rozwiązany. To więc był główny powód zaproszenia mnie na modlitwę.

I znowu te myśli: nie wiem, czy dobrze zrobiłem, że tu przyjechałem. Czuję się wykorzystywany. Właścicielom chodzi przecież tak naprawdę o szybkie uruchomienie fabryki, by nie tracić pieniędzy, a nie o Boże błogosławieństwo.

Wreszcie jest sobota. Wstaję o wpół do szóstej. Jest jeszcze ciemno, więc oświetlając drogę latarką, idę zamknąć do małego domku dwa owczarki niemieckie, Sabę i Miśka, które w nocy są stróżami naszej misji. Następnie otwieram wszystkie bramy i kościół i idę pobiegać po buszu. Przedzieram się przez gąszcz krzewów. Wciągam w płuca rześkie powietrze pachnące dzikimi zwierzętami, ziołami i kwiatami tropikalnymi. Afryka pachnie swoiście. Pachną tu nawet ziemia i woda. Ta ranna gimnastyka przy wschodzie słońca daje mi możność zobaczyć na własne oczy, jak świat budzi się do życia. Śpiew niesiony po łąkach, aż do domostw, budzi ludzi. Rozpalane są pierwsze tego dnia ogniska. Lubię wtedy zwolnić bieg i pomedytować. Czasem kładę się na łące, gdy nie ma rosy, i patrzę w niebo. Latające pelikany albo marabuty „płynące" w różnych kierunkach, na różnych wysokościach przecinają swoje loty. Kormorany, perliczki, dzikie gęsi, pelikany i inne kolorowe ptactwo malują na niebie tęczę.

Po tej egzotycznej pobudce idę do kaplicy na modlitwę poranną — jutrznię. Świeży umysł wspaniale przyswaja poezję Dawida. O godzinie siódmej jest Eucharystia w kościele, na którą przychodzi kilku parafian i uczniowie ze Szkoły Świętego Judy. O wpół do ósmej mam półgodzinne rozmyślanie. To wspaniały czas dla duszy, można pomyśleć spokojnie o życiu, zaplanować dzień, w którym będzie obecny Bóg. O godzinie ósmej jemy śniadanie.

Pewnej soboty miałem zaplanowany ślub starszych osób. Chcieli przed śmiercią uregulować swój status małżeński. Pamiętam, jak wszedłem do glinianej chatki pokrytej trawą, gdzie panował przyjemny chłód i półmrok. Kilka promieni słonecznych wpadało do środka poprzez otwarte okienko. Dzięki nim zobaczyłem, że na matach siedziało kilkanaście osób, a pomiędzy nimi na krzesłach para staruszków, którzy mieli być bohaterami dzisiejszej uroczystości. Nastąpiła wymiana pozdrowień:

— *Banaybo ne Basebo musibye mutyano?* („Drodzy bracia i siostry, jak się macie?")

— *Aa-a. Otya?* („Dobrze, a ty?")

— U mnie też wszystko dobrze.

— Czy w waszym domu wszyscy są zdrowi, czy wszystko jest w porządku?

— Jest dobrze, a co u ciebie w domu?

— Również dobrze.

Podszedłem bliżej do starszej pary, która siedziała na dwóch małych stołeczkach wyplecionych z wikliny, i zapytałem:

„Młoda para" — w Afryce nikt nie liczy wieku

— Czy jesteście chorzy?

— Nie, ale jesteśmy już starzy.

— W czym zatem mogę wam pomóc?

— Ojcze, cieszymy się bardzo, że nas odwiedziłeś i chcemy, byś nam udzielił ślubu.

Poprosiłem, aby pokazali mi świadectwa chrztu. Salongo w tym roku obchodził stulecie urodzin. Często miejscowi określają wiek na „oko", ale tym razem pokazali mi karty chrztu i rzeczywiście widniała na nich data urodzin i chrztu z konkretnym dniem, miesiącem i rokiem. Bardzo się tym ucieszyłem, że mieli świadectwa. Prawdopodobnie ktoś z rodziny przywiózł odpisy z parafii chrztu. Nalubega dobiegała osiemdziesiątki. Dowiedziałem się, że oboje mieli życie pełne burzliwych wydarzeń. Salongo walczył w drugiej wojnie światowej, a po uzyskaniu niepodległości przez Ugandę w 1962 roku był urzędnikiem Miltona Obotego. Znał dobrze język angielski. Nieźle wspominał czasy protektoratu. Po przejęciu rządów przez Amina utracił wszystko. Nalubega urodziła dwanaścioro dzieci z różnych związków z innymi mężczyznami. Od pięćdziesięciu lat żyją razem i mają czworo dzieci oraz wielu wnuków, prawnuków i praprawnuków. Niedawno zdecydowali się pobrać. Przy tej okazji należało udzielić im też innych sakramentów.

Na początku goście opuścili chatkę i wyspowiadałem kandydatów do małżeństwa oraz udzieliłem im sakramentu chorych. Potem rozpoczęła się Eucharystia, podczas której złożyli sobie śluby i przyjęli sakrament Pierwszej Komunii Świętej. Po tych uroczystościach Nalubega zasłabła i musiałem odwieźć ją do szpitala. Za kilka dni prowadziłem jej ciało ostatnią drogą na ziemi. Czy podświadomie przeczuwała kres swego ziemskiego życia i stąd decyzja o uświęceniu ich związku? Nigdy się już nie dowiem.

Po powrocie ze szpitala czekali na mnie ludzie, by poinformować, że w nocy zmarła inna nasza parafianka, mająca męża muzułmanina, i pogrzeb odbędzie się o godzinie drugiej po południu. Zmarłych według tradycji Baganda chowa się zazwyczaj następnego dnia po śmierci, o godzinie drugiej po południu. Samobójców wieczorem, a dzieci o czwartej po południu jeszcze w dniu śmierci. To może wydać się dziwne, ale do pomocy włącza się cała wioska. Taki obyczaj. W tym przypadku cała rodzina mieszkała w Kakooge, więc nie było problemu z poinformowaniem ich o śmierci. Ponieważ zmarła była zamożna, zabito krowę, by podjąć posiłkiem wszystkich uczestników pogrzebu. Kobiety z sąsiedztwa wcześnie rano zabrały się do gotowania mięsa i ryżu w wielkich garach, aby zdążyć na czas. Ponieważ ludzie umierają tu często, przygotowania do pogrzebu są dobrze wypraktykowane. Każdy wie, jaką rolę ma pełnić. Takie wydarzenia dobrze integrują wspólnotę.

Zjadłem szybko obiad, zabrałem potrzebny sprzęt liturgiczny i pojechałem motorem do domu zmarłej, by odprawić mszę świętą i liturgię pogrzebową. Ona jedna była katoliczką, choć mąż i dzieci muzułmanami. Przybyło mnóstwo ludzi, w większości wyznawców islamu. Na pogrzeby przychodzą zawsze tłumy wyznawców różnych religii. Mówiłem kazanie, które miało odniesienie do życia obecnych, o tym, co łączy obie religie — katolicką i muzułmańską. Wyznajemy jednego Boga, modlimy się do Niego, pościmy, urządzamy pielgrzymki do miejsc świętych i mamy tego samego przodka w wierze Abrahama. Pogrzeby są najlepszą okazją do ewangelizacji.

Zdążyłem jeszcze wrócić do domu na nieszpory. Po całym dniu pracy psalmy Dawida mają już całkiem inny wymiar, są dziękczynieniem za mijający dzień. Potem przygotowałem kazanie na niedzielę.

POGRZEB

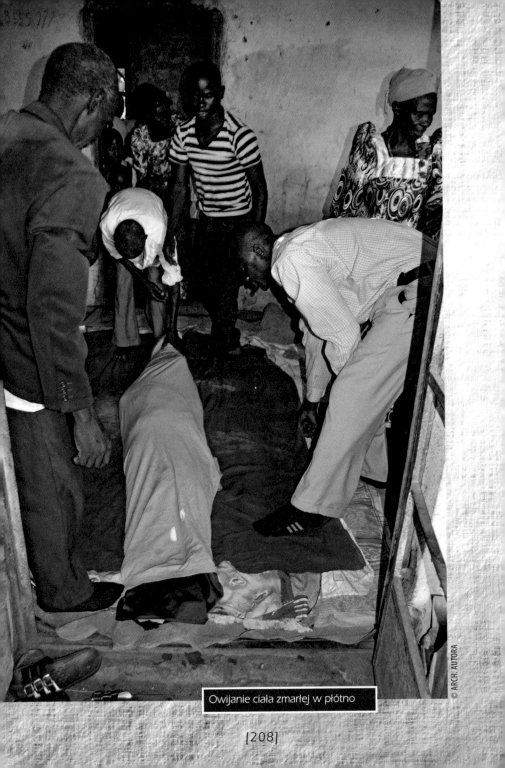

Owijanie ciała zmarłej w płótno

Gotowanie matooke

Kopanie grobu
w ogrodzie bananowym

© TADEUSZ ZYSK

© TADEUSZ ZYSK

Okuigiriza — Katonda kwe kwagala — „Bóg jest miłością" (1 J 4,16)

„Banyabo ne Basebo nsanyufu nnyo okubalaba kubanga Abantu bangi kujja mu keresiya.

Bracia i siostry, jestem szczęśliwy, że przyszliście dziś do kościoła na wspólną modlitwę. Wszyscy potrzebujemy miłości. A Bóg jest źródłem miłości, której strumień wpływa do ludzi. Pod warunkiem że dana osoba chce się na nią otworzyć. Ten przepływ powoduje, że od osoby, która ją przyjęła, miłość płynie dalej do ludzi, z którymi się ona spotyka. Miłość rodzi czyny. Tak jak w przypadku dwóch franciszkańskich męczenników z Peru, którzy oddali życie Bogu, bo kochali Boga i ludzi, do których przyjechali. Nie opuścili ludzi, bo ich kochali. Za to zostali zabici przez terrorystów ze Świetlistego Szlaku. Stali się świadkami miłości Boga do ludzi.

Pęknięcie natury spowodowane przez grzech pierworodny powoduje, że przez tę szczelinę dociera do nas pokusa zła. Walcząc z nią, odrzucając, zdobywamy zasługę, która otwiera nam niebo. Gdy się jej poddajemy, rodzi się w nas grzech. Wtedy należy powstawać i liczyć na Miłosierdzie Boże. Jest ono nieograniczone, bo Jezus oddał życie za moje grzechy i grzechy całego świata. Tak Bóg umiłował świat, że Syna swojego dał za zbawienie świata. Na tę pamiątkę powtarzamy w różnych częściach świata i w każdym czasie tę ofiarę Jezusa, jaką jest Eucharystia. Teraz już bezkrwawa i duchowa ofiara.

W Ugandzie jest jednak jeszcze mnóstwo przesądów i pogańskich zwyczajów. Na przykład składanie krwawych ofiar z ludzi, w zamian za obietnice powodzenia w życiu i osiągnięcia jakiejś korzyści, najczęściej materialnej. Nie możemy bać się czarowników, a tym bardziej im ufać. Katolik wierzący powinien ufać we wszechmoc Boga i Jego miłość do człowieka, która pozbawia lęków, a nie potęguje strach. Chrześcijanie powinni koncentrować się przede wszystkim na szerzeniu dobra i wartości ewangelicznych wokół siebie, a nie intersować się złem i robić mu reklamę... Amen".

Po napisaniu kazania biorę prysznic i idę na wspólnotową rekreację. Na początku przez kwadrans wszyscy słuchamy lekcji luganda z kasety magnetofonowej lub gramy w karty — w tysiąca albo w brydża. Po rekreacji około dziewiątej wieczór jest modlitwa z rachunkiem sumienia. Przed snem czytam jeszcze książkę. W soboty nocą słychać muzykę z dyskoteki odległej o kilometr od misji. Disc jockeye puszczają tak głośno muzykę, że sąsiedzi nie mogą spać. W Kakooge jest kilkaset domków, gdzie mieszka ponad dwa tysiące ludzi. Ale nikt nie protestuje, choć dzieje się to regularnie.

Szopka betlejemska i msza franciszkańska

Sprawowałem już wiele mszy tzw. „misjonarskich", odprawianych pod gołym niebem w wioskach, gdzie nie było kaplic. Niejeden raz za naczynia liturgiczne służyły mi plastikowe butelki, a do chrztu używałem wody z kałuży. Jednak do picia muszę używać wody gotowanej. Jeżeli nie wezmę jej ze sobą, to mogę narazić się na tyfus albo cholerę. Woda w niektórych wsiach ma kolor kawy z mlekiem, a konsystencję grysiku, bo najczęściej jest przynoszona z bagien. Zawsze proszę ludzi, do których przybywam, aby taką wodę dobrze przegotowali, ale zdarza się, że nie wszędzie spełniają moją prośbę. Czasem z błahych powodów, bo albo zapomną, albo ze względu na inne okoliczności. Dla siebie nie przegotowują wody, bo ich

Chrzest z butelki

© ARCH. AUTORA

żołądki przystosowały się już do wszelkich bakterii. Jeśli ktoś był zbyt wrażliwy, został wyeliminowany przez naturalną selekcję. Ja kilka razy po pobytach w takich wioskach cierpiałem na biegunkę, a nawet tyfus. W wielu miejscach nie ma bowiem studni i jeśli nadchodzi pora sucha, a nie udało się zgromadzić deszczówki, wtedy pozostaje woda z bagien. A gdy one wysychają, w wodzie często znajduje się muł.

Czasem, gdy sprawowałem Eucharystię sam, zastanawiałem się, jaką ona ma wartość bez udziału ludzi? Ale były też dni powszednie, kiedy nagle pojawiała się duża grupa parafian. Wtedy serce biło nadzieją. Na mszę w Kamuninie razem z ludźmi przychodzą krowy i psy. Krowy pasą się koło kaplicy, a psy siedzą koło właścicieli. Jest tylko zadaszenie z trawy nad ołtarzem. Kiedyś podczas mszy krowa zjadła pół dachu. Istna szopka betlejemska i msza franciszkańska.

Pamiętam, gdy w jakieś święto śpiewaliśmy *Chwała na wysokości Bogu*. Patrzyłem przez otwarte drzwi, jak dwie dziewczynki przed kościołem tańczą w rytm bijących bębnów do tej pieśni. Ich ruchy były wspaniałe! Giętkie ciała unosiły się i opadały, a ręce klaskały. Przypominał mi ten taniec drzewa na wietrze. To było fascynujące widowisko. Pomyślałem wtedy, szkoda, że nie tańczą w kościele, zapewne wszyscy byliby zachwyceni ich talentem i spontanicznością. Tak, to była prawdziwa radość. Takiej nam trzeba, by chwalić Boga.

Bannakizito i rower z bambusa

Co roku organizujemy tygodniowy obóz dla stu dzieci. *Bannakizito* znaczy „dzieci jak święty Kizito". Nazwa ta pochodzi od najmłodszego męczennika — świętego Kizito, który zginął, mając trzynaście lat. Obecnie jest patronem dzieci w Ugandzie. Opiszę więc pierwszy obóz. W poniedziałek przed południem dotarły do nas dzieci z całej parafii, nawet mieszkające trzydzieści kilometrów od misji. Codziennie uczyłem je katechezy, a potem wolontariuszka z Niemiec, Maria Wittman, rysowała z dziećmi sceny z historii biblijnych i z życia świętego Kizito. Następnie nauczyciel, Sebagala, uczył je angielskiego.

Po południu starsi uczniowie mieli tzw. warsztaty zajęciowe. Wyrabiali różnego rodzaju zabawki. Dziewczynki na przykład lalki z liści bananowca, a chłopcy głównie pojazdy. Pod okiem nauczyciela wytwarzali druciane wehikuły, które kiedyś będą pomagały im ciągnąć duże pojemniki z wodą. Najbardziej niezwykłym wytworem obozu był rower, zrobiony przez dwunastoletniego chłopca imieniem Kasasa. Rower nie byle jaki. Oryginalnymi częściami roweru były: zębatka

© ARCH. AUTORA

Arcydzieło, ręczna robota

przednia i tylna, piasta, łańcuch i szprychy. Reszta była zrobiona z... patyków bambusa powiązanych gumami, które wyciął z dużej dętki znalezionej na drodze. Opony wypchane były plastikowymi workami, które znalazł w śmieciach. Najciekawsze jednak było to, że po zakończeniu obozu pojechał na tym rowerze do swojego domu, pokonując odległość 20 kilometrów. Coś niesamowitego!

Serce Świętego Mikołaja

Po obiedzie młodsze dzieci miały podczas trwania obozu czas wolny. Siedząc pod drzewem, obserwowałem ich zabawy. Jeździły na rowerze bez siodełka i bez hamulców i to w kilka osób. Istni akrobaci. Dziewczynki grały w gumę, inne bawiły się w chowanego. Chłopcy wdrapywali się sprawnie na drzewa i huśtali na sprężystych gałęziach. Szczególnym zainteresowaniem cieszyły się huśtawki, które zrobiliśmy dla nich, używając prostych materiałów.

W pewnym momencie zobaczyłem siedmiolatka, który ciągnął za sznurek przecięty na pół, dwudziestolitrowy pojemnik na wodę, w którym siedział jego czteroletni kolega. Przypomniała mi się wtedy scena z dzieciństwa, kiedy to ja ciągnąłem sanki po śniegu, na których siedział mój młodszy brat. Tu, niestety, chłopczyk ciągnął „sanki" po błocie. Ta sytuacja miała jeszcze jedno symboliczne znaczenie, ponieważ było to wyłącznie wspomnienie Świętego Mikołaja. W Polsce przyjeżdżał on na saniach, zwykle szusując po śniegu. Jako dzieci pisaliśmy listy do niego, a szóstego grudnia znajdowaliśmy prezenty pod choinką.

Prosta huśtawka ze złamanego drzewa

Pamiętam, jak w św. Mikołaja w 1997 roku wracałem ze Szkoły Podstawowej Nr 3 w Przemyślu, gdzie byłem katechetą. Byłem przebrany za Świętego Mikołaja i rozdawałem dzieciom prezenty. Gdy przechodziłem koło rynku warzywnego, zagadnęły mnie przekupki:

— Co masz dla nas, Święty Mikołaju?

— Niestety nic, bo prezenty mi się skończyły — odpowiedziałem smutny.

I była to prawda. Ponadto byłem zafrasowany, ponieważ szedłem do więzienia, gdzie miałem rozdawać paczki przygotowane wcześniej z wolontariuszami z parafii dla rodzin więźniów i nie byłem pewny, czy wystarczy dla wszystkich.

— To przyjdź tutaj, zaraz coś znajdziemy, by napełnić worek.

Zaraz zbiegły się kobiety z jabłkami, bananami i pomarańczami. Po chwili ledwo mogłem podnieść worek. Uśmiechnąłem się i powędrowałem do rodzin więźniów. Co to było za szczęście widzieć w tylu oczach łzy wzruszenia.

No ale teraz jestem w Afryce... Przed kolacją poszliśmy pisać listy do sponsorów, którzy opłacają szkołę naszym dzieciom. Na kartkach dzieci rysowały choinki, prezenty, które chciałyby dostać. Jednak tylko Bóg mógłby spełnić wszystkie ich, często nierealne marzenia. Przyjechałem tu, by dla wielu być obrazem Boga, przynajmniej niektórzy tak chcieli mnie widzieć. Bóg jest wszechmogący, może wszystko. Ja mam ciągle pusty worek, wypełniony tylko życzeniami miejscowych ludzi. Mam dla nich tylko to, co udaje mi się wyżebrać od ludzi z Polski, podczas moich wakacji.

Po kolacji poszedłem do nich w przebraniu Świętego Mikołaja i rozdałem wcześniej zakupione prezenty. Święty Mikołaj ma worek taki, jak serca tych, którzy go posyłają.

Z pielgrzymką do katedry

Na zakończenie obozu, w niedzielę, pielgrzymowaliśmy do katedry w Kasana-Luweero. Podczas mszy świętej biskup objaśniał scenę, kiedy do Pana Jezusa przyszły dzieci, a apostołowie nie chcieli ich dopuścić, tłumacząc, że nauczyciel jest zmęczony.

— Pan Jezus mimo zmęczenia miał czas dla dzieci, bo je bardzo kochał — powiedział biskup.

Po mszy świętej dzieci otrzymały posiłek, a potem spotkaliśmy się z biskupem pod dużym namiotem. Dzieci z różnych parafii prezentowały swoje prace, wykonane podczas obozu. Naszą parafię reprezentował Kasasa, pokazując zrobiony przez siebie rower.

Biskup zapytał:

— Czy ten rower jeździ?

Wtedy Kasasa wsiadł na rower i pochawalił się swoim dziełem. W pewnym momencie jechał nawet na jednym kole. Wszystkim dzieciom bardzo podobał się jego występ i biły mu brawo. A biskup nagrodził go specjalnym prezentem. W ogóle pasterz naszej diecezji był pod wrażeniem talentów maluchów.

Potem dzieci zadawały mu pytania. Czasem niezwykłe.

— Jakie skończyłeś szkoły i czy byłeś dobrym uczniem?

— Chodziłem do takiej szkoły podstawowej, do jakiej wy teraz chodzicie — odpowiadał biskup. — Potem poszedłem do niższego seminarium dla kandydatów na kapłanów. A później pojechałem na uniwersytet do Rzymu. Uczyłem się dobrze, bardzo lubiłem czytać książki. Jako dziecko lubiłem też wspinać się na wysokie drzewa.

Zdawało się, że pytania będą bez końca.

— *Biszopu, biszopu!* — wołały dzieci. — Jeszcze ja, jeszcze ja!

— i napierały spontanicznie na biskupa z wyciągniętymi rękoma, gotowe do zadawania kolejnych pytań. O mało nie zrzuciły go z plastikowego krzesła, na którym siedział. W przerwach między pytaniami dzieci śpiewały piosenki, których nauczyły się na obozie. Szczególnie przypadła im do gustu pieśń o życiu świętego Kizito, którą śpiewały na okrągło tego dnia. Ma wiele zwrotek. Oto fragment:

Kizito omuto oyo wange
Mwana w'embuga gwe mbiita
Kizito omwagalwa omuganzi asiimwa
Omwana w'abakungu atalabwa
Wasalawo okuffa notayo nonna

Ref. *Bwe tuliitibwa naawe ffembi olw'okuba eddiini*
      Bwe balinjokya ne nfa nze ndijaguza owange,
      Nze ndiwondera, ne ngwa ggwe eri gy'oligwa
      Zannya, zannya, omwana wa Yezu zannya
      Zannya, nnyo omulenzi wa Yezu omwana

(„Kizito, nasz mały bracie
należałeś do królewskiego rodu
kochałeś życie i wszystkich bardzo
nie chciałeś zgrzeszyć
wolałeś umrzeć

Ref. Jesteście męczennikami, ponieważ mieliście silną wiarę
      jeśli mnie spalą i umrę
      będę radosny
      a teraz radujmy się i bawmy się
      bo Jezus też dzieckiem był....")
Spotkanie zakończyło się dopiero wtedy, gdy na dworze zrobiło się ciemno.

Powrót i błogosławione przeszkody

Rozwoziliśmy dzieci do domów dwoma toyotami. Każda zabrała na pakę piętnaścioro dzieci. Pomagał mi w tym brat Piotr. Ostatni kurs robiliśmy już w całkowitych ciemnościach, rozjaśnianych tylko chwilowymi wyładowaniami atmosferycznymi, dodatkowo — w strugach deszczu. Wróciwszy, po dwudziestej drugiej, szczęśliwy z pomyślnie zakończonego dnia, nie zastałem brata Piotra. Domyśliłem się, że miał problemy z samochodem. Jechał dwudziestoletnią toyotą z napędem tylko na dwa koła. Musiał zakopać się gdzieś w buszu. Ale gdzie? Kombinowałem, gdzie znaleźć teraz zaufane osoby, które znałyby dobrze drogi naszej parafii. Pojechałem do Mageziego i wyciągnąłem go z łóżka.

— Kto mógłby jeszcze z nami pojechać? — spytałem.

— Może Kalyowa, zna tu dużo ludzi, bo jest nauczycielem w Szkole Świętego Judy i poza tym jest bardzo silny. Będzie przydatny, gdyby trzeba było pchać samochód albo gdybyśmy natknęli się na jakąś bandę — tłumaczył mi Magezi.

Pojechaliśmy więc do domu, gdzie mieszkał Kalyowa. Magezi wyjaśnił mu sytuację i we trzech ruszyliśmy na poszukiwanie brata Piotra.

— Może pojechał przez Lwanjuki? — głośno próbowałem odgadnąć, jaką drogę mógł wybrać zaginiony.

— Raczej nie, ta droga w deszczu jest nieprzejezdna, nawet dla samochodu z napędem na cztery koła — mówi Magezi.

— To co radzicie? — spytałem obu towarzyszy.

— Jedźmy przez Batuusę — Magezi przejął inicjatywę.

I tak został pilotem. W deszczu niewiele było widać, a poza tym w nocy ja prawie nie orientuję się w buszu. Natomiast Magezi spędził tam wiele czasu podczas wojny domowej i zna teren naszej parafii bardzo dobrze. Miał rację. Po kilkudziesięciu minutach jazdy w ciszy przybyliśmy do Mwanji. Kalyowa poszedł do chatek dogadać się z ludźmi. Wrócił i poinformował nas, że rzeczywiście samochód brata Piotra utknął w błocie, niedaleko wioski. Ale poszedł po pomoc i kilku mieszkańców wyciągnęło samochód z błota. Godzinę temu ruszył w kierunku misji. Wracaliśmy już spokojniejsi. W domu czekał na nas Piotr i gorąca herbata z rumem.

— Piotr, co się stało — pytam?

— Zakopałem się w błocie, ale pomogli mi dobrzy ludzie. Ale i tak miałem mnóstwo strachu. Dobrze, że stało się to w pobliżu domostw, a nie gdzieś na pustkowiu, gdzie sam bym sobie nie poradził.

Tym razem poradził sobie bez nas, ale nasza akcja i tak miała sens. Dała mu poczucie, że następnym razem może na nas liczyć. Błogosławione przeszkody.

Szkoła Świętego Judy

W Ugandzie dzieci nie noszą do szkoły żadnych zeszytów i książek, ponieważ zjadłyby je termity albo rozmokłyby w tropikalnym deszczu. Wszystkie pomoce naukowe znajdują się w klasie.

W naszej misyjnej Szkole Świętego Judy uczy się około tysiąca dzieci. Pod względem wyników nauczania szkoła znajduje się na bardzo wysokim miejscu w ugandyjskich rankingach. Większość dzieci jest naprawdę zdolna, znają po kilka języków — język luganda i angielski, a w szkole uczą się suahili. Te, które przybyły z Rwandy, dodatkowo znają francuski i rwandyjski. Dużo dzieci jest z okolic Mbarary, a te znają lunyankore. Ponadto znają języki plemienne mamy i taty.

Codziennie lekcje zaczynają się o ósmej rano, a dla dzieci z internatu już o szóstej. Niektórzy uczniowie muszą dojść lub dojechać na rowerze około dziesięciu kilometrów. Zwykle rano nic nie jedzą w domu, a pierwszym posiłkiem, który piją (nie jedzą), jest mąka kukurydziana zagotowana w gorącej wodzie (*budżi*) w przerwie lekcji o godzinie 10.30. Dzieci kończą zajęcia o piątej po południu. Nie dostają zadań do odrobienia, bo w domu nie ma prądu. Mają też jeszcze obowiązki, jak przyniesienie wody z pompy lub z bagna oraz znoszenie drewna na opał. Podczas wakacji dzieci od szóstego roku życia pracują w ogrodzie.

Kiedyś, wracając późno w nocy z Kampali, widziałem na poczcie w Kakooge dużą liczbę uczniów czytających skrypty w idealnej ciszy, tylko przy jednej żarówce. Dzieci chcą się uczyć, ponieważ wiedzą, że dzięki wiedzy i wykształceniu mają szansę wyrwać się z tutejszej biedy. Niestety, niewielu się to udaje. Rodzice nie poświęcają im czasu. Najczęściej dzieci powielają błędy rodziców. Dziewczynki, podobnie jak ich matki, bardzo wcześnie zachodzą w ciążę. Później, nie mając źródła utrzymania, sięgają po alkohol, który ma przynieść ulgę, ale prawie zawsze przynosi rozbicie rodziny i brak perspektyw na cokolwiek, oprócz staczania się po równi pochyłej.

Kiedy byłem małym chłopcem...

Jako dziecko chodziłem do Szkoły Podstawowej nr 7 w Nowym Sączu, razem z tysiącem innych dzieci. Na początku podstawówki nauka mnie nie interesowała, więc do szkoły uczęszczałem z przymusu. W tornistrze zamiast książek miałem mnóstwo narzędzi taty, takich jak klucz francuski, śrubokręty, gwoździe, młotek itp. Przychodziłem wcześnie rano do szkoły i celowo uszkadzałem jakąś ławkę, aby pani kazała mi ją naprawiać. To był mój sposób na unikanie lekcji. Nauczycielka niekiedy zgadzała się na to, bym spędzał czas z kolegami na korytarzu, wówczas ona mogła spokojnie prowadzić lekcje dla pozostałych uczniów. Miałem bujną wyobraźnię, więc wymyślałem mnóstwo historyjek, którymi dzieliłem się z kolegami. Na przykład pokazywałem im młotek tapicerski, którego drugą stroną wyciągało się gwoździe, mówiąc, że jest to czekan górski i że w domu zbieram sprzęt, planując jakąś tajemniczą wyprawę w Tatry, w Alpy lub Himalaje. Zmieniałem wersje w zależności od tego, komu to opowiadałem. Pamiętam, że gdy pani w świetlicy chciała mieć przez chwilę spokój z dziećmi, to „zatrudniała” mnie jako opowiadacza bajek i niestworzonych historii, których moja głowa była pełna.

W pierwszej i drugiej klasie szkoły podstawowej miałem tak słabe oceny z języka polskiego i religii, że po zakończeniu roku szkolnego mama, zobaczywszy moje świadectwo, rozpłakała się. Postanowiłem wtedy, że będę się lepiej uczył, aby nie przysparzać jej zmartwień. Bardzo ją kochałem. Jednak nie od razu było lepiej.

Na naszej klatce schodowej gromadzili się starsi chłopcy z osiedla, którzy pili alkohol. Zdarzało się, że po takich libacjach podcinali sobie żyły. Musieli czuć się fatalnie w swoich domach. My, młodsi chłopcy organizowaliśmy bitwy z innymi „parafiami”. Tak nazywaliśmy inne osiedla. Po bójkach wracaliśmy do domu mocno poobijani. Czasem sąsiedzi przychodzili ze skargami do rodziców, że wybiliśmy komuś szybę piłką lub że kradliśmy jabłka i gruszki z pobliskiego ogrodu. Wtedy otrzymywałem karę — kilka pasków na tyłek. Nie były to jednak kary, które bym długo pamiętał, i znowu wymyślałem kolejne wybryki.

Pamiętam, jak w roku 1977 — chodziłem wtedy do piątej klasy podstawówki — dzieci w klasie opowiadały o potrawach, które będą jadły w Wigilię. Bardzo lubiłem święta Bożego Narodzenia, czekałem na tę rodzinną atmosferę, mnóstwo światełek, śnieg. U nas w domu mama przygotowywała filety z karpia. Tamtego roku postanowiłem wziąć sprawy w swoje ręce i pomóc w zorganizowaniu wieczerzy. Przekonałem mamę, że przyniosę żywego karpia do domu. Razem z bratem zdeklarowaliśmy się stać na zmianę w długiej, kilkugodzinnej kolejce. Kupiłem żywego karpia, jednak zanim doszedłem do domu, karp zdechł. Mama powiedziała, że nie będzie przyrządzała zdechłej ryby. Powiedziałem wtedy, że wymienię ją na żywą. Kłamałem, ale mama jakoś w to uwierzyła. Starego karpia wyrzuciłem na śmietnik, i znowu poszedłem stać do kolejki, w końcu kupiłem i przyniosłem do domu karpia, tym razem żywego. Na tym moja organizacja Wigilii się nie skończyła. Postanowiłem także kupić dla całej rodziny prezenty. Mama przed świętami otrzymała studolarowy banknot w liście od kuzynki z USA. Wziąłem go bez pytania i w Pewexie zrobiłem zakupy. Potem włożyłem do kasteki pięćdziesiąt dolarów, a prezenty spakowałem i położyłem pod choinkę. Rodzina nie mogła się nadziwić, skąd wziąłem takie rarytasy w socjalistycznym kraju. Jednak radość trwała krótko. Musiałem się przyznać, skąd te cudeńka. Ojciec zrobił minę, jakby chciał mi zaraz złoić tyłek, lecz napotkał błagalną minę matki... Uff! Odetchnąłem z ulgą. W końcu poważną rozmowę odłożyli na po świętach. Cóż, od dziecka lubiłem robić innym prezenty.

Podobny kawał wywinąłem, gdy przebywałem na wakacjach w Klęczanach u cioci Zosi. Miała ona bardzo ładny kaktus i czekała, kiedy zakwitnie. Powiedziano jej, że będzie miał wyjątkowo piękny kwiat. Kiedy poszła do pracy, poszedłem do lasu i nagle wpadłem na pomysł, żeby przyczepić do kaktusa leśny kwiat. Trzeba było widzieć radość cioci, gdy wróciła do domu. Trwała niedługo, ale była tak wielka! Zawsze chciałem, żeby ktoś drugi się cieszył, nawet za cenę mojego kłamstwa.

Kiedy przypominam sobie te wydarzenia z mojego dzieciństwa, jestem bardziej wyrozumiały dla wyczynów miejscowych urwisów. Byłem takim małym Murzynkiem. Ktoś musiał na mnie patrzeć tak, jak ja na nich teraz. Mam ich za pokutę. Ale jaką radosną pokutę. Potrafili zakręcić wodę i nasz gość nie mógł się wykąpać po całodniowej jeździe na rowerze w upale. Albo po szkole wpadają do naszego ogrodu, by posilić się owocami mango. Od pewnego czasu sami zapraszamy dzieci z nauczycielami ze szkoły, aby pozrywali owoce i podzielili się z kolegami i koleżankami w szkole. Moglibyśmy te owoce sprzedać, ale patrząc na niedożywione dzieci, robi się nam ich żal i uważamy, że witaminy bardziej się im przydadzą. W końcu i tak wszystko, co robimy, to dla nich.

Ja, tata Kalungi

Miałem dziadka żołnierza i ojca chrzestnego, który był kapitanem w czerwonych beretach. Zatem wiem, że dyscyplina pomaga okiełznać energię i wykorzystać ją do dobrych celów. Opiekuję się chłopcami w wieku od 10 do 15 lat i nazywam ich *Kalungi Boys* („dobrzy chłopcy"), a oni nazywają mnie „Tata Kalungi". „Taata" szczególnie przeciągają.

Jak to się zaczęło? Pewnego dnia przyszedł do mnie mały chłopczyk i poprosił:

— Chcę, byś ty był moim tatą.

Na początku zdębiałem, lecz po chwili zapytałem:

— Dlaczego chcesz, bym był twoim tatą?

— Bo... bo... — zaczął się jąkać, a po chwili wydusił: — Bo ja nie mam taty.

Przytuliłem go mocno i pogłaskałem po głowie. Świadkami tego wydarzenia były inne dzieci. Odtąd popularne stało się moje nowe imię — Tata Kalungi.

Uczę moje dzieciaki, że życie składa się z pracy i zabawy. Najczęściej kosimy trawę i dbamy o utrzymanie porządku koło kościoła. A potem gram z nimi w piłkę. Widzę, że ci chłopcy potrzebują dyscypliny, miłości i ojcowskiego autorytetu. W większości nie znają swoich ojców. Kiedyś, w czasie zabawy, chłopiec o imieniu Lwanga wziął kawałek drewna, który miał udawać telefon, i „dzwonił" do swojego taty. Przysłuchiwałem się długo tej rozmowie. Chłopczyk tak się wczuł, że opowiadał „tacie", jak mu idzie nauka, że teraz bawi się z kolegami i że w domu babcia się nim opiekuje. Łza zakręciła mi się w oku. Z tego, co wiem, nie znał swojego ojca. W miarę możliwości staram się więc chociaż częściowo zastępować im tatę. Czy oni świadomie próbują zastąpić mi dzieci? Nie wiem, ale tak czy owak wzrastam w swoim ojcostwie.

Jak już pisałem, najprościej dać radość moim dzieciakom grą w piłkę. Postanowiłem więc stworzyć drużynę z chłopców ze wsi. Są nieśmiali w stosunku do rówieśników z naszej parafialnej Szkoły Świętego Judy, którzy wygrywają na boisku z wszystkimi innymi szkołami w okręgu. Wykorzystałem pomysł pani doktor Wandy Błeńskiej i zaczęliśmy rozgrywać mecze pomiędzy wioską a szkołą. Ja gram w ekipie z wioski. Zamierzałem wykorzystać słaby punkt chłopaków z Judy. Lubują się w dryblingach. Zarządziłem więc bombardowanie bramki przeciwnika z każdej pozycji i miejsca na boisku, i to się opłaciło. Co jakiś czas nasza drużyna wybucha radosnym okrzykiem: „Gooooll!", a potem jest śmiech i fikołki.

Strażnicy z kałasznikowem i nowe boiska

Mając już drużynę, zdecydowałem, by zbudować boisko piłkarskie. Najpierw napisałem projekt do Komisji Misyjnej Episkopatu Polski na budowę dwóch boisk sportowych i otrzymałem na ten cel dwa tysiące dolarów. Zabrałem się do pracy. Postanowiłem wynająć więźniów z Nakasongoli. Mam w tym względzie bardzo dobre doświadczenia jeszcze z Polski. Więźniowie bardzo chętnie przyjeżdżali do pracy, woleli to niż siedzenie w kuckach bezczynnie na palącym słońcu. A na dodatek dostawali jeszcze jedzenie. Ubrani byli na żółto, by każdy wiedział, że odbywają karę. Siadali w liczbie dwudziestu na skrzyni pikapa, razem ze strażnikiem, który miał kałasznikowa. Drugi strażnik siedział w środku samochodu też z bronią, i tak wiozłem ich trzydzieści kilometrów do pracy, a wieczorem z powrotem do więzienia. Przez miesiąc całe dnie pracowali nad równaniem terenu w Kakooge, a potem, podczas pory deszczowej, posadzili trawę. Trawę tutaj się sadzi, wykopując tam, gdzie jest jej dużo, i przesadza w miejscu, gdzie jest potrzebna. W czasie deszczu rozrasta się bardzo szybko.

Drugie boisko zrobiliśmy w Lwanjuki. Wynająłem duży spychacz, zapłaciłem zadatek i czekałem na jego przyjazd. Spychacz jednak utknął w korku, ponieważ był wypadek. Poradziłem kierowcy, aby przejechał przez bagna. Trochę się bał, ale się udało. Niestety, dotarłszy na miejsce, popracował tylko godzinę, bo robiło się ciemno. Na koniec pracy wjechał na duży kopiec termitów, gdyż miał niesprawny akumulator, i chciał zastartować z górki. Zostawił maszynę i obiecał, że wróci nazajutrz. Niestety, nie wracał przez kilka dni, więc znowu musiałem zainterweniować u właściciela maszyny. Kiedy w końcu przyjechał, okazało się, że dzieci z Lwanjuki wypuściły z kół spychacza powietrze.

Termitiera

Średnica koła wynosiła mniej więcej tyle, co mój wzrost, pompowaliśmy je więc pompkami zebranymi z całej wsi pół dnia. Po kilku godzinach pompki się rozgrzały, a powietrza było tylko trochę, ale na takim flaku spychacz pracował, rozbijając kilkumetrowe kopce termitów, a było ich około pięćdziesięciu. Ponieważ ta stara maszyna zużywała bardzo dużo oleju, postanowiłem za zgodą operatora wlewać do baku zużyty olej samochodowy. I maszyna nadal chodziła. To mnie zachęciło do innego eksperymentu. W magazynie miałem beczkę z ropą. Niestety, podczas mojej nieobecności ktoś podkradał mi paliwo, wlewając dla niepoznaki wodę. Mimo wszystko spróbowałem użyć tego płynu. Rozum mi chyba odebrało. Zniszczyliśmy filtr. Trzeba było wylać całe paliwo i kupić nowy filtr. Chciałem zaoszczędzić, a straciłem podwójnie, czas i pieniądze.

Chłopcy zajadają się termitami

© ARCH. AUTORA

© ARCH. AUTORA

Moje próby oszczędności zwykle tak się kończą. Tym razem na szczęście zostało parę groszy, za które udało nam się skończyć nie tylko budowę tego boiska. Zrobiliśmy jeszcze trzecie boisko sportowe w Katugo. Teraz dzieciaki będą miały gdzie trenować i przygotowywać się na zawody o puchar Kalungi Cup.

Zawody sportowe, czyli Kalungi Cup

Organizuję w wioskach zawody sportowe. Na największe z nich, z okazji Dnia Dziecka — Kalungi Cup — przybywa ponad tysiąc dzieci z siedmiu biednych, katolickich „buszowych szkół". Chłopcy grają w nogę, a dziewczynki w kosza. Przed finałami jest przerwa na obiad. Wszyscy zawodnicy otrzymują po talerzu *posho* z mąki kukurydzianej, z porcją *ebijjanjalo*, czyli fasolki. O piętnastej rozpoczynają się półfinały, a o godzinie siedemnastej finały. Drużyny dostają zwykle prawdziwe skórzane piłki, które fundują różni moi dobrodzieje. (Przygotowując się do zawodów, drużyny z buszu grają wcześniej piłkami zrobionymi własnoręcznie... z zeschłych liści bananowych lub śmieci). Dodatkowo zwycięzcy dostają puchar i słodycze. Największą nagrodę otrzymują organizatorzy — uśmiech dzieci. Ten uśmiech afrykańskich dzieci zawsze mnie rozbraja. Jest bardzo szczery. Na tle czarnej twarzy błyszczą białe, mocne zęby.

Pewnego razu, gdy już wpoiłem moim chłopcom odpowiednią taktykę, pojechałem z nimi na turniej piłkarski o puchar biskupa diecezji Kasana-Luweero. Zawody odbywały się w parafii Bombo-Namaliga. Boisko miało mnóstwo dziur zrobionych przez termity, a na środku rosło wielkie drzewo muvule. Byłem jednak w świetnym humorze. Jako grający trener i kapitan ustawiłem się na ataku. Już w pierwszej minucie miałem stuprocentową sytuację do zdobycia gola. Otrzymawszy podanie, popędziłem co tchu z piłką na bramkę. Nagle jednak runąłem jak ścięte drzewo. Podczas składania się do strzału moja noga wpadła w dołek i skręciłem ją w kolanie. Kibicująca młodzież z innych parafii wybuchnęła gromkim śmiechem, że muzungu zmarnował stuprocentową sytuację do zdobycia bramki. Gdy jednak nie podnosiłem się przez dłuższą chwi-

KALUNGI CUP

Tu mieszka fan MU

Buty trzeba oszczędzać

Kalungi Boys

Dzień Dziecka w Kakooge

lę, zbiegł się tłum i moi fani zaczęli mnie uzdrawiać. Ja skręca-
łem się bólu i z grymasem na twarzy dosłownie wyłem. Uzdra-
wiacze chcieli szybko doprowadzić mnie do pełnej sprawno-
ści, wykonując komediowe zabiegi, po których niestety nie było
mi do śmiechu. Ktoś polewał moje kolano wodą, a inny nacią-
gał bolącą nogę, trzeci masował mi brzuch. Takie spontaniczne
działania podczas wypadków są tu powszechne i dlatego wiele razy dochodzi do dramatów. Tłum działa bezmyślnie. Ludzie najpierw coś zrobią, a dopiero potem zaczynają myśleć.
W końcu zawieziono mnie do szpitala, gdzie okazało się, że
mam zerwane więzadła krzyżowe w kolanie i muszę być opero-
wany. Jednak żaden ze szpitali w Ugandzie nie miał odpowied-
niego sprzętu, dlatego musiałem lecieć do Polski.

Kto ma buty, ten wygrywa

W piłkę chłopcy grają tutaj boso. Jeśli zdarzy się, że ktoś jakimś
cudem ma buty, ten z reguły wygrywa. Jeden but wystarczy,
a właściwie nawet skarpetka. Niektórzy chłopcy grają w japon-
kach. Trudno pojąć, jak one trzymają się stopy w czasie dry-
blingów, ale Afrykańczycy sobie z tym nieźle radzą. Najczęściej zwycięża Szkoła Świętego Judy z Kakooge, bo tam wszyscy
mają buty. Kiedy przybyłem pierwszy raz do Kakooge, wówczas
jeszcze większość dzieci z tej szkoły nie miała butów. Dziecko
w butach to był rzadki widok. Dyrektor szkoły zaczął jednak
stopniowo wymagać, aby dzieci przychodziły do szkoły w butach. Ostatnio widziałem kilkuletniego chłopczyka w butach
kilka numerów za dużych, były to prawdopodobnie buty woj-
skowe jego taty. W kościele zaś klęczała dziewczynka, która miała ładne lakierki, ale podeszwy były tak dziurawe, że wystawały

z nich gołe stopy. Nierzadki jest tu także widok ludzi noszących dwa różne buty.

Miejscowi wolą chodzić boso, dlatego ich stopy są najczęściej bardzo twarde. Włożenie butów na takie stopy nie jest łatwe, a już chodzenie w nich, zwłaszcza na obcasach, to duży wyczyn. Widać to szczególnie na ślubach, gdy panny młode wkładają szpilki i poruszają się w nich jak na szczudłach.

Pewnego razu, gdy przyjechałem do Katugo wyremontować kaplicę, szukałem ludzi chętnych do malowania dachu. W końcu znalazłem dwóch malarzy. Gdy oni malowali dach, ja z drugą ekipą zabrałem się do murowania ołtarza. Po godzinie pracy wyszedłem na chwilę, by odetchnąć świeżym powietrzem, i zobaczyłem mnóstwo ludzi, stojących przy puszce ze srebrną farbą. Zamiast dachu malowali różne wzory na swoich sandałach zrobionych ze starych opon samochodowych.

Pewnego razu w całej wsi panowała od samego rana podejrzana cisza. Myśleliśmy, że jest jakieś święto państwowe i z tego powodu zamknięto szkołę. Ale wieczorem wrócił gwar i z nim dzieci, niosące podarunek od rządu — nowe czarne buty. Teraz już nie będzie można przyjść do szkoły bez butów.

Innym razem, podczas mszy dzieci pościągały swoje nowe buty i ułożyły je w stertę niedaleko ambonki, z której czytamy Pismo Święte. Jest tutaj taki zwyczaj, że do ważnych miejsc i do domu nie wchodzi się w butach. Niestety, powstała z tego parująca góra. Buty były mokre i obłocone, przesiąknięte potem do cna. Miały za sobą, a raczej w sobie, codzienne, wielokilometrowe wędrówki do szkoły. Gdy poszedłem, by czytać Ewangelię, wydobywający się z butów odór unosił się niczym z wulkanu. A do tego wilgotny tropik. Wnętrzności podeszły mi do gardła. Z trudem przeczytałem Dobrą Nowinę, ale już do kazania musiałem zmienić miejsce, ponieważ zapach wywoływał torsje.

To nie jest zdjęcie zapachowego wulkanu, o którym pisałem. To codzienność

Pamiątka dawnej świetności

Pewnego dnia zaintrygowały mnie buty Kakoozy, brązowe, stare, ale z miękkiej cielęcej skóry. Musiały być bardzo drogie. Skąd biedny człowiek ma takie buty? — pomyślałem. Podszedłem do niego i zapytałem:

— Kakooza, skąd masz takie ładne buty?

— Ojcze, pamiętają one jeszcze stare czasy, Miltona Obote-go. Byłem wtedy urzędnikiem i odpowiadałem za wodę w dys-trykcie Luweero. Miałem dobrą pracę. Co miesiąc była wypłata. Dzisiaj już jej nie mam. Pieniądze wydałem i zostały mi tylko te buty, które ubieram od wielkiego święta. Lubię sobie powspomi-nać... To były dobre czasy — powiedział, po czym zamyślił się.

— Opowiedz mi trochę o tych czasach — zaproponowa-łem.

Milczał dłuższy czas.

— Który to był rok? — spytałem więc.

— Sześćdziesiąty drugi... 1962 rok. Obote otrzymał wła-dzę premiera od Anglików, jednak chciał rządzić samodzielnie. Często nie zgadzał się z prezydentem, którym był król Edward Mutesa. W 1966 roku Obote aresztował kilku ministrów, a na dowódcę armii powołał Idiego Amina i wysłał wojsko do pa-łacu króla, by go aresztować. Król uciekł i schronił się w Ang-lii. Jednak i tam dosięgła go ręka Obotego i w 1969 roku został otruty. Od tej pory skończyła się polityczna rola króla Bagan-dy w Ugandzie. Obote chciał, by w Ugandzie wszystkie plemio-na były równe. Zamierzał stworzyć jedno państwo i jeden na-ród. Znacjonalizował majątek, który należał do kolonialistów, i wprowadzał rządy socjalistyczne. Nie udało mu się, wykoń-czył go ten zdrajca. Jego własny generał Idi Amin...

Kakooza umilkł, jakby zorientował się, że za dużo powie-dział.

— Za Amina już nie pracowałeś przy wodzie?

Kakooza zapatrzył się w swoje buty.

Nic już z niego nie wydobyłem. Jakby się bał, że nawet po śmierci nie można narażać się oszalałemu dyktatorowi.

ROZDZIAŁ VII

Ludzie, wśród których żyję

Miejscowy ksiądz Mpagi, który pięćdziesiąt lat temu jako młody kapłan zaczynał pracę duszpasterską na terenach obecnej misji, powiedział mi kiedyś:

— W Kakooge pięćdziesiąt lat temu chodziły lwy i słonie, a trzydzieści lat temu, podczas wojny domowej pomiędzy Obotem a Musewenim, na drogach było więcej trupów niż żywych ludzi. Żywi uciekali w nocy do buszu, bo dzikie zwierzęta wydawały się im mniej niebezpieczne niż żołnierze i partyzanci, którzy nawiedzali domostwa w poszukiwaniu jedzenia i kobiet. Do dziś ludzie to pamiętają i odczuwają skutki tego w postaci różnych traum.

Baganda i Baruli — wdzięczni niewdzięcznicy

Naszą parafię zamieszkują w większości ludzie z plemienia Baganda, o których mówi się, że są życzliwi, gościnni, radośni ze specyficznym poczuciem humoru. Niedawno słyszałem historyjkę o tym, jak jedna kobieta niosła trumnę na głowie. Policjant, widząc to niecodzienne zjawisko, podszedł do niej i zapytał:

— Gdzie idziesz z tą trumną?

— Zmieniam miejsce, bo tamto mi się nie podobało.

Humor towarzyszy im wszędzie i zapewne pozwala przetrwać trudne chwile.

Na przykład, kiedy mówię im, że nie mam pieniędzy, to mają z tego niezły ubaw, bo nie mogą sobie wyobrazić, że biały człowiek może być biedny, że też mu może brakować pieniędzy. Wartością ich kultury jest zobowiązanie tych, którym się powiodło w życiu, do świadczenia pomocy tzw. „rodzinie poszerzonej", głównie w finansowaniu edukacji. Również najbogatsi z rodziny mają obowiązek troszczyć się, by rodzice żyli w godnych warunkach na starość.

Najwięcej mieszkańców należy do klanu Baruli*. Klan ten chce się odłączyć od plemienia Baganda i być niezależny. Ma

---

* Lud Baruli formalnie należy do plemienia Baganda, ale niejednokrotnie próbował się od niego odłączyć i dlatego są nazywani przez inne klany

nawet ambicje stać się osobnym plemieniem. Ludzie z tego klanu różnią się od reszty klanów Baganda, posiadają wręcz skrajnie odmienne cechy. Ksiądz Mpagi ocenił, że są bardzo oporni w przyjmowaniu Ewangelii, nieufni, krnąbrni i prymitywni. Jednak, o dziwo, po jakimś czasie udało nam się zdobyć ich zaufanie. Ku naszemu zdziwieniu, co jakiś czas w darze przynosili nam kury.

Ponieważ na tych ziemiach mieszkają też inne plemiona, to w zetknięciu z nimi negatywne cechy Baruli zostały trochę zniwelowane. Niektóre nasze stacje misyjne są zamieszkane przez plemiona, które nie posługują się językiem luganda, np. w Kitandzie plemię Bakenya, w Ntutii Banyaruanda, a w Kamuninie większość katolików pochodzi z plemienia Langi. Ludzie ci nie znają języka luganda, a ja nie znam ich języka, więc nie bardzo udaje się nam porozumieć. Potrzebuję tłumacza. Podczas liturgii zmieniają słowa modlitw, ponieważ w większości ich nie rozumieją, znają je o tyle, o ile się ich nauczyli na pamięć.

---

mujjemera, czyli rebeliantami. Na tę postawę i charakter Baruli zapewne wpływ ma historia. Wiąże się ona ściśle z rywalizacją wielkich plemion Baganda i Bunyioro. Lud Baruli przebywał raz pod władzą jednych, a raz drugich. Z tego wynikła pewna niestabilność tożsamościowa. Zaczęli posługiwać się językiem, który jest mieszanką słów lugandy i lunyioro. W czasie kolonializmu Baruli należeli do Banyioro i zostali wcieleni siłą do Baganda, gdy to plemię przy pomocy Anglików pokonało Banyioro. Plemię Baganda rości sobie prawo do ziem, które zamieszkują obecnie Baruli, ale ci się buntują. Prezydent Museweni wykorzystuje tę sytuację umiejętnie w rozgrywkach politycznych z królem Bagandy i ostatnio podesłał im samodzielnego lidera, Ssabasajja Mwatyansozi Mwogezi Butamanya, który mieni się królem Baruli. Wspierani przez prezydenta pokazali niechęć do króla Bagandy, nie wpuszczając go w 2009 roku do Nakasongoli.

Pośród naszych parafian panuje zwyczaj, że akceptuje się przede wszystkim osobę ze swojego plemienia. Europejczyków miejscowi postrzegają jako muzungu i spadkobierców kolonizatorów. W szkołach uczą się, że w przeszłości biali wykorzystywali czarnego człowieka. Mieliśmy tylko kilka przypadków dzieci z adopcji, które przyszły i podziękowały za okazaną im pomoc. Miejscowi uważają, że pomoc od białych im się należy.

Wdzięczność jest tu czymś niesłychanie rzadkim. Ci, którzy liczyli na nią od ludzi z naszej parafii, srodze się zawiedli. Tak było w przypadku Ewy, która zrobiła kilka projektów dla naszej misji. Zbudowała kaplice i chciała, by rozwijał się tam kult Miłosierdzia Bożego. W związku z tym przywiozła obraz i materiały, obrazki z Koronką i *Dzienniczki* św. siostry Faustyny.

Po paru latach przyjechała ponownie z nowymi materiałami o Miłosierdziu Bożym. Poprosiła, aby powiadomiono katechistę o jej przyjeździe. Ludzie, do których się zwróciła o pomoc, z pewnością ją pamiętali z poprzedniej wizyty, gdy świętowali otwarcie kaplicy, jednakże tym razem przywitali ją chłodno.

— Powiadomimy go, jeśli zapłacisz nam za transport — powiedziała kobieta mieszkająca w pobliżu kaplicy.

Wymieniła wysoką sumę, która wprawiła fundatorkę w zdumienie, ale ją zaakceptowała. Po paru minutach zmieniono kwotę transportu na jeszcze wyższą. Zaczęto wymyślać nowe problemy z dotarciem do domu katechisty. Ewa wróciła zasmucona. W pamięci miała chwile, gdy razem z proboszczem gościła w Mitanzi na poświęceniu kaplicy. Wtedy parafianie pięknie ją przyjęli i przynieśli jej dary: koziołka, kury i mnóstwo innych rzeczy, i bardzo jej dziękowali.

Minęło kilka lat i gdy przybyła tu sama, sytuacja okazała się zupełnie inna. Ludzie wydawali się już nie pamiętać, ile dla nich zrobiła. A co gorsza, jakby na zimno kalkulowali, co można by jeszcze od niej wyciagnąć. Ewę to bardzo zabolało.

Kiedyś zapytała mnie:

— Czy to, że ludzie przynieśli mi kozę i kury na uroczystość poświęcenia kaplicy, to była ich inicjatywa, czy ty jako proboszcz musiałeś ich do tego skłonić?

— Prawdopodobnie mówiłem im wcześniej, aby wyrazili ci swoją wdzięczność, ale nie sugerowałem, jak mają to zrobić — odpowiedziałem.

Po dwóch dniach wróciła do Mitanzi, tym razem udała się do szkoły podstawowej i tam poprosiła nauczycieli o pomoc w sprowadzeniu katechisty Musooke. Gdy przybył na miejsce, nie wykazał entuzjazmu, ponieważ materiały były po angielsku, a on prawie nie znał tego języka. W związku z tym ustalono, że materiały przejmie nauczycielka, która wraz z katechistą będzie mówiła ludziom o Miłosierdziu Bożym. A że nauczycielka była anglikanką, o czym nie wiedzieliśmy, materiały trafiły do protestantów. Co w tej sytuacji też ucieszyło Ewę. Niestety, nie wiem, jaki był ich dalszy los.

Praca z naszymi parafianami nie jest łatwa. Nie czują się odpowiedzialni za pracę, którą im powierzam. Jeżeli jestem nieobecny, to często nie wykonują dobrze swoich obowiązków. Najpierw pytają, ile otrzymają pieniędzy za pracę? Praca jest tylko jakimś dodatkiem do wynagrodzenia. Nie interesuje ich jakość wykonanego zadania. Praca jest dla nich ciężarem, który starają się zrzucić na innych. Bardzo się cieszą, gdy ktoś za nich ją wykona. Jeżeli ktoś coś zepsuł, to się do tego nie przyznaje. Mówi, że to się samo zepsuło. Nie przyznają się też, że czegoś nie potrafią zrobić. Kiedyś jeździłem odwiedzać chorych. Towarzyszył mi kandydat do naszego zakonu. W pewnej chwili wychodzę z domu chorego i widzę, że samochód jedzie prosto w przepaść. Na szczęście zatrzymał się na murku, który stał akurat przy drodze. Zdenerwowany pytam chłopca:

— Co ty robisz?

A on na to:

— Chciałem sprawdzić, czy umiem prowadzić samochód. Taka nieodpowiedzialność nieraz kończy się tragedią.

Sto razy każdego dnia muszę powtarzać: *Use the brain* („Używaj rozumu"). To zdanie przeszło już do klasyki. Jeśli go nie wypowiem, to pracownicy wszystko zrobią wbrew logice. A później szukają jakichś głupich tłumaczeń. Mówię: kładź ziemię z wykopu na prawą stronę, bo gdy będzie dziura, to będzie ci trudniej przejechać taczką. Zrobił odwrotnie i tłumaczył mi, że jak powstanie mur, to ziemię wtedy gdzieś wykorzystamy.

W szkole zacząłem z czasem wymagać punktualności. Na przykład drugi semestr powinien zacząć się siódmego czerwca, a przybył w ten dzień tylko jeden student i dwóch nauczycieli. Tak przez cały tydzień się zjeżdżali, dopiero 14 czerwca do szkoły przybyło siedemdziesięciu uczniów i komplet nauczycieli. Gdy obciąłem im wypłatę za nieobecność w pracy, oburzyli się na mnie. A nawet jeden z pracowników zarzucił mi, że dezorganizuję ich życie.

— Ojcze, tak nie może być, tu jest Afryka i my mamy swój rytm życia. Ojciec przekonał braci, którzy są odpowiedzialni za prowadzenie szkoły, i teraz wymagają od nas rygoru, a to jest złe dla nas.

Ojciec Marek, który pracował kilka lat w Londynie, mówi, że Afrykańczycy najlepiej nadają się do prac, gdzie można siedzieć i nic nie robić, np. w muzeach, gdzie pilnują eksponatów.

Nieraz jestem załamany, ale ratuje mnie świadomość, że Pan Bóg każdym z nas musiałby być tak samo rozczarowany, ale do każdego przykłada inną miarę. No więc staram się Go naśladować, choć czasem mi to kompletnie nie wychodzi.

Kakooge — pogodzeni z losem

Kakooge leży w odległości 100 kilometrów od Kampali. Wygląda na wioskę, jednak biegnie przez nią główna droga do południowego Sudanu. Zapewne to zadecydowało, że nadano mu prawa miasta i nawet ma burmistrza. Kiedy przybyłem do Kakooge, droga, pomimo że międzynarodowa, była w opłakanym stanie. Ruch na niej niemal nie istniał. Kilka razy w ciągu dnia przemknął autobus — i to taki, który wyglądał, jakby miał co najmniej sto lat. Czasem jechały samochody ONZ do obozów uchodźców, znajdujących się koło Gulu i Adjumani. Po dziesięciu latach od mojego przybycia sytuacja znacznie się zmieniła. Wyremontowano drogę i teraz mkną po niej liczne pojazdy na północ Ugandy, a szczególnie do Sudanu Południowego.

Miasteczko żyje tym samym tempem od wieków. Ludzie uprawiają rolę, wypalają węgiel drzewny albo wypasają krowy dla bogatych właścicieli z Kampali. Każdego ranka, ubrani tak samo, idą z motykami kopać ziemię. W porze suchej wydaje się, że życie zamiera wraz z przychodzącym upałem, że czas stoi w miejscu. Ale jest coś, co wybudza mieszkańców z tego letargu i prowokuje do ruchu. Chęć przetrwania. Aby przeżyć kolejny dzień, muszą przynieść wodę, chrust, i to najczęściej z daleka.

Przy szosie jest posterunek policji. Łatwo go zidentyfikować, ponieważ wokół jest cmentarzysko samochodów — ofiar wypadków. Policjanci na akcje mają tylko jeden motor. Za to kałasznikowów im nie brakuje. Czasem w nocy słychać strzały. Jak mówią, ostrzegawcze, dla grup złodziei. Jednak zdarzają się też ofiary.

W Kakooge przy drodze znajduje się kilka sklepów, dyskoteka, budka rzeźnika, w której jest telefon, i w razie pilnej potrzeby można stamtąd zadzwonić. Jest też — o dziwo — szewc. Kiedyś zaniosłem do niego swoje buty. Przykleił do nich jako nowe podeszwy kawałek opony samochodu ciężarowego. W efekcie ważyły dwa kilo. Zdziwił się bardzo, gdy stwierdziłem, że będzie mi w nich ciężko chodzić, i odpowiedział:

— No, ale teraz będzie miał fadze buty nie do zdarcia.

W Kakooge jest kościół katolicki, anglikański, meczet i kilka kościołów zielonoświątkowych. Niewielu ludzi przychodzi do nich w dni świąteczne na modlitwy. Jednak ci, którzy przychodzą, ubrani są w czyste i bardzo starannie wyprasowane stroje. Pożyczają sobie od sąsiadów żelazko, do którego wkładają rozgrzany węgiel drzewny, i prasują ubrania przed każdym ważnym wyjściem. Zdumiewa mnie to bardzo, ponieważ w domach prawie nic nie mają. Odwiedzałem wiele razy ich chatki. Jak to robią, że ich koszule są tak nieskazitelnie białe, tego jeszcze nie wiem. Ja natomiast, idąc drogą pełną czerwonego pyłu, po kilku minutach mam rude włosy. Ponieważ musiałem je myć co chwilę, a nie ma wystarczająco dużo wody na takie zabiegi, postanowiłem się kiedyś obciąć na łyso.

Moja pierwsza wizyta u fryzjera w Kakooge wyglądała tak, że wszedłem do małego pomieszczenia, które przypominało nasz kurnik, ale było w nim małe lusterko i maszynka do strzyżenia włosów. Co prawda nie było tam prądu, ale za to był generator prądotwórczy.

Przywitałem się z fryzjerem pozdrowieniem, którego dopiero co się nauczyłem:

— *Osibi nyo Ssebo, hmmm.* („Witam cię serdecznie").

To „hmmm" jest bardzo ważne. W zależności od tego, jakim tonem jest wypowiedziane i jaki towarzyszy temu gest głowy, może znaczyć „tak" albo „nie".

— *Ye, osibi nnyo Ssebo, hmm* — odpowiedział mi młody chłopiec i wskazał krzesło, na którym usiadłem.

— *Njagala ssaala enviri* — te słowa przeczytałem z karteczki, którą wcześniej przygotowałem sobie, bo chciałem mu zaimponować, że już mówię w języku luganda. Znaczyło to, że przyszedłem obciąć włosy. Ale on wyglądał na zażenowanego i nie zabierał się do roboty, zajmując się swoimi sprawami. Pomyślałem, że zapewne coś źle przeczytałem i postanowiłem mu wyjaśnić jeszcze raz po angielsku, aby wziął nożyczki i skrócił mi włosy. Zmieszany odpowiedział, łamaną angielszczyzną, że nie ma nożyczek i nigdy nożyczkami nie obcinał nikomu włosów. Wyjaśnił mi, że mężczyznom obcina włosy maszynką, a kobiety najczęściej doczepiają włosy, a nie obcinają. Tylko dziewczynkom w szkole obcina się włosy na łyso, ze względu na insekty w internacie, ale to też robi się maszynką. Tutaj ludzie mają krótkie, grube i kręcone włosy jak spirala. Takich włosów, jakie ja mam, to on nie umie obciąć, chyba że chcę maszynką na „zero". No cóż, zgodziłem się. Wyglądałem nie najlepiej, ale w nowej fryzurze przynajmniej nie było mi już tak gorąco i łatwiej było umyć głowę.

Tutaj wszystko toczy się zgodnie z przeznaczeniem, los człowieka jest zależny od sił nadprzyrodzonych, które kierują przyrodą i losami ludzi. Ludzie nastawieni są na konkretne sprawy — przeżycie kolejnego dnia i przekazanie życia. Wielokrotnie, nie rozumiejąc ich odmiennych wartości, denerwowałem się, że proszą mnie o pieniądze albo że płodzą tyle dzieci, którym nie są w stanie zapewnić wyżywienia i wykształcenia. A oni po prostu chcieli przetrwać kolejny dzień i dać życie. Przetrwać w swoich potomkach.

Miejscowi mają dystans do życia na ziemi, może dzięki temu łatwiej jest im przetrwać. Wydaje mi się, że jest im wszystko jedno. Nie potrzebują zmian. Przyzwyczaili się już do swojego „dziadostwa". Uważają je za stan naturalny. Nie wierzą, że może być inaczej. Życie oznacza dla nich drogę, na której spotykają śmierć, jest ona naturalną rzeczą, obecną obok nich na co dzień. Przeżywanie rytuałów jednoczy ludzi, pokazuje wartość przebywania we wspólnocie i wspierania się nawzajem w obliczu zagrożenia. Stąd też bierze się zwyczaj, że po czyjejś śmierci wszyscy sąsiedzi zbierają się przy domu zmarłego i całą noc czuwają. To znaczy piją piwo i rozmawiają. Ważne, że są obecni i nie pozostawiają rodziny zmarłej osoby samej sobie.

Kino za kratami

W centrum Kakooge znajduję się duża buda, zbita ze ścinek drzewa. Gdy w 2007 roku chodziłem po kolędzie, poprosiłem właściciela, aby pozwolił mi wejść do środka i zobaczyć, co tam się dzieje. Zgodził się i nawet nie przyjął wejściówki, która wynosi 500 szylingów, to jest jakieś 50 groszy polskich. W środku panował półmrok. Kilka osób siedziało na pniakach i oglądało na małym telewizorku film sztuki walki kung--fu. Nikt nie zwrócił na mnie uwagi. Film wciągnął całkowicie widzów. Wnętrze wypełniały krzyki aktorów i tłumacza. Lektor podkładał głos luganda. Nie tłumaczył tekstów w języku chińskim, ale po prostu opowiadał widzom, co się dzieje na ekranie i co się dalej będzie działo. Prawdopodobnie oglądał ten film już wcześniej. Na chwilę spojrzałem na ekran. Trwała walka zapewne pozytywnego bohatera z bandą zbójów. Telewizor był przykręcony do desek i chroniony przez metalowe kraty, by po seansie ktoś go nie zabrał ze sobą do domu. Kino nie było podłączone do miejskiej linii napięcia, ale miało własny generator.

Inną rozrywką, jaką mogą się cieszyć mieszkańcy Kakooge i pobliskich wiosek, jest teatr. Na środku wioski znajduje się duże podium zbite z desek. Raz w miesiącu przybywają tu artyści z Kampali i dają przedstawienia. Aby wejść na teren ogrodzony długim białym bandażem, wynoszącym jakieś 50 metrów, trzeba zapłacić 5000 szylingów, czyli 5 złotych polskich. Aktorzy z Kampali najczęściej przedstawiają sztuki składające się ze scenek nawiązujących do codziennego życia. Prawie zawsze wcielają się w role zgarbionych staruszków, wypowiadających jakieś przysłowia, w których zawarta jest mądrość plemienna. Chcą przekazać młodzieży tradycyjne wartości. Czasem robią to na poważnie, a czasem w formie żartobliwej. Widzowie najbardziej lubią komedie, bo lubią się pośmiać, by zapomnieć o codziennych problemach. Czasem przechodząc przez Kakooge, widzę na plakatach zapowiedzi wystawianych sztuk. Tym razem na plakacie jakaś grupa przebierańców trzyma w rękach obcięte głowy. Zapowiada on groźny horror — to przyciąga, bo widzowie lubią się też bać. Taki plakat gwarantuje, że widownia będzie pełna.

Kolejną rozrywką, szczególnie dla młodzieży, są dyskoteki. Ponieważ w świeckim życiu bywałem częstym ich bywalcem, chciałem zobaczyć, jak się bawi młodzież w Ugandzie. Pewnego wieczoru wybrałem się ze znajomym na dyskotekę do Nakasongoli. Powiedziałem bramkarzowi, że chcemy wejść na chwilę, tylko popatrzeć. Wpuścił nas. Przy barze zamówiliśmy po butelce piwa i siedliśmy przy ścianie namiotu. Puszczano głównie przeboje ugandyjskie. Na klepisku tańczyło kilkadziesiąt dziewcząt i kilku młodzieńców. Parę dziewcząt za partnerów miało butelkę piwa, którą czule obejmowały i powoli sączyły złocisty płyn. Jedna butelka musi najczęściej starczyć młodym na całą noc.

Ludzie starsi piją piwo, ale lokalne, zrobione przez siebie z bananów. Takie pijalnie znajdują się pod drzewami lub w szopach pokrytych trawą, żeby chroniły od słońca i od deszczu. W czasie degustacji snują różne historie, ubarwiane w zależności od ilości wypitego alkoholu.

Pewnej niedzieli, po odprawieniu mszy, wybrałem się na obiad na zaproszenie ssabakristu — przewodniczącego rady parafialnej. Po drodze mijałem grupę mężczyzn siedzących pod drzewem na starych pniakach i pijących malua, lokalny alkohol robiony z czerwonego prosa, przez długie słomki. Mężczyźni, już wyraźnie podpici, wołali w moją stronę:

— Fadze, chodź, napij się z nami alkoholu.

Podszedłem do nich chwiejnym krokiem, a przed nimi specjalnie się przewróciłem, co wywołało salwy śmiechu. Pozdrowiłem ich słowami:

— *Mwasuze mutyia basebo?* („Jak się macie?")

— Dobrze, a ty?

— Okej. Co pijecie?

— Malua.

Podali mi jedną ze słomek, zachęcając, bym się z nimi napił. Ryzyko spore, można się nabawić jakiejś choroby. Cóż, czasem trzeba zaryzykować, bo tak zdobywa się zaufanie u miejscowych. Wziąłem zatem słomkę i zanurzyłem ją w garnku z alkoholem. Smak mdły, ledwie można było wyczuć, że jest to alkohol.

Rozpoczęliśmy rozmowę.

— Macie wystarczająco wody? — spytałem.

— Tak, ojcze, teraz codziennie pada — odpowiedział najbliżej mnie siedzący, dobrze ubrany mężczyzna, którego pamiętam, bo często przy drodze sprzedaje warzywa.

— Dzisiaj jest niedziela, co będziecie jedli? — zadałem kolejne pytanie.

— Za chwilę zrobimy składkę i przyniosą nam pork.

W tej samej chwili poczułem dochodzący zza chaty zapach pieczonej świniny. Tematy o jedzeniu przewijają się prawie zawsze podczas wspólnych posiedzeń i pracy. Zachęcony ich otwartością, zadałem kolejne pytanie:

— A modlicie się w niedzielę?

— Jesteśmy za bardzo zmęczeni codzienną pracą — odparł umorusany wypalacz węgla drzewnego.

— A ja byłem dzisiaj rano w kościele na nabożeństwie w kościele protestanckim — pochwalił się siedzący naprzeciwko mnie mężczyzna.

Zachęciłem ich, aby pamiętali o Bogu, pociągnąłem ostatni łyk lokalnego napoju i podziękowałem za zaproszenie do ich grona.

— Muszę już iść. Jestem zaproszony przez ssabakristu na obiad. Życzę wam smacznej świnki...

Idąc dalej przez wioskę, rozmyślałem o tym, że dla większości tych ludzi to jedyna rozrywka, sposób na spędzanie wolnego czasu. Przy malua rozwiązuje się też wiele problemów w wiosce. Ludzie długo siedzą razem, bo co chwilę do garnka z zacierem dolewana jest nowa porcja gorącej wody, która co prawda rozrzedza procenty, ale pozwala przy takim garnku siedzieć cały dzień do późna w nocy. Czasem przy takim wspólnym piciu alkoholu dochodzi do osobistych porachunków.

Pamiętam, jak kiedyś przy takim właśnie sączeniu alkoholu doszło do kłótni pomiędzy ojcem i synem, który jest katechistą w Mitanzi. Atmosfera zrobiła się bardzo nerwowa i skończyło się bójką. W konsekwencji ojciec przestał chodzić na nabożeństwa, które prowadzi jego syn, i zerwali ze sobą wszelkie kontakty. Próbowałem być sędzią w ich sporze. Zorganizowałem spotkanie i wysłuchałem obu stron. Ojciec oskarżał, że katechista jest winien śmierci swojego brata. Emocje były zbyt duże i niestety nie udało mi się im pomóc.

Nieraz skutki takiego wspólnego picia bywają jeszcze tragiczniejsze. Słyszałem, że podczas jednego z posiedzeń przy malua w Kitanda ktoś dyskretnie dodał do napoju swojemu sąsiadowi porcję trucizny, zrobionej z wątroby krokodyla. Zbrodnię tę musiał zaplanować wcześniej, ponieważ truciznę trzymał pod paznokciem. Sprawa została wykryta, gdyż przybyły na miejsce zdarzenia policjant pochodził z plemienia, w którym w ten sposób rozwiązywano wiele problemów pomiędzy nieprzyjaciółmi.

Ci, którym wolno więcej

W Ugandzie pracuje ponad dziesięć tysięcy katechistów. Katechista to nie to samo co nasz katecheta. W Afryce pomaga kapłanowi w przygotowaniu ludzi do przyjęcia sakramentów i prowadzi liturgię pod nieobecność kapłana. Na podstawie Listu do Tymoteusza, gdzie święty Paweł pisze, jaki powinien być biskup, ksiądz Awoli, zajmujący się szkoleniem katechistów w Ugandzie, opracował cechy dobrego katechisty. Katechista powinien dobrze prowadzić dom, nie upijać się, być zadbany, schludny, otwarty na kontakty z innymi ludźmi, odznaczać się prostotą, być gorliwy w modlitwie i posłudze Bogu oraz ludziom. Powinien troszczyć się o powierzonych mu ludzi i być dobrym organizatorem, ponieważ jest on odpowiedzialny za organizowanie życia w stacji misyjnej. I nie powinien być chciwy.

Kiedyś przyłapałem katechistę na podbieraniu pieniędzy z tacy. Po mszy wziąłem go na bok i powiedziałem:

— Widziałem, jak zabrałeś z tacy dwa pięciotysięczne* banknoty i wsadziłeś je do kieszeni.

— Nie, ojcze, tak nie było — odparł.

— Proszę, przyznaj się, to wtedy zostanie to między nami.

Ale on uparcie trwał przy swoim, że jest niewinny. Wtedy powiedziałem mu, że będę musiał o tej sprawie poinformować radę parafialną. Za kilka dni zebraliśmy się w biurze w gronie sześciu osób. Wielkie było moje zdziwienie, gdy wszyscy stanęli w jego obronie. W imieniu rady zabrał głos jej przewodniczący:

— To jest stary człowiek i ma dobrą opinię, według nas nie mógł tego zrobić.

— Ale ja to widziałem na własne oczy — stwierdziłem stanowczo.

Nikogo nie przekonałem. Mnie chodziło o sam fakt kradzieży, a im o obronę starszej osoby i dobrej opinii o nim. Dla mnie ważne było, że złamał przykazanie „Nie kradnij" i kłamał mi w żywe oczy. Dla nich ważniejszy był szacunek do starszej osoby. Poza tym były jeszcze inne podteksty. Bronili swojego człowieka, który został przyłapany i oskarżony przez

---

* 1 dolar USA = około 3000 szylingów ugandyjskich.

człowieka z zewnątrz. Myślę, że nawet sympatyzowali z nim, a może podziwiali, że miał odwagę i spryt przechytrzyć muzungu. Gdyby okradł kogoś z nich, szczególnie biedną osobę, i zostałby przyłapany na gorącym uczynku, to mógłby nawet być spalony żywcem... w oponach.

Żona dla katechisty

Istnieje wymaganie lokalnego Kościoła, aby katechista, który żyje z kobietą, wziął z nią ślub kościelny. Jednak to wymaganie w większości przypadków istnieje wyłącznie w teorii i jest pobożnym życzeniem. Często role katechistów pełnią ludzie żyjący w związkach niesakramentalnych. Nie ma innych chętnych. W mojej parafii Kakooge na dwudziestu katechistów połowa nie ma ślubu kościelnego.

Pewnego dnia tuż przed zmrokiem przyszedł do naszej kancelarii parafialnej katechista z Mwangi. Bardzo barwna postać. Przez kilka lat nie otrzymywał od rządu pensji za pracę nauczyciela w szkole podstawowej, ale zawsze optymistycznie nastawiony, przychodził pożyczać pieniądze, obiecując, że jeśli otrzyma zaległą pensję, to zwróci wszystko. Pożyczał też w banku, ale gdy przychodził termin zwrotu, bank wysyłał policjantów po niego, a wtedy katechista uciekał jak szalony — przez okno do buszu. I tak w kółko, oni przychodzili, on uciekał, oni odchodzili, a on wracał do domu. Zabawa w kotka i myszkę. Mieszkał w bardzo biednych warunkach, w małym pomieszczeniu przy szkole z młodą kobietą, która urodziła mu dwójkę dzieci, ale oboje zmarło. Wtedy kobieta postanowiła opuścić go i wrócić do swoich rodziców. Z poprzedniego małżeństwa, zawartego w tradycyjny sposób, miał siedmioro dzieci.

Obecnie przyszedł do mnie z kandydatką na żonę i prosił, abym udzielił im ślubu w kościele. Popatrzyłem na kobietę, była zadbana, w wieku około pięćdziesięciu lat i znała trochę angielski.

Zapytałem:

— Czy jesteś katoliczką?

— Nie, nie jestem — odpowiedziała.

— Czy jesteś ochrzczona?

— Nie.

— Czy znasz zasady, na jakich możesz zawrzeć sakrament małżeństwa w kościele katolickim?

— Nie, ale chcę być katoliczką.

— Ponieważ nie masz wiedzy o naszej religii, muszę cię przygotować. W każdy wtorek proszę, abyś przychodziła do Kakooge na godzinną katechezę, a w tygodniu niech ciebie przygotowuje twój kandydat na męża.

— Ojcze, ale ja chcę ślub za dwa tygodnie — wtrącił się katechista.

— To niemożliwe — odpowiedziałem.

Katechista zaczął błagać:

— Rozpocząłem już przygotowania do świętowania: kupiłem krowę i ogłosiłem ludziom w wiosce informację o swoim ślubie.

Byłem jednak nieugięty.

— Ja się na to nie zgadzam, ta kobieta nie spełnia jeszcze warunków. Musi być najpierw pouczona i ochrzczona.

Pożegnałem ich i poszedłem do domu. Przez jakąś chwilę stali jeszcze przed bramą.

Następnego dnia po południu znowu przyszli. Kobieta wydawała mi się trochę inna od tej, z którą rozmawiałem wczoraj. Przywitaliśmy się, po czym katechista oznajmił:

— Ojcze, ja już nie chcę być sam. Chcę być w te święta z kobietą. Przyprowadziłem nową kandydatkę na żonę, która jest ochrzczona, posiada wszystkie potrzebne dokumenty i spełnia wszystkie inne warunki.

Porozmawiałem z kobietą. Rzeczywiście w sprawach wiary miała wiedzę. Przyniosła też odpowiednie dokumenty i nie było formalnych przeszkód, by mogli zawrzeć małżeństwo. Wypełniłem protokół i za dwa tygodnie pobłogosławiłem ich związek. Rozmyślałem o tym. Facet czuł się samotny, w tym go rozumiałem doskonale. Ale to nie był wybór ani serca, ani rozumu. Dopasował żonę do kupionej już krowy i do „konieczności", że w święta będzie impreza. O przyszłości nie myślał. Ich związek trwał rok, po czym żona odeszła od niego. Nie mogłem postąpić inaczej, zachowałem prawo kościelne. Nie jestem jednak pewien, czy pierwsza kandydatka nie byłaby szczęśliwszym wyborem.

Takich, a nie innych katechistów mamy, na nich mamy się wspierać. Taki jest przekrój społeczeństwa ugandyjskiego. Na bezrybiu i rak ryba. Czy to przysłowie może obowiązywać w dziedzinie wiary? Nie wiem, ale funkcjonuje.

Mamy też jednak wśród parafian kilka prawdziwych „pereł".

Zalombi, zwyczajny święty

Wiem, że jako kapłan powinienem kochać wszystkich moich parafian równo i nie przejmować się ich brakiem wdzięczności czy ułomnościami. Pan Bóg przecież jest często bardziej rozczarowany człowiekiem. Niestety, moja odporność i wyrozumiałość jest niekiedy na krawędzi wytrzymałości. Myślę wtedy o miejscowych świętych. Ludziach, którzy mają w sobie tak naturalną dawkę dobroci, że mnie zawstydzają. Taki Zalombi. Chociaż nie znał języka angielskiego, to parafianie wybrali go na przewodniczącego rady parafialnej — ssabakristu. Był niekwestionowanym autorytetem moralnym, pracowity, bardzo pobożny, a przy tym życzliwy dla każdego człowieka. Na złotym jubileuszu swojego małżeństwa opowiedział o miłości do żony. Przeżył z nią całe życie i nigdy jej nie zdradził. Kiedy przyszedł do jej rodziny oświadczyć się, rodzice odrzucili jego prośbę, ponieważ był biedny. Jednak nie zrezygnował. Pracując, dorabiał się powoli, a jego miłość nie wygasała. Po jakimś czasie rodzice kandydatki na żonę zobaczyli, że jest to wartościowy człowiek, dobry i pracowity. Oddali mu więc córkę za żonę. Mieli razem ósemkę dzieci, mnóstwo wnuków i prawnuków. Wszystkich Zalombi wykształcił w dobrych zawodach. Jego rodzina była prawdziwym przykładem dla innych, jak można pięknie żyć.

Byłem też świadkiem jego choroby i umierania. Zachorował na raka. Słabł i nie zawsze mógł dojechać do pracy. Czasem się spóźniał, czego nigdy wcześniej nie robił, kiedy był zdrowy. Próbował się usprawiedliwiać, a mnie było przykro patrzeć, jak choroba go upokarza. Gniła mu twarz. Jednak to ciężkie cierpienie znosił godnie i z wielką wiarą. Umarł, odmawiając różaniec w obecności rodziny i sąsiadów.

Nakato

Kiedyś pomogliśmy wybudować domek dla naszej biednej katechistki Nakato z Bamusuty. Jej mąż zginął podczas wojny domowej. Sama wychowała troje dzieci. Kiedy jej córka zmarła na AIDS, Nakato musiała zaopiekować się również jej dziećmi.

Jest to dobra i wykształcona kobieta. Niesie pomoc ludziom, prowadząc między innymi lekcje angielskiego dla miejscowych kobiet. Niedawno zachorowała na malarię mózgową. Ludzie przyszli do mnie i poprosili, abym zawiózł ją do szpitala, ponieważ biegała nago po wiosce. Na czas jazdy musieliśmy ją związać. Siedziała z tyłu pomiędzy dwoma katechistami. Ja prowadziłem samochód, a obok mnie siedział ojciec Marcin, z którym prowadziła konwersacje.

— Ojcze, śpiewajmy — mówiła do niego.

I ojciec Marcin posłusznie śpiewał z nią różne religijne pieśni.

Ja w tym czasie mogłem skoncentrować się na prowadzeniu samochodu. W końcu bezpiecznie dowieźliśmy ją do szpitala. W izbie przyjęć zapłaciliśmy za jej leczenie i przekazaliśmy ją w ręce zaprzyjaźnionych sióstr. W szpitalu przebywała ponad miesiąc, ponieważ była to bardzo ciężka malaria. Jednak lekarzom udało się dobrać odpowiednie leki i organizm Nakato zwalczył chorobę.

Po wyjściu ze szpitala przyszła podziękować, że zająłem się nią w chorobie. Prosiła też o radę. Była załamana psychicznie.

— Ojcze, straciłam autorytet w wiosce, teraz dzieci krzyczą za mną „wariatka".

— Nakato, to była choroba — tłumaczyłem jej. — Potrzebujesz więcej czasu i cierpliwości. Mądrzy ludzie to zrozumieją, a głupimi się nie przejmuj.

W niedzielę wyjaśniłem jej historię ludziom w kościele. Kilka osób zobowiązało się odwiedzać Nakato w jej domu i podtrzymywać ją na duchu. Rzeczywiście, odniosło to zamierzony skutek. Gdy po kilku tygodniach spotkałem się z nią, była w dużo lepszym nastroju.

— Ojcze, dziękuję ci za pomoc, teraz powoli wracam do zdrowia i do swoich obowiązków. Takie wydarzenia dają wiarę, że można jednak, choćby częściowo, przełamać miejscowe zachowania, które kłócą się z Ewangelią.

Mukulu, czyli lekcja pokory

W Kakooge ogromna większość ludzi nie ma prądu. Nie ma tu też żadnego przemysłu. Miejscowa ludność zajmuje się głównie uprawą małych poletek koło domu za pomocą motyk, wypasem bydła dla bogatych właścicieli z Kampali, handlem oraz wycinaniem buszu dla węgla drzewnego. Część ludzi pracuje ciężko i ledwo wiąże koniec z końcem. Jest jednak też grupa ludzi, która „brzydzi" się prostymi pracami.

Opowiadał mi jeden lekarz, który obecnie prowadzi farmę krów na terenie naszej parafii, że w latach pięćdziesiątych pewnego dnia szkołę średnią, w której się uczył, odwiedził angielski urzędnik kolonialny. Wizytując toalety, wziął szmatę, wodę i zaczął je myć. Uczniowie, którym wydawało się, że osiągnęli już taki status w życiu, że ktoś inny powinien wykonywać za nich takie fizyczne prace, nie mogli pojąć zachowania urzędnika kolonialnego. Wedle ich mentalności, jeśli ktoś coś osiągnął, nie powinien wykonywać prostych czynności, przynależnych służbie. Jednak to wydarzenie dało przyszłemu lekarzowi impuls do zmiany myślenia. Po skończeniu uniwersytetu w Kampali przez dziesięć lat pracował w Anglii. Potem wrócił do Kampali i założył tam klinikę. Teraz jest na emeryturze i prowadzi dużą farmę krów, około dwustu sztuk. Sam jeździ ciężarówką i maszynami rolniczymi, czemu nadal dziwią się miejscowi.

Dlaczego mukulu, czyli człowiek, który osiągnął w życiu tak wiele, wykonuje takie proste prace, które przynależą niewykształconym lub biednym. To dla nich rzecz niepojęta. Jest więc kolejnym człowiekiem, którego zachowania są niezrozumiałe dla Ugandyjczyków. Ale z pewnością jego przykład kogoś natchnie, odmieni. Oby nie jednego.

Magezi. Synkretyzm oswojony

Na początku istnienia misji wycinałem busz i równałem ziemię, aby zrobić ogród i posadzić trawę. Dużo fizycznej pracy wykonywałem osobiście. Rozbijałem też twarde kopce termitów. Demontowanie jednego kopca zajmowało mi kilka dni. Pewnego razu około godziny dziesiątej przyszedł nasz sąsiad Magezi. Poprosił, abym go zatrudnił.

Przed laty musiał przerwać studium medyczne, ponieważ nie miał pieniędzy na kontynuowanie nauki. Ciągle ma nadzieję, że w przyszłości je skończy, chociaż latka lecą, a ma ich już trzydzieści. Pieniądze, które u nas będzie zarabiał, postanowił wysyłać do Kampali, by opłacić studia swojej dziewczynie. Pochodzi z mieszanej rodziny, ojciec jest z plemienia Lugbara (zamieszkują północną część Ugandy), a mama z tutejszego plemienia Baganda. Jego ojciec posiadał osiem „lokalnych żon", tzn. kobiet, z którymi ma czterdzieścioro dzieci.

Pomagając mi w demontowaniu kopca termitów, Magezi opowiadał o swojej rodzinie i przeszłości.

Jako dziecko znalazł się u swoich krewnych w Kyanice (jest to jedna z naszych stacji misyjnych). Były to czasy, gdy do wioski wkraczali na zmianę raz partyzanci Museweniego, raz żołnierze Obotego. Ludzie z reguły uciekali do buszu. Pewnego razu nie zdążyli. Tylko jemu udało się uciec. Gdy wrócił, zobaczył same trupy, wszyscy mieszkańcy zostali zabici. To był szok dla dziecka — miał wtedy zaledwie sześć lat. W panicznym strachu uciekł z wioski. Biegł długo przez plantacje bananowe do głębokiego buszu, gdzie spędził kilka nocy, bojąc się bardziej ludzi niż dzikich zwierząt. Po jakimś czasie udało mu się odnaleźć rodzinę, ale przeżycie z owej nocy pozostało w nim głęboko do dzisiaj.

Ponieważ pomógł mi bardzo podczas organizacji misji, z czasem zatrudniłem go na stałe. Wyróżniał się spośród innych pracowników dyscypliną, dlatego mianowałem go nadzorcą wszystkich robót. Rozdzielał prace robotnikom. Jedna z pracownic uważała, że daje jej zbyt ciężką pracę i z zemsty dosypywała mu truciznę do jedzenia. Gdy mi o tym powiedział, nie bardzo mu wierzyłem.

— Ojcze, muszę iść do buszu, do uzdrowiciela.

— Powiedz mi, o co chodzi? — zapytałem zdziwiony.

— Jestem truty przez Namubiru i muszę udać się do buszu po odtrutkę.

— Lepiej idź do przychodni, do lekarza.

— Nie, nasz uzdrawiacz ma specjalne zioła i specjalne afrykańskie modlitwy na takie dolegliwości.

Poszedł i jak mi później opowiadał, trzy razy dziennie brał zioła, wymiotował czarnymi złogami, a wieczorami modlił się razem z zielarką. Tutejsi ludzie w szczególnie trudnych chwilach zwracają się ku tradycji wyssanej z mlekiem matki. Wiarę katolicką wyznają, ale ona jeszcze nie płynie w ich żyłach i w pełni nie zajęła ich serc. Próbują łączyć obie rzeczywistości w swoim życiu. Jest to swoisty synkretyzm. Tworzą nową rzeczywistość.

Kakoza. Pytania bez odpowiedzi

Kiedy przybyłem do Kakooge, pierwszym dzieckiem, które zwróciło moją szczególną uwagę, był kilkuletni chłopczyk imieniem Kakoza. Był bardzo zaniedbany. Chodził jak Charlie Chaplin. Okazało się, że w jego stopach zagnieździły się insekty, które utrudniają mu chodzenie. Któregoś dnia zobaczyłem, jak robotnicy budujący nasz dom wsadzili Kakozę do beczki, w której był zużyty olej samochodowy. Powiedzieli mi, że to najlepszy sposób na pozbycie się insektów. Nie dowierzając im, na drugi dzień zawiozłem chłopca do szpitalika w Luweero, gdzie pielęgniarka wyciągnęła mu ze stóp setki dżigasów (pchły pustynne wchodzące przez skórę i żywiące się krwią). Niestety, niektóre nie dały się wyciągnąć, ponieważ weszły bardzo głęboko. Jednak po kilku tygodniach nogi zaczęły się goić, a po kilku miesiącach chłopiec zaczął normalnie chodzić.

Wciągnęliśmy Kakozę do naszego projektu adopcji na odległość. Pochodził z bardzo biednej rodziny i mieszkał w domku z gliny pokrytym trawą, z wieloma innymi dziećmi, których pokrewieństwo trudno mi było ustalić. Miał trochę naturę chuligana, skończył jednak szkołę podstawową w Kakooge, a potem wysłaliśmy go do szkoły zawodowej, aby się uczył zawodu kucharza. Dziesiątego października 2015 roku jego wujek przybiegł rano do proboszcza, prosząc, aby ten przyszedł z olejami, ponieważ Kakoza jest w ciężkim stanie. Dopadła go jakaś nieznana choroba. Gdy ojciec Marek dotarł do Kakozy, ten był już nieprzytomny. Namaścił go świętymi olejami i odmówił modlitwy. Wezwał lekarza, ale gdy ten przyszedł, stwierdził zgon. W nocy według relacji pielęgniarki Anet, która mieszkała w pobliżu, ciało Kakozy napęczniało i wybuchło. Anet mówiła, że na własne oczy widziała wydobywający się dym z ciała Kakozy. Ludzie zinterpretowali to jako konsekwencję działania czarownika.

Bardzo żal mi było tego chłopca, chociaż nieraz zalazł mi za skórę. Jednak miał dobre serce. I chociaż czasem psocił, to umiał przeprosić i był chętny do pomocy. Stawiałem sobie pytanie, dlaczego Bóg zabrał go właśnie teraz, gdy wydobyliśmy go z nędzy i wychodził na prostą? Może założyłby rodzinę i stał się lepszy? Ile jednak miał tajemnic, o których nie wiedziałem? Może rzeczywiście zaplątał się w jakieś zło i zadziałał czarownik?

Zaufałem jednak Panu Bogu — widać lepiej wiedział, jaki czas był dla Kakozy najlepszy, by zabrać go z tego świata.

Gdy młodość nie zna radości

W Polsce wydawało mi się, że miałem dobry kontakt z młodzieżą. Dużo wyjeżdżaliśmy na obozy sportowe i rekolekcje na łonie natury. Wyprawialiśmy się w piękne krajobrazowo miejsca, gdzie spędzaliśmy razem czas na nartach, kajakach lub rowerach. Zapraszaliśmy zawsze też na wieczorne ognisko ciekawych ludzi, takich jak Andrzej Strumiłło czy Jan Miodek. Pewnego razu, będąc na obozie narciarskim w Zakopanem, mieliśmy spotkanie z Andrzejem Bachledą-Curusiem, burmistrzem Zakopanego. Było to zaraz po jego słynnym powitaniu papieża podczas mszy pod skocznią, gdy złożył mu hołd w imieniu górali. Gdy mu się przedstawiłem, że też jestem góralem z Nowego Sącza, odparł mi lekko poirytowany, że w moim mieście nie mieszkają górale, tylko Lachy.

Jeżeli patrzeć na to ze strony koncepcji Kazimierza Tetmajera, to moje rodzinne miasto należało do Wielkiego Podhala. Poza tym przez wiele lat wszystkie urzędy znajdowały się w Nowym Sączu, a już apogeum nastąpiło, gdy zrobiono moje miasto wojewódzkim i Zakopane administracyjnie należało do niego. Inną kwestią jest, że górale woleli należeć do Krakowa. I tu było źródło konfliktu, który bardzo denerwował górali, a już na pewno burmistrza Bachledę. Co do mojej przynależności, to dziadek nosił nazwisko Groń i czasami posługiwał się gwarą góralską. Trudno, niech Bachleda myśli swoje, ja wiem na pewno, że moja natura też jest góralska i mogę powiedzieć, że mam ją po dziadku. Przede wszystkim „gorąca krew", porywczość i skłonność do bitek w młodości, upór, trudności z zawieraniem kompromisów, ale też konkretność. Mówi się o góralach, że „jak grzeszą, to grzeszą, ale też za te grzechy umieją solidnie pokutować". Potrafię słuchać innych, dyskutować, być wyrozumiałym, wybaczać i w ostatecznej rozgrywce stawiam zawsze na chrześcijańskie wartości, które są dla mnie najważniejsze w życiu. Staram się nimi kierować i ich bronić.

Ale wróćmy do tematu. Otóż w Ugandzie praca z młodzieżą mi nie wychodzi. Powody? Po pierwsze w parafii Kakooge młodzież nie ma pieniędzy na żadne wyjazdy. Muszą ciężko pracować, aby zarobić na dalszą naukę. Często pracowałem z młodzieżą ze szkoły średniej z naszego franciszkańskiego projektu „Adopcji na odległość". Kiedyś pracowaliśmy przy budowie drogi i widzieliśmy wiele boda-boda — „motocykli-taksówek" — które wracały z Sudanu. Przewożeni nimi ludzie zostali wyrzuceni przez rząd południowego Sudanu, ponieważ blokowali miejsca pracy Sudańczykom. W pewnym momencie skomentowałem pracę kilku chłopców, którzy się obijali:

— Jeżeli tak będziecie pracować, to Uganda nigdy nie wyjdzie z biedy.

Wtedy jeden z nich odparował:

— Ojca też kiedyś stąd wyrzucimy, tak jak wyrzucają teraz Ugandyjczyków z Sudanu, ale jeszcze trochę poczekamy, aż zbuduje nam ojciec szkołę.

Może to był żart, a może ciężka praca pozbawiała ich radości życia. Nie mają takich szans jak polska młodzież na wypoczynek w pięknych miejscach. Stąd czasem wyrwie się im jakaś agresywna wypowiedź, która swoje źródło ma właśnie w tej frustracji.

Znikające pieniądze

Korupcja, jaką zobaczyłem w Ugandzie, nie daje się porównać z niczym, czego doświadczyłem albo o czym słyszałem wcześniej. Pieniądze uzyskiwane na takie cele, jak naprawy dróg, szkoły, lekarstwa, samochody rządowe, są używane przez dysponujące nimi osoby na prywatne cele, a dopiero potem na te, na które były przeznaczone. Urzędnicy przy załatwianiu jakiejkolwiek formalności czekają na specjalne „podziękowanie", wyrażone w gotówce, jakby to się im po prostu należało, szczególnie gdy klientem jest muzungu. Ponieważ jako franciszkanie nie dajemy łapówek, załatwianie wielu naszych spraw — jak zarejestrowanie zakonu, zwolnienie z podatku itp. — ciągnie się strasznie długo. Niektóre charytatywne oraz biznesowe organizacje, które w ostatnich latach pojawiły się w Ugandzie, nie mają z tym problemu. Bez skrupułów dają łapówki i załatwiają wszystko od ręki. My musimy co trzy lata płacić za pozwolenie na pracę tysiąc dolarów amerykańskich. Była nawet propozycja, by każdy misjonarz taką sumę płacił co roku. Prawdopodobnie kryła się za tym chęć pozbycia się misjonarzy w ogóle. Jednak Episkopat Ugandy skierował sprzeciw do ugandyjskiego parlamentu i na szczęście projekt odrzucono. Gdyby każdy misjonarz musiał płacić każdego roku tysiąc dolarów za pobyt, to nasze misje w Ugandzie musielibyśmy zamknąć.

Kiedy rebeliant Kony opuścił Ugandę i tereny jego dotychczasowych działań stały się w końcu bezpieczne, pojawiło się tam nagle bardzo dużo organizacji pozarządowych, zajmujących się działalnością charytatywną. Miały one różne programy rozwoju terenu i pomocy ludziom, którzy doświadczyli traumy. Jednak w praktyce ponad połowę zdobytych pieniędzy zostało zużytych na wydatki administracyjne tych organizacji. Ludzie na świecie wiedzieli o tragedii, którą wyrządził Kony, zatem łatwo było pozyskać fundusze na programy pomocowe. Powiadano, że charytatywnych organizacji, które przybyły do Gulu, jest więcej niż potrzebujących ludzi.

ROZDZIAŁ VIII

Afrykański katolik a duchy i czary

„Czy Syn Człowieczy, kiedy przyjdzie,
znajdzie wiarę na ziemi?" (Łk 18, 8)

Impuls

Gdy w roku 1995 w naszej gazecie zakonnej „Wiadomości z Prowincji" ukazała się informacja, że przymierzamy się do otwarcia nowej misji w Ugandzie, to był moment decydujący — wtedy coś się we mnie obudziło i zacząłem się interesować tymi planami. Otworzyłem wówczas, pamiętam jak dziś, encyklopedię i przeczytałem kilka podstawowych informacji o Ugandzie. Kraj leżący na równiku, w Afryce Środkowo-Wschodniej, graniczy na zachodzie z Kongiem (naturalną granicę stanowi Jezioro Alberta, góry Rwenzori, Jezioro Edwarda), na północy z Sudanem, na południu z Rwandą i Tanzanią, a na wschodzie z Kenią. Uganda ma największy na świecie przyrost naturalny. Żyje tam ponad 50 plemion, które posługują się różnymi językami. W Ugandzie jest 42% katolików i tyle samo protestantów, 12% muzułmanów i 4% ludzi innych wyznań.

Czterdzieści dwa procent katolików. Ale bycie katolikiem w Ugandzie nie oznacza jeszcze zawierzenia jedynemu Bogu.

Duchy przodków Baganda

Afrykańczycy od wieków oddają kult bóstwom i przodkom poprzez różne rytuały. Do dziś nawet przywódcy i ludzie wykształceni w Ugandzie nadal praktykują pewne formy tamtejszej religii tradycyjnej. Na dworze króla plemienia Bagandy do tej pory są jej liderzy, a kandydaci na polityków przed wyborami, by zapewnić sobie zwycięstwo, uczestniczą w rytuale ofiarowania białego byka. Wiele wykształconych osób składa też ofiary duchom.

Według tradycji wśród ludu Baganda duchy dzieli się na trzy kategorie: bóg najwyższy, bóstwa i duchy przodków. Od samego początku istnienia plemię Baganda wierzyło w jednego boga, który był stworzycielem całego świata i najwyższym jego władcą, i wszystko było mu podporządkowane. Jest on panem wszelkiego stworzenia i wszystkich bóstw oraz duchów, Butonda wa Katonada (ojciec wszystkich bogów). On wszystko stworzył Katonda [lug. Pan Stworzenia], wszystko widzi Liiso Ddene (duże oko) i nikt nie może się przed nim ukryć. On obdarza stworzenia licznymi darami Lugaba (dawca) i wszystko może, jest wszechwładny, Owamaanyi (wszechmocny). Bóg ten jest najwyższy, najświętszy, najdoskonalszy i najczystszy.

Wypadało zatem ofiarować mu to, co najlepsze i najczystsze: zwierzęta muszą być jednego koloru, najczęściej białego, a ofiara musi być złożona czystymi rękami. Do najwyższego boga zwracano się bezpośrednio tylko w wyjątkowych sytuacjach, w czasie wielkich klęsk lub w święta. Normalnie zwracano się do bóstw lub duchów przodków. Modlitwa do boga najwyższego wyrażała zależność ludzkiej istoty od boga. Najczęściej zanoszono prośby o bogactwo, zdrowie, dobre zbiory i o pomoc dla innych ludzi.

Baganda w tradycyjnej religii mają ponad dwa tuziny bóstw mniejszych (balubaale), które były podporządkowane najwyższemu bogu. Bóstwa te ciągle odgrywają ważną rolę w życiu codziennym zwykłych ludzi. Historie balubaale, którzy byli niegdyś ludźmi o niezwykłych mocach, są dobrze znane wśród ludzi Baganda, którzy zwracają się do nich o wstawiennictwo. Porównać ich można bardziej do świętych w wierzeniach chrześcijan aniżeli bogów. Przed większymi wydarzeniami w kraju, takimi jak koronacje czy wojna, niektórzy składają w świątyniach ofiary.

W tradycyjnej świątyni modlitwę prowadził kapłan (Mandwa), który, oświecony przez ducha Lubaale, stawał się także profetą. Najbardziej znanym lubaale był Mukasa (bóg rzeki). Jego główną świątynią była budowla na wyspie Bubembe na Jeziorze Wiktorii. To tu król każdego roku wysyłał krowy na ofiarę, prosząc o pomyślność i dobre plony. Koło świątyni Mukasy znajdowała się świątynia jego żony Nalwanga (bogini płodności). Innym znanym lubaale był Kibuuka z Mbaale, o którego mocy krążyły legendy — ponoć potrafił unieść się jak ptak ponad polem walki. Bogiem wojny był król Nakibinge, zabity w czasie działań wojennych. Przedmioty znajdujące się w świątyni brytyjscy kolonialiści zabrali do Anglii i wystawili w muzeum w Cambridge. Na cześć boga wojny wybudowaną w miejscu świątyni szkołę podstawową w Mpigi nazwano Kibuuka Memorial.

Według tradycyjnych wierzeń w każdej wsi obecne są duchy lokalne, związane z jakimś konkretnym miejscem, scenerią lub elementem przyrody, takie jak duchy drzewa czy strumienia, zwane Misambwa. Na granicy naszej parafii z parafią Kasaala rośnie drzewo, które według miejscowych ludzi ma oczy. Rzeczywiście na pniu drzewa przy odrobinie wyobraźni można dostrzec na korze obraz oczu. Niektórzy ludzie wierzą, że to drzewo widzi. Uważają, że zamieszkane jest przez ducha, który patrzy na świat. Nieraz gdy przejeżdżałem nieopodal tego, widziałem, że było udekorowane białymi wstążkami i siedzieli pod nim ludzie. Kiedyś, gdy nie było nikogo, podszedłem tam i znalazłem zapakowane w liść bananowy ziarna kawy i rozsypane proso. Prawdopodobnie ci, którzy przyszli z prośbami do ducha, przynieśli mu trochę pożywienia.

Założycielka sióstr franciszkanek, które pracują w naszej parafii, siostra Kevin, przed prawie stu laty miała ciekawą przygodę z takim czczonym drzewem. Otrzymała od biskupa ziemię w Kokonjeru, na której rosło wielkie drzewo, a którego wszyscy się bali — uważali, że mieszkają w nim lokalne duchy. Siostra wzięła siekierę i w kilka dni porąbała to drzewo na drobne kawałki. Ryzykowała własnym życiem. Miejscowi liderzy religii tradycyjnej próbowali ją zdyskredytować w oczach mieszkańców. Gdyby coś złego wydarzyło się w wiosce, mogliby zrzucić winę na nią i opowiadać, że powodem nieszczęścia było ścięcie „świętego" drzewa. Na szczęście silna wiara tej kobiety pokonała wszystkie strachy i niedogodności i powoli zaczęła być podziwiana przez miejscowych ludzi. Zyskała sobie ich zaufanie. Pokazała swoim czynem, że chrześcijanie nie boją się żadnych duchów, bo Bóg, w którego wierzą, jest Miłością i daje im siłę do pokonania wszelkich lęków. Czy potrafiłbym się zachować podobnie jak siostra Kevin?

Liderzy tradycyjnych religii afrykańskich przedstawiają religię chrześcijańską i islam jako religię białych (muzungu). Według ich opinii nie ma różnic między kościołem a świątynią (amasabo), bo oba miejsca są przeznaczone dla kultu, a duchowny katolicki, przywódca islamski czy lider tradycyjnej religii to dla nich jedno i to samo. Różaniec i fetysze, takie jak muszelki, pióra, kamienie czy rogi, mają jednakową rangę. Tymczasem różaniec jest tylko narzędziem używanym do modlitwy, natomiast ludzie w Afryce wierzą, że w fetyszach są obecne duchy. Niektórzy misjonarze wszystkie rytuały afrykańskich religii tradycyjnej mieli za czary, a odprawiającego je nazywali po prostu czarownikiem. Nie zawsze to jednak była prawda, stąd niektóre z rytuałów zostały zaadoptowane do liturgii Kościoła katolickiego. Na przykład wybór następcy zmarłego szefa klanu wkomponowano w drugi ryt pogrzebowy. Rolę tego, który przekazuje władzę, pełni najczęściej kapłan katolicki prowadzący pogrzeb. Kult duchów przodków jest bardzo podobny do kultu wszystkich świętych w Kościele katolickim, niektórzy teolodzy katoliccy wręcz utożsamiają oba te święta. Do liturgii w kościele wykorzystuje się tradycyjne afrykańskie instrumenty, przede wszystkim bęben. Imiona boga najwyższego przejęto zaś z religii tradycyjnej i używa się na określenie Boga chrześcijan — Katonda.

Proboszcz Russo's z parafii Aduku na głównej ścianie kościoła umieścił przedmioty, które były używane przez nawróconych czarowników: rogi, muszelki, pojemniki na różnego rodzaju mieszanki halucynogenne, pióra itp. Przez to jakby zneutralizował je od sił zła, a nawet nadał im funkcje ozdób w kościele, co ma jakiś aspekt uświęcający.

Zielarze

Kiedy na terenach zamieszkanych przez Baganda nie było jeszcze szpitali i lekarzy, leczeniem zajmowali się zielarze, czyli ci, którzy leczą medycyną tradycyjną, przede wszystkim ziołami — *basawula* albo *omusawo omuganda*. Nieraz jednak do zabiegów leczniczych wplatali elementy nieracjonalne i dlatego do nich też przylgnęła nazwa *witch doctor*, czyli czarownik.

Kiedyś jechałem do chorej w Naskawuye. Towarzyszył mi Mugoya, nasz adopcyjny chłopiec. Do Lwanjuki jechaliśmy przez mocno zarośnięty busz. Przez otwarte okna gałęzie wdzierały się do samochodu, pozostawiając po sobie przeróżne zapachy. Busz to w większości zioła. Zagadnąłem Mugoye:

— Jedziemy teraz do domu chorej, która zajmuje się leczeniem ziołami.

— Moja mama zna się na ziołach. Ja też umiem rozpoznać rośliny i ich właściwości — pochwalił się i od razu zrobił prezentację swojej wiedzy. — O, to jest mięta! Jest dobra na żołądek, a ta roślina — pokazał mi przez szybę czerwone kwitnące kwiaty — to na ból głowy. To drzewo nazywa się *mulukuza* i wywar z jego liści leczy przeziębienia.

Za chwilę mijamy drzewo z długimi i cienkimi liśćmi. Mój przewodnik pokazuje je palcem.

— A to drzewo *nyme*, zapobiega malarii. Można żuć liście, ale są bardzo gorzkie, można też ugotować wywar z kory. Zabija on wszelkie zarodki malarii.

Jedziemy dalej i Mugoya jak w transie mówi o ziołach. A to, że *moringa* są dobre na wszystkie choroby. A z tej rośliny korzeń dżindżer — dla mężczyzn najlepszy lek na potencję.

— Ale ojcu to jest niepotrzebne — dodaje z lekko skrywanym uśmiechem. Po chwili wyjaśnia: — My wszyscy mieszkańcy buszu musimy się znać na ziołach, bo tu każda roślina ma jakieś właściwości lecznicze. Busz to jest nasza apteka. Nie mamy pieniędzy na leki ze szpitala i codzienne dolegliwości leczymy sami.

Lęk przed czarownikami

Wkrótce po wylądowaniu na misji prowadziłem niezwykły pogrzeb w wiosce Kabaale. Podczas transportu trumny na miejsce spoczynku w ogrodzie bananowym niosący ją dziwnie się zachowywali. Przykucali i chwiali się na nogach, co miało sugerować, że to trumna wskazywała im kierunek, gdzie mają iść. Widząc to, zapytałem katechistę:

— Kityo, powiedz mi, o co chodzi w tym ich zachowaniu?

— Ojcze, niosący trumnę w ten sposób chcą wzbudzić strach u uczestników pogrzebu, a czarownicy chcą wskazać, kto jest winny śmierci, i w ten sposób pozbyć się kogoś niewygodnego dla wioski — odpowiedział. — Prawdopodobnie to zachowanie było wcześniej ukartowane, by wyrównać jakieś wioskowe porachunki — dokończył wyjaśnienie.

Poinstruowany przez katechistę zakomenderowałem:

— Macie natychmiast zaprzestać tego postępowania, bo jak nie, to opuszczam pogrzeb.

Upomnienie odniosło skutek i dalsza część pogrzebu nie była już zakłócana żadnymi dziwnymi zachowaniami. Pogrzebowe kazanie na temat bożej miłości, która pozbawia lęku, było zapewne przyczyną buntu przeciw praktykom tych czarowników w Kabaale. Gdy przyjechali do nich czarownicy z Kampali, ludzie przegnali ich. Miejscowi czarownicy na jakiś czas też się wyciszyli.

Kim są czarownicy? W tradycji afrykańskiej czarownik uosabia to wszystko, co jest negatywną stroną religii, a więc magię, troskę o własny interes, stosowanie trików, oszukiwanie itp. Zdarza się, że czynienie zła i otwarcie się na nie może spowodować, iż zły duch rzeczywiście opęta człowieka, co przynosi określone skutki dla samego czarownika, jak i dla tych, którzy szukają u niego pomocy.

Koło zburzonego domu mężczyzny w Lwanjuki posądzonego o czary

Czarownik, omulogo, to ten, który posługuje się czarną magią do osiągnięcia celu, np. rzuca urok na osobę lub zwierzę, preparuje truciznę powodującą czyjąś śmierć. Czarownicy ubrani są w *olubugo*, biodra przepasują zwierzęcą skórą, a na szyjach noszą naszyjniki z muszelek, które wydają szelest. Ludzie wierzą, że człowiek zostaje czarownikiem wskutek wyboru przez duchy i przygotowuje się do tego przez opanowywanie technik kontaktowania się z duchami.

Jeszcze inni czarownicy, zwani abasadaaka, składają ofiary z dzieci, wierząc, że to pomoże im w osiągnięciu celu — np. wzbogacą się lub otrzymają paszport. Składanie ofiar z dzieci w ostatnich latach nasiliło się na terenach Ugandy, mimo że praktykowanie czarów jest karalne. Przed paroma laty do naszej misji przybyły z Niemiec dwie pielęgniarki Ruth i Katrin, aby pracować jako woluntariuszki w szpitaliku. Pewnego dnia wybrały się na spacer do wioski i wróciły przerażone. Przy studni spotkały kobietę, która dotykała ich białej skóry i mówiła po angielsku:

— Ale wy jesteście piękne, wasze mięso musi być bardzo smaczne.

Po tym wydarzeniu Niemki nie mogły całą noc spać.

Księża salezjanie opowiadali mi też o chłopcu z Bombo*, który zjadł... swojego brata bliźniaka. Jego babka, słynąca w okolicy z praktykowania czarów, po tajemniczej śmierci wnuka ugotowała ponoć ciało i podała do zjedzenia jego bratu. Po tym wydarzeniu chłopiec uciekł z domu. Dostał się do misji protestanckiej, gdzie opowiedział tę historię. Opisały ją szeroko gazety, choć nam wydaje się ona nieprawdopodobna.

Pod koniec kwietnia 2015 roku w naszej misji w Matugga zapanowała żałoba. Złożono w ofierze sześcioletniego chłopca, katolika. Najpierw ucięto mu głowę, a potem wyrwano serce. Ludzie chcieli zrobić samosąd, ale policja zawiozła czarownika do aresztu w Kampali. Tam zaczął sypać, kto zlecił mu ofiarę, i wydawał swoich wspólników. Był to sąsiad dziecka. Wtedy też ludzie przychodzili do ojców franciszkanów i mówili, że

---

* Bombo to miejscowość, która należy do naszej diecezji. Dwadzieścia lat temu salezjanie z Polski założyli tam misje, ale obecnie nie ma tam już Polaków.

ten czarownik ma już na swoim koncie kilka innych ofiar. Jeden z ojców spytał:

— Dlaczego nie poinformowaliście o tym wcześniej policji?

— Ojcze — usłyszał — boimy się czarowników i ich mocy.

Pozostałość po amasabo — świątyni czarownika, która została zburzona przez zbuntowanych ludzi z wioski

W naszej parafii Kakooge popularne są również historyjki o nocnym tancerzu nazywanym omusezi. Ludzie wierzą, że taki człowiek pojawia się o północy zaraz po pogrzebie, w miejscu gdzie jest pochowany zmarły. Omusezi wykopuje zmarłego, oddziela ciało od kości i zakreśla nimi krąg, w którym tańczy, aż do wejścia w trans i ekstazę, podczas której nawiązuje kontakt z duchami. Wtedy rytualnie spożywa ciało zmarłej osoby, wierząc, że otrzymuje od niej nadprzyrodzoną moc.

Wróżbiarstwo (majembe) to jeden z głównych atrybutów czarownika. Kobiety przychodzą do niego na seans palenia specjalnej fajki, z trzema otworami. Wypełnia się ją ziołami, które powodują u palących lekkie halucynacje. Uczestnicy rytuału siedzą nago w zamkniętym pomieszczeniu i wypuszczają dym z fajki, a obserwujący to czarownik interpretuje, czy dana prośba się spełni, czy nie. Kobiety wierzą, że w dymie obecne są duchy, od których zależy spełnienie życzenia.

Wambazimana, dlaczego płaczesz?

Dwunastego lutego 2006 roku poproszono mnie do szkoły Lwanjuki, bym pomógł dwunastoletniej dziewczynce o imieniu Wambazimana, która od mojego przyjścia tego dnia histerycznie płakała. Trwało to kilka godzin. Próbowano uspokoić ją różnymi obietnicami, modlitwą oraz przytulaniem przez dyrektorkę szkoły. Po rozmowach z sąsiadami dziewczynki zorientowałem się, że babcia zabrała w nocy dziewczynkę do czarownicy. Powodem były kłopoty w szkole. Dziewczynka nie chciała się uczyć. Babcia miała nadzieję, że jak dziewczynka usłyszy zmarłą mamę, to się poprawi. Medium omulubaale musinze za pomocą rogów krowy mayembe skontaktowała się z jej zmarłą mamą i przyniosła wieści z zaświatów. Medium przemawiało głosem mamy, która mówiła córce, że ma się poprawić i co ma robić w życiu. Po tym seansie dziewczynka zanosiła się od płaczu. Poprosiłem, aby nauczyciele opuścili pokój. Postanowiłem, że najpierw porozmawiam z uczennicą:

— Wambazimana, dlaczego płaczesz? Czy ktoś zrobił ci coś złego?

Dziewczynka w ogóle nie reagowała na moje słowa. Odczekałem chwilę, zastanawiając się, co powinienem zrobić w tym wypadku. Potem pogłaskałem ją delikatnie po głowie, ale to też nie zmieniło jej zachowania. Zatem wyciągnąłem ręce nad płaczącą dziewczynką i pomodliłem się spontanicznie po polsku tymi słowami:

— Panie Boże, proszę Ciebie, pomóż temu dziecku. Ponieważ wybrałeś mnie kapłanem, abym pomagał ludziom, proszę użyj mojej mocy kapłańskiej, i pomóż dziewczynce uzyskać pokój wewnętrzny i przywróć jej radość dziecka Twojego.

Po krótkiej chwili modlitwy z nałożeniem rąk dziewczynka błyskawicznie odzyskała równowagę duchowo-psychiczną, uspokoiła się i wróciła do klasy. Aż sam zaniemówiłem po tym doświadczeniu. Szybko pożegnałem się z nauczycielami, wskoczyłem na motor. Pędziłem, a wiatr studził moje myśli. Później jeszcze próbowałem dotrzeć do babci dziewczynki, ale okazało się, że jest protestantką i nie chce mieć kontaktu z kapłanem katolickim.

Ósmego grudnia 2001 roku w Kakooge zamordowano samotnie mieszkającą niedaleko kościoła starszą kobietę. Została uduszona i zasztyletowana, ponieważ posądzano ją o czary. Katechista naszej parafii poinformował mnie, że kobieta przybyła z innej miejscowości i od kilku lat mieszkała samotnie, nie utrzymując z nikim kontaktu. Po południu, gdy dzieci kończyły szkołę i wracały do domu, zaczepiała ich w niezrozumiałym języku i wpatrywała się w nie „dziwnymi oczyma". Dzieci nie mogły jeść i w nocy spać, więc ludzie byli przekonani, że rzucała na nie urok. Był to czas, gdy dopiero poznawałem życie w Afryce. Mogłem się tylko przyglądać i próbować zrozumieć różne dziwne zdarzenia, lecz nie mogłem na nie reagować. Czarownik najczęściej żyje samotnie. W afrykańskiej tradycji większość rzeczy ludzie wykonują wspólnie. Jeśli ktoś odrzuca wspólnotę i wybiera samotne życie, gdzieś na uboczu, to wysyła do wspólnoty podejrzany komunikat, że może zajmować się czarami. Czasem ludzie starzy, niepożądani w danej społeczności, są oskarżani o zło i wyrzucani z wioski. Społeczność boi się czarnej magii i złego działania czarownika, dlatego często wybiera spośród siebie ludzi, którzy mają znaleźć, kto jest w danej wspólnocie czarownikiem, i go wskazać. Pytanie, w ilu przypadkach wskazana osoba rzeczywiście zajmuje się czarną magią, a w ilu pada ofiarą niechęci sąsiadów z zupełnie innych powodów?

Niedawno mieszkańcy Lwanjuki posądzili o czary bogatego współmieszkańca. W ciągu ostatniego roku zwiększyła się śmiertelność w wiosce, a niedaleko szkoły mieszkańcy znaleźli kilka zakopanych rzeczy, owiniętych w płótno olubugo, uznawanych za atrybuty czarownika. Stwierdzono, że należą do niego. Ludzie zburzyli jego nowo wybudowany dom i wygonili go z wioski. Miał szczęście, że ocalił życie, ponieważ często takie praktyki kończą się samosądem i spaleniem żywcem.

Cała prawda o czarach

Na terenie naszej parafii w sumie mieszka kilka osób, które według ludzi trudnią się tym procederem (czarami). Raczej nie wchodzą w drogę kapłanom katolickim i ukrywają przed nami swoją działalność. Zbierając materiały do pracy naukowej, udałem się do czarownika mieszkającego naprzeciw naszego szpitala. Na imię ma Yasi. Jest to mężczyzna w wieku około czterdziestu lat, uśmiechnięty, wygląda na zadowolonego z życia. Posiada dwie lokalne „żony". Zakupił około dwudziestu krów i wybudował ceglany dom z garażem. Poprosiłem, aby udzielił mi kilku informacji, które chcę wykorzystać do moich badań. Był jednak bardzo powściągliwy. Na moje pytania tylko się uśmiechał i odpowiadał wymijająco, np. że czasem pomaga ludziom, ale nie chciał powiedzieć, co robi. Spytałem, czy mogę zrobić zdjęcie miejsca, w którym odbywają się nocne seanse (amasabo). Pozwolił mi tylko zrobić zdjęcie budynku z zewnątrz, ale nie dał mi wejść do środka. Rozmowa wyraźnie się nie kleiła, widać było, że chce ją jak najszybciej zakończyć. Zatem podziękowałem i odszedłem.

Nie była to moja jedyna próba rozmowy z czarownikiem. Próbowałem także z innymi, zawsze bez powodzenia. Gdy uznałem już, że nigdy mi się to nie uda, nieoczekiwanie do naszej parafii przyjechał „były czarownik", który zaprzestał swojej działalności, bo przeszedł na chrześcijaństwo. Dawał teraz świadectwa wyzwolenia się spod panowania zła. Po mszy tłumaczył ludziom, jak funkcjonował. Pokazywał niektóre swoje triki. Na przykład szeleścił muszelkami i wypowiadał bardzo szybko jakieś dziwne dźwięki w nieznanym języku. W ten sposób wprowadzał się w trans. Ludzie byli pod wrażeniem jego seansu. Po spotkaniu zaprosiłem go na obiad. Potem spotkaliśmy się we dwóch i zadałem mu kilka pytań. Zacząłem od razu z grubej rury:

— Dlaczego zostałeś czarownikiem?

— Mój ojciec był czarownikiem i po jego śmierci ja przejąłem tę funkcję. Byłem osobą ważną, której wszyscy się bali. Wierzyłem, że zostałem wybrany przez duchy.

— Co robiłeś podczas seansów?

— Wróżyłem z muszelek, przepowiadałem przyszłość, leczyłem ziołami i odczyniałem uroki. Zdarzało mi się też rzucać przekleństwa na przeciwników moich klientów. Wchodząc w trans za pomocą mieszanki ziół halucynogennych, wierzyłem, że przemawia przeze mnie jakiś duch.

— Jaka była główna motywacja twojej działalności?

— Chęć bycia ważną osobą i pieniądze.

— Ile ludzie płacili ci za wizytę?

— Zależy, jaka to była czynność, od 20 000 szylingów (5 dolarów amerykańskich) do 1 000 000 szylingów (250 dolarów amerykańskich).

— Czy miałeś dużo klientów?

— Tak. Czasem w nocy przychodziło kilku.

— Jak dzisiaj na to patrzysz z perspektywy wiary chrześcijańskiej?

— Generalnie jest to oszukiwanie ludzi. Chęć zarobienia pieniędzy.

— Czy stoi za tym jakaś nadprzyrodzona siła?

— Czasem podczas seansów czułem, jakby jakiś duch wstępował we mnie. Potem byłem skrajnie wyczerpany.

— Co byś powiedział ludziom, którzy zamierzają pójść do czarownika?

— To wszystko bazuje na oszustwie. Jeśli nawet są tam wplątane jakieś duchy, to pozbawiają człowieka wolności, wolnej woli, zniewalają go i w konsekwencji utrudniają mu życie.

— Jak doszło do tego, że zerwałeś z czarami?

— Kiedyś po seansie czułem się skrajnie wyczerpany. Nie miałem już siły podwójnie żyć. W dzień byłem zwykłą osobą, a w nocy przeistaczałem się w czarownika. Wtedy w radio usłyszałem audycję ojca Wasswy, który mówił o uwolnieniu od czarów i oszustw szatana. Chciałem być wolny, kierować swoim życiem, mieć pokój w duszy. Udałem się do ojca Wasswy. Modlił się nade mną i odprawiał egzorcyzmy. Po kilku takich spotkaniach modlitewnych czułem się znacznie lepiej, wolny, lekki na duszy. Szczęście, którego nie można kupić za żadne pieniądze, powróciło do mojego życia. Przyjąłem od ojca sakramenty i zacząłem uczęszczać na Eucharystię i przyjmować Jezusa w komunii świętej. Teraz czuję się szczęśliwy. Jezus jest moim Panem. Czuję się wolny, nie chcę oszukiwać ludzi, bez względu na to, czy robiłem to sam z pobudek egoistycznych, czy robił to we mnie szatan.

Kilka razy gościłem w naszej misji też samego ojca Anatoliego Wasswę, autora książki *Unveiling Witch-craft*. Ojciec Wasswa uważa, że czarownicy wykorzystują to, że chrześcijaństwo nie jest jeszcze dojrzałe na ugandyjskiej ziemi, i manipulują ludźmi. Ojciec organizował spotkania czarowników z kapłanami katolickimi na placach miast i w kościołach katolickich, w duchu zawodów starotestamentowych. Na przykład w 1989 roku zorganizował spotkanie i wyznaczył nagrodę 200 000 szylingów ugandyjskich (wtedy to było około 100 dolarów amerykańskich) dla tych czarowników, którzy w obecności modlących się kapłanów pokażą nadprzyrodzoną siłę. Tyle samo pieniędzy dołożył kardynał Nsubuga i dodał do tego nowy rower dla tego czarownika, przez którego zły duch przemówi w obecności modlących się kapłanów. Jeszcze w innych miejscach, przeważnie kościołach, gromadził około stu kapłanów i zapraszał czarowników, by wzięli udział w pokazach. Czarownicy nie zjawiali się na nie.

Wtedy ojciec Wasswa ogłaszał, że boją się konfrontacji z kapłanami i są zwykłymi oszustami.

Antidotum na strach i nieszczęścia

Życie Afrykańczyka toczy się w obecności duchów. Duchy wszystko wiedzą, nic się przed nimi nie ukryje. Dlatego ludzie chodzą po pomoc do szczególnie wybranych liderów, którzy mają kontakt z duchami. Tradycyjna religia ma silny wpływ na moralność plemienia, gdyż ludzie obawiają się kar i zemsty duchów za nieprzestrzeganie podstawowych praw plemiennych. Z jednej strony boją się czarowników, a z drugiej do nich chodzą w sytuacjach, w których nie radzą sobie w życiu.

Ogólnie panuje przekonanie, że jest popyt na czarowników, ponieważ ludzie mieszkający w buszu boją się ciemności, dzikich zwierząt, chorób, klęsk żywiołowych i złych duchów. Poza tym ludźmi kieruje chęć przeżycia wielkich emocji, chcą uczestniczyć w sytuacjach grozy i tajemniczych rytuałach. Jest to jeden z głównych elementów, na którym opierała się tradycyjna religia afrykańska, jak również działalność czarowników.

Jest mnóstwo historyjek, które opowiadają sobie przy ogniskach, gdy robi się noc i ciemność potęguje strach. Odwiedzając ludzi, słyszałem historie, że czarownicy chodzą w otoczeniu much. Według mnie pewnie czymś się smarują, żeby je zwabić. Twierdzi się też, że mają umiejętność chodzenia po wodzie i przybierania postaci jakiegoś drapieżnego zwierzęcia. Z moich obserwacji wynika, że to efekt działania alkoholu i chorej wyobraźni. Naoczni świadkowie z tego, co widziałem, także byli pod wpływem środków odurzających, podanych im przez czarowników.

Proszek do „walki z diabłem"

Podczas spotkania młodzieży w Kakooge, przy emocjonalnej modlitwie grupy z Odnowy w Duchu Świętym, sześć dziewcząt zaczęło wpadać w dziwny trans, rzucając się i turlając po ziemi. Zadzwoniłem do diecezjalnego egzorcysty ojca Mpagi, który jest człowiekiem starszym, doświadczonym, zrównoważonym i obeznanym w temacie. Udzielił wskazań proboszczowi ojcu Markowi po to, aby zbadał sytuację. Proboszcz prostą modlitwą uspokoił dziewczyny i sytuacja nie wymagała interwencji egzorcysty. Jednak tłum młodzieży na zewnątrz domagał się uczestnictwa w tym rytuale. Traktowali to jako szansę jakiegoś większego przeżycia emocjonalnego.

Kapłan wezwany do „opętanych" powinien zachować zdrowy rozsądek i rozpoznać, czy jest to działanie złego ducha, czy też jest ono spowodowane emocjami albo nosi symptomy choroby psychicznej. Trzeba te sytuacje właściwie ocenić i działać spokojnie. Ludzie, którzy chcą uczestniczyć w sytuacjach nadzwyczajnych, zwykle sami je produkują. Katechizm Kościoła Katolickiego w punkcie 1670 podaje, że egzorcyzmy należy traktować roztropnie i rozróżnić je od choroby. Do nich ma zostać przeznaczony kapłan wybrany przez biskupa, który jest odpowiedzialny za egzorcyzm, a nie ludzie świeccy. Ów kapłan musi sprawować egzorcyzmy

w atmosferze powagi, a nie sensacji. Wydaje mi się, że niebez-
piecznym zjawiskiem jest to, że wielu afrykańskich kapłanów
chce być także egzorcystami. Pamiętam dyskusje wśród kapłanów ugandyjskich na temat egzorcyzmów, wielu z nich wręcz
chwaliło się tym, że uczestniczyło w tych rytuałach, bo przeżyli „coś", co dla innych jest powodem strachu, barierą, której
nie są w stanie pokonać. To dodaje im powagi w afrykańskim
społeczeństwie. Kapłani ci, chcąc ambicjonalnie zostać egzorcystami, bez odpowiednich przygotowań, zwyczajnie spłycają
problem, dając świadectwo niedojrzałej osobowości i braku
religijności. Kiedyś podczas spotkania jeden z nich opowiadał, ile osób „uzdrowił" poprzez modlitwę w Anglii i USA.
Ponieważ spotkanie się przeciągało, a on nadal się chwalił, poprosiłem o głos:

— Jeżeli ksiądz ma takie sukcesy za granicą, to dlaczego nie
uzdrawia ksiądz ludzi w Ugandzie? Przecież tu jest więcej chorych i potrzebujących pomocy.

Podobnie jest ze świeckimi. Oni także fascynują się swoimi talentami uwalniania od złych duchów. Jeden z naszych
liderów parafialnych zajmował się organizowaniem spotkań modlitewnych, na których „wyrzucał złe duchy". Okazało się później, że sam jednocześnie dał się „opętać" złu — pobierał pensje
z dwóch szkół, pracując tylko w jednej. Inny przykład, po mszy
świętej przychodzi do mnie oficer wojskowy i prosi:

— Ojcze, pobłogosław mi ten proszek.

— Co to za mieszanina i do czego służy? — pytam.

— Służy do walki z diabłem, jaką prowadzę.

— Przede wszystkim powinieneś zadbać o osobistą świę-
tość, czyli odmawiać różaniec i przystępować do komunii świętej,
a tego nie robisz.

— Bo Bóg wybrał mnie przede wszystkim do posługi wyrzucania złych duchów — odpowiedział domniemany egzorcysta.

Balokole — sekta z przywilejami

Wraz z rozpoczęciem rządów prezydenta Y.K. Museweniego w Ugandzie zaczęło się faworyzowanie sekty balokole. Jest to sekciarski odłam zielonoświątkowców, *born again* (narodzeni na nowo), który powstał w USA w ubiegłym stuleciu. W niektórych krajach Afryki, jak Zambia, Uganda i Rwanda, rozwija się ona bardzo szybko. Mówi się, że zapraszanie pastorów tej sekty z USA jest korzyścią polityczną dla obecnego prezydenta, bo robią mu reklamę na dużych stadionach. Większość wyborców, którzy głosują na Museweniego, pochodzi z tej sekty, on zaś obdarza ich przywilejami, np. mianując ich pastorów na odpowiedzialne funkcje. Przykładem jest żona prezydenta, bardzo wpływowa kobieta, która jest ministrem odpowiedzialnym za region Karamoja, gdzie ludzie żyją w skrajnym ubóstwie, choć wydobywa się tam złoto.

Pierwsza dama Ugandy jest kaznodzieją w tej sekcie. W większości nabożeństwa prowadzone są tam przez słabo wykształconych pastorów. Ich modlitwy i kazania bazują przede wszystkim na emocjach. Ponadto zaczerpnęli wybiórczo niektóre elementy z afrykańskiej religii tradycyjnej, np. zbierają się nocą i uzdrawiają swoich wyznawców z chorób. Modlitwy odmawiają niedaleko większych skupisk ludzkich, transmitując je przez dużej mocy głośniki, co przeszkadza ludziom spać. Najłatwiej ich spotkać na skrzyżowaniach, gdzie wykrzykują dobrane fragmenty z Biblii, najczęściej radykalne,

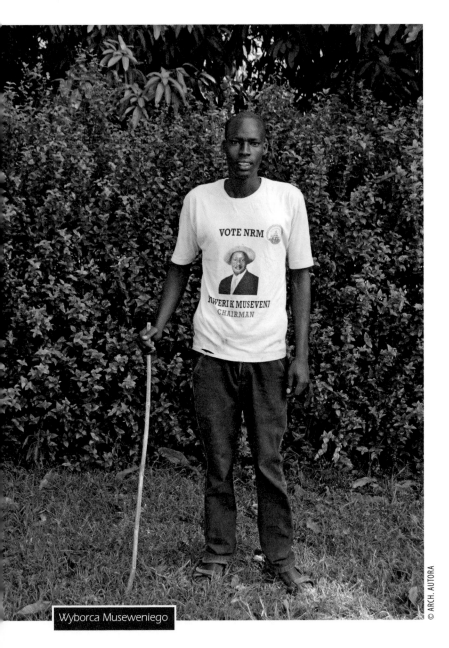

Wyborca Museweniego

HAPPY GOLDEN JU

Szczęśliwy prezydent od kilkudziesięciu lat
uśmiecha się zewsząd do Ugandyjczyków

w stylu: „Jeżeli się nie nawrócicie, to wszyscy zginiecie". Podczas modlitw ludzie tańczą, śpiewają, krzyczą i wpadają w trans, następują seryjne „uzdrowienia". Na przykład pastor Angley twierdził, że podczas takich nocnych modlitw w Kampali uzdrowił wszystkich chorych na AIDS, którzy byli zgromadzeni na modlitwie, i podał dokładną liczbę uzdrowionych. Objawił mu ją stojący obok niego anioł. Te uzdrowienia wielokrotnie były podawane pod wątpliwość przez lekarzy. Sekta ta jest jednak bardzo popularna i następują masowe nabory do niej.

Dialog jest trudny, bo członkowie charakteryzują się dużą agresją w stosunku do Kościoła katolickiego. Doświadczyłem jej na własnej skórze. W czasie pewnego wesela w naszej parafii należący do sekty policjant opowiadał ludziom, że proboszcz Kakooge (czyli ja) nie zatrzymał się kiedyś na blokadzie policyjnej i staranował znak. Gdy się o tym dowiedziałem (a nie przypominam sobie, by mi się coś takiego przydarzyło), poprosiłem tych, którzy słyszeli te plotki, by pojechali ze mną na posterunek policji. Przedstawiłem sprawę komendantowi. Wezwał on swojego podwładnego, który był źródłem tych insynuacji. Plotkarz aż się spocił i pokrętnie tłumaczył przełożonemu, że na blokadzie policyjnej wieczorem nie zatrzymał się samochód, w którym prawdopodobnie kierowcą był jakiś miejscowy ksiądz. Zdenerwowany zapytałem, jak mógł nie rozróżnić, że kierowcą był biały, a nie czarny człowiek? Zażądałem, aby publicznie mnie przeprosił i poinformował ludzi, że to nie ja popełniłem wykroczenie. Przyrzekł w obecności swojego przełożonego, że to zrobi, ale do dziś nie jestem pewien, czy to uczynił.

Kilka lat temu nasza parafianka Nzeera miała wypadek samochodowy, w którym złamała obie nogi. Odwiedzali ją w szpitalu regularnie ludzie z sekty balokole. Bombardowali ją miłością i życzliwością. Przynosili żywność, czytali Biblię, modlili się nad nią. Później dowiedziałem się, że była dla nich ważną osobą, jako żona katolickiego przewodniczącego rady parafialnej w Kakooge. Aby zdobyć dla swojej sekty ważniejsze osoby, często rozbijają też jedność w małżeństwie. Tym razem im się to udało. Po wyjściu ze szpitala kobieta zaczęła chodzić na ich zebrania i odeszła od wiary katolickiej. Jej mąż był człowiekiem bardzo wierzącym i przeżywał przejście żony do sekty. Gdy zmarł, żona przyszła do kościoła na pogrzeb. Na kazaniu pogrzebowym mówiłem, że Bóg wynagrodzi zmarłemu jego dobre życie, bo dużo pracował, wykształcił dzieci i był aktywny w życiu Kościoła. Po mszy świętej żona przyszła do zakrystii. Ponieważ byłem zajęty przygotowywaniem drugiej części pogrzebu, ojciec Stanisław Strojecki, który w tym czasie przyjechał z Niemiec do naszej misji, podszedł do niej. Zaczęła bardzo płakać. Ojciec ją serdecznie przytulił i pocieszył słowami:

— Kiedyś się znowu spotkacie z mężem w niebie.

Płakała dalej, ale już nie tak tragicznie, aż w końcu uspokoiła się i powiedziała:

— Dziękuję, wlał ojciec w moje serce nadzieję.

Po pogrzebie wróciła do Kościoła katolickiego.

Wiele myślałem nad tym zdarzeniem. Zaczęło do mnie docierać, że zajęty rozwojem materialnym misji zaniedbywałem to, co w kulturze afrykańskiej jest najważniejsze, czyli kontakt międzyludzki, poświęcanie czasu dla drugiego człowieka, odwiedziny sąsiadów również innych wyznań. Nie poszedłem do Nzeery do szpitala ani potem do domu. Był to błąd duszpasterski, ale też znak, że ludzie potrzebują dobrych, wrażliwych kapłanów, by móc im powierzać swoje problemy. My misjonarze musimy pamiętać, że Afrykańczycy również są ludźmi wrażliwymi i w nieszczęściu potrzebują kapłanów. Czyli człowieka, który stoi u jego boku, gdy życie go przerasta. Dlatego nie możemy ich zostawiać samotnych w nieszczęściu, należy z nimi przebywać blisko, wspierać ich w nieszczęściu i postępować bardzo delikatnie, z wielkim szacunkiem i empatią. Jeśli my to zaniedbamy, miejsce to wypełnią sekty. Siły nasze są, jakie są. Wydaje się niekiedy, że więcej już nie możemy, ale wyrzuty sumienia i świadomość, że niewiele się zrobiło, atakują.

ROZDZIAŁ IX

Uliczne szaleństwa i plaga samosądów

Nieraz, jadąc w nocy na lotnisko, widziałem ludzi leżących na ulicy. Może były to ofiary wypadku, a może „ludzie pułapki". Zdarza się, że w porach małego ruchu ludzie kładą się na ulicy i gdy się ktoś zatrzyma, by udzielić pomocy, z rowu wybiegają wspólnicy „ofiary" z bronią i rabują samarytanina.

Kierowca odrzutowca

Wsiadłem kiedyś do rozgrzanej taksówki-busa i czekałem w palącym słońcu cztery godziny, zanim konduktor skompletował wymaganych czternastu pasażerów. Gdy już ruszyliśmy, zauważyłem, że kierowca nadal rozgląda się po drodze za nowymi pasażerami, chociaż samochód był już pełen. Pasażer obok mnie trzymał na kolanach duży telewizor. Nie było to komfortowe, mimo to po chwili musiałem się jeszcze przesunąć i jeszcze bardziej „przytulić" do sąsiada, dosiadł się bowiem kolejny pasażer z olbrzymim workiem kukurydzy. Jadąc przepełnioną do granic możliwości taksówką w upalny dzień, bez trudu rozpoznaję po zapachu, jakie zawody wykonują moi współpasażerowie. Poznaję tych od krów i tych spracowanych od kopania czerwonej ziemi, tych pachnących wypalanym węglem drzewnym i dymem ognisk z kurnych chat.

Nagle wyprzedziła nas przystrojona kolorowymi piórami taksówka zmierzająca chyba na jakąś paradę. Gdy się do niej ponownie zbliżyliśmy, zobaczyłem, że te ozdoby to żywe kury i koguty. Wyglądały, jakby jechały na wycieczkę, niektóre nawet piały z radości. Nieoczekiwanie rozwiązał się sznurek, którym to ptasie towarzystwo było powiązane, kury i koguty zaczęły fruwać na wietrze, niektóre kończąc swoją przygodę życia pod kołami samochodów.

Nawierzchnia była fatalna, asfalt do Mityiany podziurawiony jak ser szwajcarski. Samochód też był w kiepskim stanie, a z przeładowania tarł podwoziem o jezdnię, co nie przeszkodziło kierowcy pędzić ponad 140 kilometrów na godzinę. Nie wytrzymałem i bojąc się o swoje życie, poprosiłem go, aby zwolnił. Nie zwrócił jednak na mnie uwagi. Ktoś z pasażerów zaczął mnie uciszać, abym nie przeszkadzał kierowcy w czasie jazdy. Z niepokojem patrzyłem na szaleńca, który żuł narkotyk zwany *mirra**. Na jednym zakręcie prawie nie wyrobił i jechaliśmy po poboczu na dwóch kołach. W końcu jednak inni pasażerowie też zauważyli, że zmierzamy w przepaść i zaczęli apelować, aby zwolnił. Ten stwierdził, że to nie rower, i ani myślał nas słuchać. Odmawiałem różaniec, myśląc intensywnie o życiu wiecznym. Wbrew obawom dotarłem do celu żywy. Podziękowałem mojemu Aniołowi Stróżowi.

W Mityianie jeden z pasażerów nie zapłacił za kurs, argumentując, że podróż kosztowała go zbyt dużo nerwów. Kiedy kierowca i konduktor próbowali wymusić zapłatę siłą, nagle pojawił się policjant. Po wysłuchaniu skarg pasażerów na jazdę kierowcy zarekwirował mu kluczyki i aresztował go, co w Ugandzie zdarza się niezwykle rzadko.

Wbrew prawom fizyki

Najbardziej popularnym środkiem transportu w Ugandzie jest tzw. boda-boda. Nazwa pochodzi z czasów wojny z Tanzanią, kiedy mnóstwo ludzi uciekało za granicę. Przywoływali okrzykiem „border, border" rower albo motorek, wskazując kieru-

---

* Mirra — roślina, którą żują tubylcy, by nie odczuwać głodu ani zmęczenia. Popularna jest wśród kierowców w Ugandzie, którzy często pokonują dalekie trasy bez przerw.

BODA-BODA

Muzułmanka na tle boda-boda

Chłopcy marzą już o boda-boda

Na rowerze przewozi się prawie wszystko

Chłopiec z buszu przewozi na rowerze banany, aby sprzedać je w centrum wioski

© ARCH. AUTORA

© ARCH. AUTORA

Dworzec boda-boda

© ARCH. AUTORA

Transport trumny na boda-boda

nek, gdzie chcą się udać. Szybko wypowiadane słowa gubiły „r"
i do dziś pozostała nazwa boda-boda. Podczas gdy w Europie
motorki i rowery przeznaczone są głównie do rekreacji, tutaj
muszą zapracować na właściciela i jego rodzinę. Zazwyczaj wygląda to tak, że ktoś bogaty z rodziny kupuje motocykl i wy-
najmuje go chłopakowi, który wozi nim pasażerów, a pod koniec dnia przywozi określoną sumę pieniędzy właścicielowi. Na
rowerach przewozi się wszystko — stosy skrzynek z napojami,
setki jaj, długie metalowe pręty, meble, trumny, a nawet zmar-
łe osoby.

W Afryce wiele praw fizyki wydaje się działać inaczej. Motorek wyprodukowany w Japonii, przystosowany do przewozu
dwóch osób, tutaj sprawdza się przy dwa razy większej liczbie
pasażerów, a zdarza się, że i trzy razy więcej, jeśli mowa o dzie-
ciach. Dobrze, że taki transport istnieje, bo rozwiązuje problemy poruszania się tłumów, zwłaszcza w dużych miastach. Dla
wielu młodych chłopców oprócz pracy jazda motorem to także
styl życia i związane z tym zachowania i zwyczaje, ubiór, dekoracje pojazdów. Gdy wioska organizuje jakieś wydarzenie, np.
wizytę ważnej osoby (także gdy złapie się na gorącym uczynku złodzieja!), zawodowi motocykliści zbierają się razem i sza-
leńczo jeżdżą tam i z powrotem, okazując radość i niezwykłe
umiejętności kaskaderskie. Na przykład jazdę na jednym kole,
pasażer stoi na siedzeniu, a prowadzący motocykl leży na kie-
rownicy, udając, że śpi. Na takie pokazy zbiega się tłum ludzi.
Czasem kończą się one tragicznie, co dla większości jest dodatkową atrakcją. Ale boda-boda jest też źródłem wielu dramatów,
jako że jazda na przeładowanych motorkach niesie w zarodku
nieszczęście. Mimo to boda-boda to nieusuwalny element życia Ugandyjczyków.

Wypadki drogowe — winowajcy i ofiary

Byłem świadkiem wielu wypadków. Czasem się zatrzymywałem, a czasem nie, zależnie od tego, jak oceniłem sytuację. Kilka razy poszedłem udzielić rozgrzeszenia ofiarom, kiedy indziej nie zatrzymałem się i mam z tego powodu wyrzuty sumienia, choć mam wytłumaczenie. Przed przyjazdem na misje szkolono nas, że gdyby przydarzył się nam wypadek, mamy się nie zatrzymywać, ale szybko jechać do najbliższego posterunku policji i poinformować o tym. Może w cywilizowanym kraju to wydaje się niehumanitarne, ale tutaj ta zasada pozwala w wielu przypadkach ocalić życie. Ludność bowiem natychmiast dokonuje samosądu na sprawcy wypadku, zwyczajowo. Niedawno w Kongu francuski misjonarz potrącił dziecko, które nagle wypadło z buszu. Zatrzymał się, by mu pomóc i zabrać do szpitala, ale świadkowie wypadku zabili go maczetami. W takich sytuacjach ludzie działają w emocjach, najpierw coś zrobią, a dopiero potem myślą.

Kiedyś salezjanie zorganizowali pielgrzymkę dla chłopców ze swego ośrodka „Street Boys" w Kampali. Przed miastem Masaka ich autokar został zatrzymany przez uzbrojonych mężczyzn. Rabusie zażądali pieniędzy. Gdy zobaczyli w autokarze tylko dzieci, jeszcze bardziej się wściekli i zaczęli je bić. Niektórzy z małych pasażerów bohatersko zasłaniali swoimi ciałami ich opiekuna — księdza. Rabusie byli jednak bezwzględni. Połamali księdzu żebra i to samo zrobili z kierowcą. Na szczęście nikt nie zginął, ale kilku chłopców musiało leczyć się w szpitalu z obrażeń i szoku po napadzie. Niestety, takie sytuacje często pozostają bez echa. Niektórzy mówią, że rabusiami bywają policjanci, którzy w ten sposób dorabiają sobie po godzinach pracy. Ludzie są bezradni.

Wypadki zdarzają się często, bo drogi są w złym stanie. Trafiają się na nich też niespodziewane „pułapki", np. w postaci dużych, niezabezpieczonych dziur. W Kampali nawet studzienki kanalizacyjne pozostają otwarte. Jeśli się o tym nie wie, to wpada się w nie, urywając koło. Czasem ktoś dla żartu posadzi w nich drzewko bananowe. Samochody jeżdżą z niebywałą szybkością, zwłaszcza autobusy, a kierowcy często przy tym zażywają miejscowego narkotyku — mirry. Po kilku moich doświadczeniach z podróży nazwałem te autobusy jeżdżącymi trumnami. Pędząc z nadmierną szybkością, często wylatują z drogi jak z procy i wtedy przeważnie wszyscy ludzie giną.

Paradoksalnym zjawiskiem jest to, że w Kampali, gdzie panuje chaos uliczny, zdarza się bardzo mało wypadków, choć jeździ się tam dosłownie na milimetry. Pamiętam, jak pewien policjant próbował uporządkować ten chaos według logicznych norm zachodnich. Doprowadził do kilku stłuczek, awantur i zatrzymania ruchu na kilka godzin. W końcu odpuścił, ratując się ucieczką. Innym razem jakaś amerykańska organizacja przeprowadziła szkolenia i akcję malowania pasów w jednej z dzielnic Kampali. Nie muszę opisywać, jak to się skończyło.

Pewnego majowego popołudnia, zaraz po tropikalnej burzy, wracałem z misji kombonianów z Kasaala. Wjeżdżając na główną drogę, zobaczyłem kuśtykającego, zakrwawionego człowieka. Rozpaczliwie machał rękoma. Zatrzymałem samochód, a ranny poprosił, abym szybko zawiózł go na policję. Zdziwiłem się tej prośbie, wygląd jego bowiem sugerował, że bardziej potrzebuje pomocy medycznej. Za górką jednak sprawa się wyjaśniła. Zobaczyłem wypadek, mnóstwo ludzi biegających wokół rannych. Kiedy chciałem się zatrzymać, mój pasażer błagał mnie, abym tego nie robił, bo go ludzie zabiją. Okazało się na posterunku policji, że mój pasażer kierował ciężarówką, stracił kontrolę nad pojazdem na śliskiej drodze i uderzył w nadjeżdżający z naprzeciwka autobus wypełniony ludźmi. Bał się reakcji świadków wypadku, ponieważ w takich przypadkach najczęściej dochodzi do samosądu. W wioskach ludzie regularnie stosują samosądy najczęściej w takich sytuacjach, jak wyżej opisany wypadek. Jeżeli złapią złodzieja, bywa, że zakładają na niego stare opony samochodowe, polewają benzyną i podpalają sprawcę. Policja często zdaje się nie zauważać takich sytuacji.

Dziesiątego września 2015 roku pojechałem z prezesami Polskiej Misji Medycznej — Ewą i Anią — położną i instrumentariuszką z Krakowa, obejrzeć ośrodek zdrowia w Nakitoma. W ramach tegorocznego projektu odwiedzaliśmy wioski w naszej parafii, chcąc przekonać miejscowe kobiety, że rodzenie w szpitalu minimalizuje zakażenie dziecka wirusem HIV. Przejeżdżając przez małe miasteczko Migyera, zobaczyliśmy na drodze człowieka, który się palił. Już nie żył. Obok chodził policjant. Wkrótce dowiedzieliśmy się od pielęgniarki z ośrodka zdrowia w Migyera, że ów nieszczęśnik był złodziejem złapanym na gorącym uczynku.

Do Nakitomy jechaliśmy w milczeniu.

Pod ostrzałem

Stało się już niemal tradycją, że gdy prezydent Yoweri Kaguta Museweni ma jakieś trudności, zamyka do więzienia obecnego opozycjonistę, a dawnego politycznego sprzymierzeńca i osobistego lekarza, pułkownika Kizzę Besigyie. Przed wyborami oskarżył go np., że podczas wojny domowej zgwałcił kobietę. Po czym aresztował. Po wyborach te zarzuty okazały się nieprawdziwe, ale to już nie miało żadnego znaczenia, bo wybory ponownie wygrał Museweni.

W 2011 roku ludzie Museweniego pobili Kizzę i zamknęli go do więzienia. Tubylcy wyszli w protestach na ulice stolicy. Nie wiedząc o tym, pojechałem do Kampali i ugrzęzłem w korku. Do miejsca, gdzie stałem, przybiegł tłum ludzi, a za nim policja. Ci ostatni strzelali. Kule latały koło mojego samochodu, raniąc ludzi i uszkadzając pobliskie pojazdy. W pierwszym odruchu chciałem zostawić samochód i ratować się ucieczką. Jednak perspektywa, że spalą mi misyjne auto, sprawiła, że zostałem na miejscu i zacząłem się modlić na różańcu. Na szczęście nagle korek ruszył kilkadziesiąt metrów i mogłem skręcić do pobliskiej restauracji, prowadzonej przez znajomego Belga. Tam przeczekałem do późnego popołudnia, aż policjant poinformował mnie, że zamieszki się kończą, ponieważ zbliża się zmrok. Mijałem krajobraz jak po wojnie, spalone samochody, dymiące opony, zniszczone barierki.

Innym razem o mało sam nie padłem ofiarą rozruchów ulicznych, które nastąpiły po podpaleniu grobów królewskich. Ludzie z otoczenia króla Mutebiego oskarżyli o ten czyn prezydenta Museweniego. Mnóstwo członków Baganda zjednoczyło się na ulicach w protestach przeciw prezydentowi. Doszło do ulicznych zamieszek. Kto się identyfikował z protestującymi, nosił strój z elementami kultowego materiału olubugo. Pewnego dnia grupa tak ubranych ludzi zatrzymała mój samochód.

— Muzungu, musisz zaśpiewać hymn Bagandy albo się wykupić.

— *Twesimye nnyo, twesimye nnyo olwa Buganda yaffe...* — zacząłem fałszować.

Zgłupieli. Nie wiem, czy z powodu mojego fałszu, czy dlatego że znam słowa. Kontynuowałem, widząc, że chyba wyjdę z tarapatów.

— *Ekitibwa kya Baganda kya Buganda kya wadda, naffe tukikumenga**.

Na zakończenie oświadczyłem, że jestem father Kalungi z klanu Ngeye i spokojnie odjechałem. Innym gościom zagranicznym tak się nie poszczęściło, zostali zmuszeni do zapłacenia okupu, bo w przeciwnym razie mogli stracić samochód, a w skrajnym przypadku nawet życie. Nigdy nie przypuszczałem, że ja, któremu w dzieciństwie słoń nadepnął na ucho, za sprawą śpiewu właśnie wyrwę się ze śmiertelnej pułapki.

W czasie tych samych wydarzeń jechałem taksówką. Było nas dwunastu pasażerów. W pewnym momencie przejeżdżaliśmy koło protestującego tłumu i jedna z pasażerek głośno wyznała, że nie popiera tych rozruchów. W tym samym momencie kierowca zatrzymał samochód i współpasażerowie wysadzili „odważną".

Różaniec za obrażonego policjanta

Pewnego ranka jechałem z inżynierem Muyodim do Kampali kupić blachę na pokrycie domu parafialnego. Zostałem zatrzymany przez patrol policji. Policjant poprosił o dokumenty, a następnie zażądał kluczyków i zawiózł mnie do aresztu w Bwaise.

Na pytanie, dlaczego mnie zatrzymuje, odpowiedział:

— Nie ma sprawy.

---

* Jesteśmy szczęśliwi z przynależności do Bagandy, której historia jest wspaniała, powinniśmy nadal głosić jej chwałę.

Powiedziałem, że jestem kapłanem katolickim, a on tylko powtórzył:

— Nie ma sprawy.

Dla mnie była.

W tym czasie inżynier przestraszył się i zniknął. Na posterunku policji spisano moje dane, zabrano dokumenty i wprowadzono do małej celi, w której przebywało już kilku zatrzymanych. O co chodzi? Czyżby to miało jakiś związek ze zdarzeniem sprzed dwóch tygodni? Otóż jadąc samochodem, zauważyłem wówczas długi konwój ministra obrony Ugandy, który poprzedzała wielka armata. Zatrzymałem się na poboczu, by utrwalić aparatem ten rzadki widok. Wtedy podjechał do mnie policjant. Starałem się przypomnieć sobie dialog, jaki z nim prowadziłem.

— Wyciągnąć film z aparatu — zażądał.

— *Oli otamidde? omuluwadde? oba omusiru?* Jesteś pijany? Chory? Czy głupi?

Zupełnie zaskoczony wypaliłem tekstem usłyszanym w naszych wioskach, często używanym w stosunku do osób, które zachowują się dziwnie.

Policjant spojrzał na mnie osłupiały, a po chwili uśmiechnął się. „Mam cię, bratku".

— Popełniłeś dwa przestępstwa — stwierdził oficjalnie po angielsku. — Po pierwsze złamałeś ugandyjskie prawo, robiąc zdjęcie obiektom militarnym, a po drugie obraziłeś policjanta.

— W moim kraju minister obrony jeździ do pracy rowerem — zacząłem na poczekaniu wymyślać jakiś tekst, byle udobruchać funkcjonariusza. — Myślałem, że zrobienie zdjęcia ministrowi jadącemu w konwoju to nic złego, że to powód do dumy. Przepraszam, nie chciałem ciebie obrazić. Byłem zdenerwowany i źle oceniłem twoje zachowanie. Wydało mi się

Tu medytowałem nad swoim życiem

dziwne. Na tej rolce jest wiele cennych dla mnie zdjęć... — apelowałem błagalnym tonem.

— No dobra, ale żeby to było ostatni raz, takie zachowanie — rzekł policjant zadowolony, że muzungu musiał się przed nim ukorzyć. — I nigdy nie zwracaj się do policjanta ani do żadnej osoby w Afryce takimi słowami.

Przeprosiłem go jeszcze raz i podziękowałem serdecznie za upomnienie i rady, i za to, że nie wyciągnął większych konsekwencji. Obiecałem, że w przyszłości taka sytuacja na pewno się nie powtórzy.

Siedząc w areszcie, przypomniałem sobie całe to zdarzenie. Może jednak policjant mi nie przebaczył do końca... i działa z opóźnieniem. Bawi się mną... Do głowy przyszedł mi cytat z Biblii, że mówiąc do kogoś „głupi", jest się winnym ognia piekielnego. No to piekło właśnie się zaczęło. Zacząłem wracać do zdarzenia, obwiniać się za głupotę. Moja góralska natura. Najpierw zadziałam, potem pomyślę. Skruszony odmówiłem wszystkie części różańca w intencji obrażonego policjanta. Potem próbowałem wygrzebać z pamięci jakiś inny powód mojego zatrzymania, ale sumienie nic innego mi nie podpowiadało. Natomiast przypomniałem sobie, jak nasz podopieczny, któremu opłacamy studia, opowiadał, jak to kilka tygodni temu sam zgłosił się do tego aresztu, obawiając się o własne życie. W mieście wybuchły zamieszki i bał się, że coś mu się stanie. Ze strachu przesiedział, a właściwie stał, w tej celi kilka dni i nocy. Areszt był zatłoczony. Było tu wtedy jakieś sto osób, w tym wielu rannych. Z powodu przeludnienia nie mogli usiąść, a nawet potrzeby fizjologiczne załatwiali pod siebie. Przez kilka dni panował więc niesamowity odór, upokorzenie i cierpienie.

Godziny dłużyły się niemiłosiernie. Odmówiłem wszystkie modlitwy, które znałem. Przypominałem też sobie sceny z Przemyśla, dokąd po święceniach wysłał mnie przełożony. Pracowałem tam ponad cztery lata jako kapelan więzienny. Z wielu względów nie była to łatwa praca. W każdą niedzielę do południa musiałem najpierw spowiadać w konfesjonale i być przy rozdawaniu komunii świętej u franciszkanów, a po obiedzie, gdy bracia udawali się na poobiedni odpoczynek, szedłem do więzienia. Gdy ktoś z rodziny lub ze znajomych dzwonił, najczęściej brat Tymoteusz odbierał telefon i informował:

— Ojciec Bogusław jest w więzieniu.

Niektórzy byli bardzo zdziwieni i bali się dalej pytać. Czasem w więzieniu musiałem odprawiać nawet pięć mszy świętych po kolei. Działo się tak, gdy na mszę zgłosili się np. wspólnicy przestępstwa i nie można było ich łączyć w jednej grupie. Były też inne powody, jak choćby ten, że kaplica była za mała, by pomieścić wszystkich chętnych. Często odwiedzałem więźniów w ich celach, potem także ich rodziny, by przekazać informacje potrzebne do przygotowań na powrót męża czy ojca do domu. Organizowałem mecze piłkarskie, księża–więźniowie, policja–więźniowie, z których dochody były przeznaczone na cele charytatywne, np. na pomoc biednym rodzinom więźniów. Starałem się też zachęcić więźniów do odkrywania swoich talentów artystycznych. Organizowałem wystawy ich prac w różnych miejscach w Przemyślu. Najbardziej cieszyłem się, że udało mi się wciągnąć więźniów do budowania szopki na rynku w Przemyślu. W Boże Narodzenie przywoziliśmy zwierzęta, a młodzież z grupy parafialnej wystawiała jasełka.

Wiele przypadków w więzieniu było trudnych. Problemy stwarzali szczególnie psychopaci, którzy nie mieli wyrzutów sumienia, a msze święte traktowali jako możliwość do wyjścia z celi i pogadania lub przekazania grypsów. Zgodnie z regulaminem odmawiałem wynoszenia grypsów z więzienia. Poprzedni kapelan robił to. Kiedyś w tej sprawie wezwał mnie naczelnik ZK i pokazał mi przejęty przez strażników gryps: „Poprzedni kapelan wynosił grypsy, a nowy ch... nie chce".

Uśmiechnąłem się na to wspomnienie. Proszę, oto jeden z największych komplementów wypowiedziany słowami, których nie godzi się przytoczyć. Jakoś zawsze byłem nieczuły.

Kiedyś, już tu w Ugandzie na misji, przyszedł do mnie więzień, który uciekł z więzienia. Chciał, żebym go wspomógł materialnie. Powiedziałem mu, żeby wracał:

— Człowieku, zostało ci kilka miesięcy. Nie warto.

Odpowiedział mi, że już nie jest w stanie psychicznie tego wytrzymać. Od dziecka miał problemy z prawem. A gdy kończył mu się wyrok, to zawsze wracał do wioski, gdzie był postrzegany negatywnie. Nie czując akceptacji, popełniał następne wykroczenie i jako recydywista dostawał duży wyrok. Ostatnio na przepustce poznał kobietę i zakochał się. Nie mógł już żyć bez niej. Namawiałem go, by tym razem spróbował, będzie inaczej. Ma szansę zmienić swe życie. Nie posłuchał mojej rady i nie wrócił do więzienia. To znaczy wrócił, ale doprowadzony, i z kolejnymi, dołożonymi latami.

W Przemyślu pracowałem również jako katecheta w szkole specjalnej. Pomimo że miałem jakieś przygotowanie teoretyczne (w seminarium szczególnie interesowałem się psychologią), to z katechezą w szkole specjalnej miałem wiele trudności. Dzieci upośledzone potrzebują, aby nauczyciel bardziej działał na ich emocje niż na intelekt. Często zatem przychodziły do mnie, chcąc się przytulić, a ja nie bardzo wiedziałem, jak mam się zachować jako kapłan. Miałem trudności w nawiązaniu kontaktu z uczniami. Aż pewnego dnia przyszedł do mnie chłopiec, który ważył ponad sto kilo i miał głębokie upośledzenie umysłowe. Był cały zasmarkany i chciał się do mnie przytulić. W pierwszej chwili mnie odrzuciło. Jednak zaraz przed oczyma stanął mi obraz św. Franciszka, gdy ten podszedł do trędowatego i go mocno przycisnął do serca. To był przełomowy moment w życiu świętego i moim też. Po krótkiej chwili refleksji przytuliłem dużego chłopca. Po tym wytarłem mu nos. To była chwila mojego przemienienia, mojego przełamania. Skok w dojrzewaniu emocjonalnym.

O tym wszystkim myślałem w areszcie w Bwaise. W końcu po kilku godzinach, już późnym popołudniem, wezwał mnie oficer i poinformował, że zaraz mnie wypuści. Sprawa się wyjaśniła. Odetchnąłem z ulgą i poprosiłem o podanie powodu mojego, jak mi się wydawało, bezprawnego zatrzymania. Okazało się, że uwięzili mnie, bo ktoś zgłosił, że podobny samochód potrącił człowieka na drodze i kierowca uciekł z miejsca wypadku.

To zaskakujące zdarzenie sprawiło, że przez cały dzień miałem czas tylko dla siebie i rzadką okazję do zastanowienia się nad niektórymi zdarzeniami. Taki swoisty „dzień skupienia" dla kapłana, który nieraz pouczał innych więźniów.

ROZDZIAŁ X

W krainie patriarchatu

W tradycji Baganda największą rolę odgrywa rodzina.
Ona wydaje na świat nowe pokolenia i przygotowuje je
do przejęcia odpowiedzialności od starszych. Jednostka
jako indywiduum w tej społeczności nie istnieje.
Ze wszech stron otaczają ją powiązania rodzinne,
zobowiązania na rzecz rodziny poszerzonej (klanu,
plemienia), ale też płynące stąd przywileje.

Na co może patrzeć misjonarz?

Podczas kursu językowego, pewnej soboty, miejscowy nauczyciel Wasswa przyszedł podekscytowany wiadomością, że w wiosce, której nazwy już nie pamiętam, niedaleko Mubende, narodziły się bliźniaki. Całą godzinę opowiadał mi o zwyczajach i przesądach związanych z takimi narodzinami, gdyż są one wydarzeniem tajemniczym. Matka bliźniaków trzymana jest w izolacji przez cztery dni, co ma ją chronić przed spotkaniem kogoś, kto jest nieprzyjacielem rodziny i kto mógłby rzucić na nią urok. Natomiast ojciec udaje się z dziećmi do zielarza, by nasmarował je specjalnymi ziołami i wypowiedział magiczne słowa, które uchronią je przed złymi duchami.

Z narodzinami każdego dziecka w plemieniu Baganda wiąże się obowiązek nadania imion przez starszyznę plemienia i publicznego przedstawienia nowo narodzonego członkom klanu. Ceremonia taka rozpoczyna się sprawdzeniem, czy dane dziecko należy do danego klanu, czy nie. Babka dziecka siada na tradycyjnej macie z kory drzewa, a kobiety z tego samego klanu będące aktualnie matkami przynoszą zasuszoną pępowinę, umytą przez babkę i nasmarowaną masłem. Po narodzeniu dziecka dbano o to, by pępowina została zawieszona pod dachem i tam suszono ją, traktując jako część dziecka. Była dobrze przechowywana aż do ceremonii nadania dziecku imienia i przedstawieniu go wspólnocie. Następnie babka kładła pępowinę do pojemnika z wodą. Jeśli pępowina utrzymała się na wodzie, to znaczyło, że ojcem dzieci jest ten, o którego pytano, i dzieci należą do klanu. Jeśli poszła na dno, oznaczało, że ojcem jest ktoś inny i dziecko nie należy do klanu. Praktycznie pępowina do czasu tej próby była już kompletnie wysuszona, i zazwyczaj utrzymywała się na powierzchni wody. Jeśli szła pod wodę, to dlatego, że babka do jej posmarowania użyła zbyt dużo masła.

W tym obrzędzie babka jest alfą i omegą. To ona rozstrzyga kwestię ojcostwa, w jej ręce zostaje złożona troska o zachowanie czystości krwi. Babka może manipulować, aby zachować prawo zwyczajowe. Te rytuały miały też za zadanie przestraszenie młodzieży przed rozwiązłym życiem. Starszyzna starała się kontrolować moralność, stąd różne przesądy mające zapobiec moralnemu rozpasaniu. Jednak były momenty w życiu wspólnoty, gdzie dawano upust żądzom, i działo się to za przyzwoleniem starszyzny plemienia.

W sobotę w nocy miała nastąpić kulminacyjna część rytuału, której zadaniem było odwrócić lęk i zapobiec przyjściu do wioski nieszczęścia w związku z narodzinami bliźniaków. Nauczyciel zwrócił się do mnie z pytaniem:

— Ojciec interesuje się życiem i zwyczajami ludzi z naszego plemienia, może chce ojciec zobaczyć, jak wygląda „rytuał bliźniąt"?

Zaskoczony tą propozycją, nie wiedziałem, co odpowiedzieć. Miałem wiele wątpliwości i skrupułów, czy powinienem uczestniczyć w takim pogańskim wydarzeniu o wydźwięku mocno seksualnym, bo tak opisywał mi go wcześniej nauczyciel. Ponieważ jednak już wtedy zacząłem zbierać materiały do pracy naukowej, ciekawość poznawcza zwyciężyła. Po chwili wahania odpowiedziałem:

— Dobrze, pójdę.

— Ale musi iść tam ojciec anonimowo, aby nie zostać rozpoznanym, bo uczestnicy nie zgodzą się, aby towarzyszył im kapłan katolicki.

— Okej, więc będzie trochę mistyfikacji — dodałem. Polak potrafi. Przypomniałem sobie film Chęcińskiego *Nie ma mocnych* i skorzystałem z jego pomysłu. Może będę wyglądał jak świnia przerobiona na dzika, ale czego się nie robi dla nauki. Wieczorem nasmarowałem czarną pastą do butów czoło policzki, nos, powieki i szyję oraz dłonie. Ubrałem granatową bluzę, naciągnąłem kaptur na głowę i razem z miejscowym nauczycielem udałem się na miejsce obrzędu. Stałem w pewnej odległości, by nie zostać rozpoznanym. Atmosfera tajemniczego nocnego rytuału sprawiała, że po plecach przechodziły mi dreszcze i spływał pot. Przewodniczący ceremonii, ubrany w białą długą szatę i opasany materiałem olubugo, dziękował bóstwu Mukasa za radość otrzymania dzieci. Następnie błagał o przebaczenie, że w jednym czasie urodziło się dwoje dzieci, i prosił bóstwo, by opiekowało się dziećmi i społecznością. Potem spośród krewnych z tego samego klanu w imieniu matki wybrano młodą dziewczynę, a w imieniu ojca młodego chłopaka. Zaczęła się nocna procesja. Uczestnicy nieśli zapalone pochodnie i w rytmie bębnów szli w stronę buszu. Nauczyciel szeptem wyjaśniał mi:

— Teraz śpiewają pieśni o współżyciu kobiety z mężczyzną słowami, których na co dzień wstydziliby się używać. W nocy i pod wpływem alkoholu to im ujdzie, bo prawie wszyscy są już pijani. W tej piosence podziwiają siłę mężczyzny, która pozwoliła mu spłodzić dwoje dzieci za jednym razem.

Na początku korowodu szli nadzy chłopiec i dziewczyna, którzy reprezentowali ojca i matkę bliźniaków. Dziewczyna położyła się na ziemi, chłopiec symulował stosunek seksualny. Wśród ogólnych krzyków i śpiewów w rytm szybkiego bicia bębnów. Tego wszystkiego nie widziałem w szczegółach, ponieważ była ciemna noc, ludzie byli czarni, a ponadto aktorzy przedstawienia byli otoczeni przez tłum uczestniczący w ceremonii. Jednak mimo wszystko czułem się jakoś nieswojo, powróciły wyrzuty sumienia, że nie powinienem jako kapłan uczestniczyć w tym spektaklu. Po tym akcie korowód wrócił do wioski na czele z matką niosącą w ramionach bliźniaki. Matka przekazała dzieci dziadkom, którzy nadali im imiona Babiryie i Nakato. Kontynuowano świętowanie w domu narodzin dzieci, a my powróciliśmy do domu.

Długo nie mogłem zasnąć. Powróciły wyrzuty sumienia. Wreszcie udało mi się zapaść w sen, ale wtedy przyszły koszmary. Widziałem w ciemności straszne postaci, krzyczące i wskakujące do ognia. Budziłem się co chwilę, a po całym ciele przechodziły mi dreszcze. Modliłem się za siebie i za tych, którzy uczestniczyli w tym ceremoniale, szczególnie za dzieci.

W katolickich rodzinach po tradycyjnej ceremonii nadania dziecku imienia przodków następnego dnia następuje ceremonia chrztu. Niektórzy misjonarze zachęcali, aby te dwie ceremonie połączyć. Jednak z tradycyjnej ceremonii zaczerpnęli tylko to, co nie było przeciwne chrześcijańskiej moralności i katolickiej wierze. Mój belgijski nauczyciel, ojciec Kiki, nie zgadzał się udzielać sakramentu chrztu tym, którzy wcześniej byli u lidera tradycyjnej religii lub zielarza. Rozpoznawał to po tym, że niektóre dzieci miały na biodrach zawieszone koraliki z amuletami. Wtedy stawiał warunek, udzieli chrztu, jeśli rodzice zerwą tę opaskę. Dzieci powinny być ochrzczone w obecności całej rodziny, jednak w naszej parafii zazwyczaj do kościoła dziecko przynosi sama matka, a ktoś ze starszyzny zostaje jego chrzestnym rodzicem. Mimo wyrzeczenia się tradycyjnego „rytuału bliźniąt" na katolickim chrzcie zdarza się, że niektórzy ludzie praktykują ten zwyczaj i w przypadku podwójnych narodzin zaraz po chrzcie udają się i tak do lidera tradycyjnej religii, który ma dokonać rytuałów obmycia dziecka w specjalnych ziołach, aby uchronić je przed chorobą skóry lub innymi nieszczęściami, które mogą też dotknąć rodzinę. Jest to jeden z przejawów dualizmu religijnego, który jeszcze zdarza się w społeczeństwie bagandyjskim. Rodzice i rodzice chrzestni w imieniu dziecka muszą wyrzec się szatana i wszystkich związanych z nim spraw.

Podczas obrzędu chrztu padają następujące słowa: *Mwemansulira ddala eby'emizizo byonna ebitagenda wamu na kukiriza kw'Eklezia mwe mwabatizibwa, naddala: ebyabalongo, ebyabakulu, amasabo n'engeri yonna ey'okwesiga ebitalimu, ebyo mubyemansula?* („Czy jesteście zdecydowani wyrzec się wszystkich złych czynności, które przeszkadzają w wierze Kościoła, w którym jesteście ochrzczeni? W szczególności rytuału bliźniąt? Rytuałów przodków niezgodnych z nauką Kościoła? Wizyt u czarownika i wszystkich czynności, które są niebezpieczne? Czy jesteście gotowi wyrzec się tego wszystkiego?"). Po wyrzeczeniu się przez rodzinę tych złych elementów lokalnej kultury kapłan może przystąpić do udzielenia chrztu. Obrzęd nadania imienia i wypowiedzenia formuły chrzcielnej wraz z polaniem głowy wodą oznacza przyjęcie dziecka do wspólnoty Kościoła. Następnie zawiesza się na szyi dziecka medalik z Matką Bożą, polecając Jej opiekę nad dzieckiem. Po chrzcie rodzina udaje się na uroczysty obiad do domu ochrzczonych.

Większość ludzi odklepuje to przyrzeczenie bez głębszej refleksji, tak dla świętego spokoju, a potem robią swoje. Tradycja ciągle dla wielu ludzi jest silniejsza niż religia katolicka, która w Ugandzie ma ponad sto lat, a jeszcze nie zakorzeniła się głęboko w sercach jej mieszkańców.

Żona za 10 tysięcy szylingów

Opowiadał mi proboszcz z parafii Matuuga, że do kancelarii parafialnej przyszedł stary mężczyzna i przyprowadził młodszą o połowę kobietę. Wypełniając protokół przedmałżeński, proboszcz zadał kandydatce na żonę pytanie:

— Czy kochasz wybranka?

Za kobietę odpowiedział mężczyzna:

— Oczywiście, że musi mnie kochać, bo mam dom i ją utrzymuję.

Wtedy proboszcz poprosił mężczyznę, aby nie odpowiadał za kobietę. Jednak widać było z jej zachowania, podszytego ewidentnie strachem, że była mu całkowicie podporządkowana. Ze strony mężczyzny nie była to na pewno miłość, ale raczej wyrachowanie.

Małżeństwo w Europie — przynajmniej w większości — zawierane jest ze względu na uczucia. Choć wiele par w ogóle odchodzi od tego sakramentu. W Afryce małżeństwo nadal jest „poważane", ale przypisuje mu się inne znaczenia. Zadaniem afrykańskiej kobiety jest budowanie domu, zajmowanie się dziećmi, uprawianie pola, przygotowanie posiłków — słowem ciężka praca fizyczna, a do tego wychowywanie dzieci. Nie jest to rzadki widok, gdy kobieta na plecach ma przywiązane chustą dziecko, na głowie niesie zbiory z pola, a w rękach jeszcze pojemniki z wodą. Rolą mężczyzny jest natomiast radzić o ważnych sprawach i utrzymać rodzinę. Jednak ostatnimi czasy na naszym terenie mężczyźni nie znajdują pracy. Do rodzin wkrada się frustracja, a gdy dochodzi do tego nadużywanie alkoholu, prowadzi to do rozbicia rodziny i dzieci są wychowywane bez ojców.

Innym problemem moralnym dla mnie jest tzw. małżeństwo tradycyjne, które dopuszcza poligamię. Jeśli mężczyznę stać na utrzymanie kilku żon, to według prawa może je poślubić tradycyjnym rytem.

Poligamia do dziś ma mocny wpływ na kształtowanie się modelu rodziny afrykańskiej. Fakt ten wykorzystuje islam, który legalizuje takie związki. Kościół je odrzuca. Z tego powodu jest bardzo mało ślubów kościelnych w naszej parafii. Często mam dylemat moralny, czy pobłogosławić związki, gdzie mężczyzna w rozmowie prywatnej mówi mi, że w ich tradycji męskość określa się też liczbą posiadanych kobiet. Jeżeli za kilka lat kobieta wyda mu się niezbyt atrakcyjna, a będzie miał finansowe możliwości, by utrzymać inną, młodszą kobietę, to jest raczej pewne, że opuści żonę i dzieci i założy drugą rodzinę z młodszą kobietą. Mężczyzna, który żyje z kilkoma kobietami, często odstępuje od praktykowania wiary katolickiej.

Małżeństwo w plemieniu Baganda aranżują rodzice. Pierwsze spotkanie nazywa się ceremonią wprowadzającą. Siostra ojca pani młodej (ssenga) jest odpowiedzialna za zgromadzenie informacji o rodzinie kandydata na męża oraz za ceremonię wprowadzającą do małżeństwa. Na jej barkach spoczywa mnóstwo obowiązków, polegających na jak najlepszym przygotowaniu kandydatki na żonę, do jej przyszłej roli w małżeństwie. To ona bierze dziewczynę na kilka dni do siebie, by jej wyjaśnić obowiązki żony i matki i wyedukować ją również seksualnie. *Okukyalira ensiko* — oznacza pójście z ciotką do lasu. Tak nakazuje tradycja.

Pierwsza wizyta rodziców kandydata na męża w domu przyszłej synowej jest krótka i ma na celu wzajemne poznanie się rodzin oraz ustalenie terminu drugiego spotkania i zapłaty za przyszłą żonę — omutwalo, co dosłownie oznacza dziesięć tysięcy. Nawiązuje tu do przeszłości i do szylingów ugandyjskich, gdy była to równowartość krowy. Podobne zwyczaje zapłaty posagu krowami są w innych ugandyjskich plemionach. Szczególnie interesująco wygląda to w plemieniu Karamoja. Kandydat na męża przygania do domu kandydatki na żonę stado krów, które zdobył wcześniej na nocnym rajdzie. Brat kandydatki bierze dzidę i rzuca w stado. Od tego, jak daleko rzuci, zależy, ile krów będzie zapłatą za kobietę.

Arcybiskup archidiecezji Mbarary zagroził ekskomuniką tym rodzicom, którzy uzależniają wzięcie ślubu kościelnego przez ich dzieci od żądania wysokiej zapłaty za kandydatkę na żonę, na jaką przyszły mąż nie może sobie pozwolić.

W plemieniu Baganda, jeśli warunki zostały zaakceptowane przez obie strony, to wkrótce rodzina przyszłego męża przynosi tradycyjne dary, do których zalicza się oficjalne ubranie z kory drzewa. Obecnie częściej przynosi się gomes, czyli tradycyjną suknię Baganda, używaną przez matki. Przynosi się też garnek wypełniony białymi mrówkami, uważanymi przez wielu ludzi Baganda za przysmak i szczególny dar Boga, ponieważ spadają z nieba. Ponadto garnek soli. Czyli są to raczej prezenty symboliczne, a nie zapłata w ścisłym znaczeniu. Dodatkowymi przedmiotami obdarowuje się rodzinę kandydatki na żonę w zależności od walorów dziewczyny — tzn. jej wykształcenia, urody. Na drugie spotkanie narzeczony przynosi bratu narzeczonej koguta. Przyszły szwagier jest także odpowiedzialny za odebranie obowiązkowego omutwalo. Narzeczony przynosi wybrance serca suknię, w której ta pójdzie do ślubu, oraz gomes dla jej matki i ciotki. Ojciec narzeczonej dostaje kanzu lub wręcza mu się kozła oraz alkohol z bananów, przy którym toczy się rozmowa. Przy tej negocjacji jest obecna tylko strona ojca. Kandydatkę na żonę reprezentuje ssenga. Czas negocjacji pomiędzy rodzinami ma także swoje dobre strony, np. służy poznaniu się dwóch rodzin, sprawdzeniu, czy rodziny żyją moralnie, jaki mają status w społeczeństwie, czy najbliżsi przyszłych małżonków nie są obciążeni chorobami, długami itp. Ukoronowaniem negocjacji ma być dar przekazany za żonę, traktowany jako zabezpieczenie w przypadku, gdyby z jakiegoś powodu (np. niemożność urodzenia dziecka lub zdrada) została odesłana przez męża z powrotem do swojej rodziny.

Jako proboszcz mam obowiązek przygotować narzeczonych duchowo do małżeństwa. Przed ślubem organizuję zawsze kilka spotkań, w których sprawdzam ich stan wiedzy religijnej i omawiam z nimi zadania małżeństwa. Wyjaśniam też odpowiedzialność, jakiej się podejmują, decydując się założyć rodzinę chrześcijańską. Przy spisywaniu protokołu przedślubnego zadaję też kilka pytań odnoszących się do kultury plemienia:

— Do jakiego plemienia należycie?

— Do jakiego klanu należą wasi rodzice i dziadkowie?*

Do kandydata na męża zwracam się z pytaniem:

— Czy zapłata za pannę młodą została uiszczona i komu?

Po tym następuje wypełnienie protokołu przedślubnego w obecności narzeczonych. Po tych formalnościach kandydaci przystępują do spowiedzi przedślubnej.

Kiedyś pojechałem do wioski błogosławić ślub, lecz o wyznaczonej godzinie jeszcze nikogo nie było w kaplicy. Po kilku go-

---

* Mocno przestrzegana reguła plemienia mówi, że nie można zawierać małżeństwa wewnątrz tego samego klanu.

dzinach przybył kolorowy i rozśpiewany korowód samochodów z gośćmi i parą młodą. Niestety czekała mnie niezbyt przyjemna rozmowa, bo robiło się ciemno, a według lokalnego prawa ślub nie może się odbyć po zmroku. W wielu wioskach nie ma elektryczności i później przy rozwodach mężczyźni tłumaczą się często, że... w ciemności pomylili kobiety i ślubowali nie tej, którą wybrali.

Poprosiłem na bok parę młodych i ich rodziców i wyjaśniłem im sytuację:

— Wiecie, że nie mogę pobłogosławić wam teraz ślubu, ponieważ zbliża się noc.

— Tak — przytaknęli smutni.

— Jutro rano jest msza w Kakooge, proszę przyjechać i wtedy pobłogosławię wasz związek.

Na szczęście rano zgodnie z ustaleniami przybyli do parafii i pobłogosławiłem im ślub podczas mszy świętej. W tej ceremonii małżeństwa odbyły się też niektóre tradycyjne ryty, np. całej ceremonii towarzyszyła gra na bębnach. Przed wymówieniem sakramentalnych słów ślubowania dozgonnej miłości nastąpiła ceremonia wzięta z tradycyjnego rytu plemienia Bagandy. Brat panny młodej wziął za rękę kandydatkę na żonę i swoimi słowami ją pożegnał. Symboliczne przekazanie jej ręki kandydatowi na męża jest w tradycji Baganda konstytucyjnym aktem zawarcia małżeństwa. Katolicki ceremoniał wymaga jeszcze złożenia sobie przysięgi dozgonnej miłości w obecności świadka — kapłana. Po zawarciu małżeństwa tradycyjnego i katolickiego zarazem nastąpiła druga część świętowania, polegająca na uroczystym posiłku, piciu bananowego piwa i tańcach przy grze bębnów.

Normalnie, gdy ślubne przyjęcie odbywa się wieczorem, to liczy się przede wszystkim noc poślubna pary młodej. Według bagandyjskiej tradycji parze młodej w nocy poślubnej powinna asystować ssenga. Zadaniem jej jest dawać rady przy pierw-

Uganda ma największy
przyrost naturalny na świecie

szym stosunku seksualnym. Jeżeli młodzi powrócili do gości
z prześcieradłem, na którym znajdowała się krew dziewicza,
małżonek zobowiązany był ofiarować dorodnego kozła ojcu
rodziny, jako podziękowanie za dobre wychowanie córki. Za
pełne małżeństwo uważano takie, które dało potomstwo.

Kilka razy uczestniczyłem w takich weselach. Było tam dobre jedzenie, piwo zrobione z bananów i okazja do prowadze-
nia interesujących rozmów ze starszyzną plemienia. Jednak ta-

niec weselny, wykonywany w rytm bębnów i prowadzony przez tancerzy, naśladuje ruchy kopulacyjne i ma za zadanie zachęcić parę młodą do odbycia pierwszego stosunku po ślubie. Te tańce spowodowały, że zrezygnowałem z chodzenia na przyjęcia weselne. Jako zakonnik ślubujący czystość czułem się skrępowany, gdy tancerze wykonywali te wyzywające ruchy.

Osoba zakładająca rodzinę uważana jest za odpowiedzialną i zdolną do objęcia również innych funkcji w społeczeństwie. Chłopiec, który był dojrzały do małżeństwa, a dotąd przebywał w domu ojca, nie mógł być obsługiwany przez kobiety podczas posiłku. To miało go sprowokować do podjęcia decyzji o małżeństwie, którego ważnym zadaniem było danie potomstwa i to w jak największej liczbie. Uważa się, że dzieci są źródłem życia i szczęścia, powodem dumy dla rodziców, których będą wspomagać na starość. Od liczby potomków bowiem zależy wielkość i żywotność klanu. W Ugandzie nie ma mentalności antykoncepcyjnej i jest to ewenementem nawet w Afryce.

Urodziła i poszła sadzić sosny

Ona ma na imię Nabakoza. Trochę to śmiesznie, bo zajmuje się akurat hodowlą kóz. Taka przypadkowa gra słów. Ponadto uprawia ziemię i pracuje w naszej szkółce leśnej. Ma 37 lat. Urodziła sześcioro dzieci i teraz je wychowuje. W Ugandzie rodzenie dzieci nie sprawia kobietom problemów. Kiedyś Nabakoza przyszła do mnie z informacją:

— Ojcze, jutro rano prawdopodobnie spóźnię się do pracy, ponieważ będę rodziła dziecko.

Zamurowało mnie. Jak zapowiedziała, tak zrobiła. Rano na świat przyszło jej szóste dziecko, dziewczynka o imieniu Nalu-

Dzieci od najmłodszych lat
uczą się pracować

wanga. Po porodzie Nabakoza wstała i przygotowała obiad dla rodziny, a po południu podlewała już sadzonki sosen w szkółce.

W rodzinie Nabakozy dzieci już od najwcześniejszych lat są wprowadzane w obowiązki w rodzinie. Starsze opiekują się młodszym rodzeństwem, przynoszą wodę, piorą ubrania dla

Dzieci wychowują dzieci

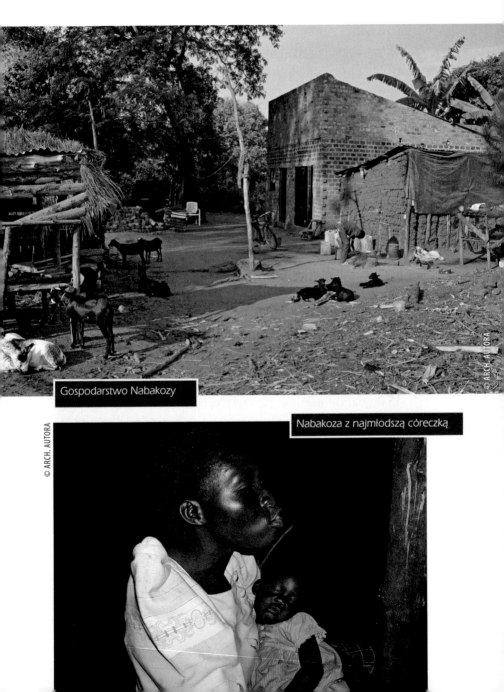

Gospodarstwo Nabakozy

© ARCH. AUTORA

Nabakoza z najmłodszą córeczką

© ARCH. AUTORA

całej rodziny, gotują, wyprowadzają stado kóz na pastwisko. Nabakoza uczy dziewczynki gotowania, prania, noszenia wody, uprawiania pola, opieki nad młodszym rodzeństwem oraz podejmowania gości.

Nabakoza ma z Kyambadde dwoje ostatnich dzieci — dwie córki. Poprzednią czwórkę miała z mężczyzną także o imieniu Kyambadde. Obecny Kyambadde miał wcześniej też inną kobietę, ale Nabakoza mówiła mi, że już od niej odszedł i jest tylko z nią. Co prawda przybywa do Nabakozy rzadko, ale twierdzi, że pracuje przy wycinaniu buszu i Nabakoza mu wierzy. W plemieniu Baganda mężczyzna ma uprzywilejowaną sytuację społeczną. Liczba posiadanych kobiet — żon daje mu wyższy status społeczny i świadczy o jego pozycji ekonomicznej. Ostatnimi czasy częściej zagląda do Nabakozy, ponieważ powoli opada z sił, a ona dobrze prowadzi gospodarstwo i co ważne, ma pracę u muzungu. A w Ugandzie nie ma emerytur. Tę sytuację wykorzystuje też rodzina Nabakozy, co jakiś czas podrzucając jej nowe potomstwo do wychowania. Ma teraz pod swoimi skrzydłami sześcioro swoich dzieci i drugie tyle dzieci swoich sióstr i braci.

Kyambadde zajmuje się wycinaniem buszu i przygotowaniem ziemi pod uprawy dla bogatych właścicieli tych ziem. Gdy przybywa na kilka dni do Nabakozy, pomaga jej w kopaniu ziemi. Zajmuje się też wychowaniem chłopców, uczy ich, jak budować dom czy polować. Widuję ich często, jak wyprawiają się na antylopy. Cały wspólny dzień spędzają poza domem. Nie mają w nim nic prócz miejsca do spania. Gdy słońce jest w zenicie, schodzą z pola. Nabakoza przygotowuje posiłek. W tym czasie jej mąż rozmawia z sąsiadami przy bananowym piwie, w cieniu drzew muwule lub mango. Gdy słońce słabnie, wracają do pracy w polu. Wieczorem całą rodziną siadają przy ognisku i opowiadają sobie przeżycia z mijającego dnia.

Rodzina ugandyjska opiera się na więzach krwi. „Ojcem" nazywa się również braci ojca, a „matką" wszystkie siostry matki. Kuzyni natomiast nazywani są „braćmi" i „siostrami". Główną rolę w rodzinie odgrywa ojciec. On wyznacza pracę dla poszczególnych kobiet i dzieci.

Kijem albo rózgą

W tradycyjnym wychowaniu ugandyjskim używa się kija. Jego użycie ma uchronić dziecko przed zachowaniami, które w przyszłości mogą prowadzić do zguby. Ponieważ przez pół roku mieszkałem w szkole podstawowej, nieraz widziałem nauczy-

Przedszkole buszowe

cieli, którzy wymierzali cielesną karę dzieciom. Pewnego razu nie wytrzymałem i na spotkaniu wybuchnąłem. Wtedy usłyszałem od rodziców, że rózga w wychowaniu jest czymś naturalnym i nieodzownym. Jeden z nich stwierdził wprost:

— Jak się ojcu nie podobają nasze metody wychowawcze, to lepiej niech ojciec stąd wyjeżdża.

Poczułem się bezradny. Nie miałem pojęcia, jak ich przekonać do naszych cywilizowanych metod. Pozostało mi pokornie milczeć.

Niełatwo to wszystko ocenić. Prawda bowiem wygląda tak, że gdyby ktoś przesadził i skatował dziecko, wtedy odpowiadałby przed wspólnotą starszych. I albo taki rodzic trafiłby do więzienia, albo zostałby skazany przez sąd współplemieńców na śmierć.

Żywi-zmarli i pamięć

W nocy zbudziło mnie wycie psów i od razu pomyślałem, że pewnie ktoś umarł. Tak się mówiło we wsi, w której w dzieciństwie spędzałem wakacje. Kiedy rano wyszedłem z domu, zobaczyłem lamentującą głośno sąsiadkę. To był znak, że ktoś z jej domowników przeniósł się do wieczności. Okazało się, że zmarł nasz najbliższy sąsiad, Nabuzales. Wcześniej był protestantem, ale niedawno przyjął wiarę katolicką i rok temu wziął ślub w kościele. Bardzo biedny człowiek. W swojej glinianej chatce nie miał prawie nic. Wieczorem całą naszą wspólnotą franciszkanów poszliśmy odmówić przy ciele zmarłego różaniec, przekazać kondolencje i dar w postaci worka grochu jego żonie. To był pierwszy pogrzeb, jaki poprowadziłem w miejscowym języku luganda. Zapisałem datę w kalendarzu — siódmego września 2002 roku.

Wokół małej chaty zebrało się mnóstwo sąsiadów. Kobiety gotowały matooke, a mężczyźni pili bananowe piwo, siedząc pod drzewem. Osobną grupę stanowiły dzieci, siedzące pod innym drzewem na matach. Panowała atmosfera powagi, chociaż zewsząd rozlegał się gwar. Po naszej modlitwie żona zmarłego poprosiła, abyśmy przewieźli naszym samochodem jego ciało do sąsiedniej wioski Katugo, gdzie się urodził. Ludzie biedni często przewożą w nocy ciało zmarłego na rowerze. Następnego dnia na naszym pikapie położono ciało zmarłego, a obok niego usadowiła się najbliższa rodzina i pojechaliśmy do Katugo. Tam odprawiłem mszę świętą. Zmarłego pochowaliśmy zaraz za domem, w bananowym ogrodzie. Ważne jest, by zmarłych chować w ziemi, która należy do głowy rodziny. To miejsce jest uważane przez wszystkich członków klanu za szczególne. Dzięki temu mogą po śmierci przez jakiś czas przebywać na swoich rodzinnych ziemiach.

W Baganda wielu ludzi wierzy, że po śmierci zmarły dołącza do duchów przodków, by żyć w tym świecie bez cierpień. Jednak nie odbywa się to natychmiast, ale etapami. Pierwszy etap to ten, gdy zmarli zostają faktycznie pogrzebani, ale nadal pozostają w pamięci bliskich — takich nazywa się żywymi-zmarłymi. Ich proces umierania jeszcze się nie zakończył. Mówią oni językami ludzi, od których jakiś czas temu odeszli, ale i językami duchów i boga, do których świata się zbliżają. Są nadal członkami ludzkiej rodziny, która przechowuje ich w pamięci. Od czasu do czasu odwiedzają jeszcze swoją rodzinę i spożywają z nią posiłek, aczkolwiek symbolicznie. Często mają kontakt z najstarszymi członkami rodu, np. przychodzą we śnie, by poinformować o zbliżających się ważnych wydarzeniach, zwłaszcza katastrofach, ostrzegają ich przed niebezpieczeństwami, są też strażnikami tradycji. Tak długo, jak tkwią w pamięci bliskich, tak długo żyją swoistą osobistą nieśmiertelnością, która polega na wpływaniu na życie społeczności.

W czasie wyboru głowy klanu starszyzna radzi się przodków, kto powinien sprawować ten urząd. Ponadto prosi się o radę duchy przodków w wielu innych, ważnych społecznych dziedzinach życia. Znają oni dobrze potrzeby ludzkie i zarazem mają kontakt z bogiem, zatem mogą pełnić rolę pośredników. Przedłużeniem ich nieśmiertelności jest nadanie imienia przodka któremuś z jego potomków, wtedy przodek mocniej egzystuje w rodzinie, opiekuje się szczególnie wybranym dzieckiem. Uwaga poświęcona przodkom najczęściej trwa do czwartej lub do piątej generacji. Jeśli umrze ostatnia osoba, która znała przodka, wtedy proces jego śmierci staje się dokonany i może on przejść całkowicie do świata duchów.

Wciągnięty nocą do grobu

Bardzo blisko naszego domu był miejscowy cmentarzyk z dwunastoma grobami krewnych ludzi, którzy ofiarowali ziemię dla parafii. Ponieważ wiedziałem, że tybylcy boją się duchów, postanowiłem zostawić groby, by chroniły nas przed złodziejami. Zdecydowałem się ich nie ruszać, chociaż niby godzono się, żeby szczątki zmarłych przenieść poza parafialną ziemię. Tą decyzją zdobyłem przychylność miejscowej ludności, uznali, że szanuję ich zwyczaj, który nakazuje zmarłych chować koło domu. Usunąłem kamienie z każdego grobu, posiałem trawę i na każdym postawiłem betonowy krzyż. Postanowiłem też na krzyżach umieścić informacje o zmarłych. Jednak ich zdobycie okazało się zadaniem ponad moje siły.

Pewnego razu przybył człowiek, który wskazał mi grób swojego syna. Ucieszony pobiegłem do pokoju po kartkę i długopis, by zapisać dane. Jakież było moje zdziwienie, gdy oświadczył mi, że nie pamięta daty urodzin, śmierci, a nawet imienia zmarłego dawno temu syna. Byłem niemal w szoku, ale kiedy się nad tym zastanowiłem, stwierdziłem, że nie jest to aż takie dziwne. Indagowany ojciec mógł mieć przecież potencjalnie... naście albo nawet kilkadziesiąt dzieci!

Porządkując cmentarzyk, nie wziąłem pod uwagę, że niektóre ciała złożone były bezpośrednio do ziemi, a tylko niektóre pochowano w trumnach. Dla nich wybetonowano groby, przykryto je blachą i przysypano kamieniami.

Pewnego wieczoru byłem na misji sam. Późnym wieczorem poszedłem wypuścić psa. Szedłem bez latarki, ponieważ była pełnia i prawie jasno. Postanowiłem skrócić sobie drogę i przejść przez cmentarzyk. Nagle krzyknąłem:

— Jezus Maria! — i wpadłem do dziury, a dokładnie do grobu.

Byłem sparaliżowany. Serce waliło mi jak młotem. Dobrze, że grób był płytki. Mocno oparłem się rękoma na trawie i podciągnąłem do góry. Otrzepałem się, popatrzyłem w kierunku grobu, ale widziałem tam tylko czarną dziurę. Pobiegłem w stronę domku dla psa. Otworzyłem drzwi. Pies skoczył na mnie z radością. Dobrze, że nie jestem sam, pomyślałem i przytuliłem się do psa. Potem poszedłem do domu, wziąłem szybki prysznic i wskoczyłem do łóżka. Ciągle jeszcze serce biło mi mocno po niedawnych emocjach. Czułem, jakby nieznani mi zmarli przywołali mnie, by dowiedzieć się, co robię na ich ziemi. Przykryłem się kocem i nagle zapadłem w głęboki sen. W nocy śniło mi się, że ktoś mnie wciąga do grobu. Przebudziłem się cały spocony. Odmówiłem modlitwę w intencji zmarłych, leżących na naszym cmentarzyku:

— Wieczny odpoczynek racz im dać, Panie... — i znów zasnąłem.

Rano przy oględzinach miejsca „wpadki" zrozumiałem, że pod moim ciężarem zapadła się przerdzewiała blacha, którą nakryto grobowiec. Przy dziennym świetle zobaczyłem szkielet człowieka. Wziąłem taczkę, przywiozłem ziemię z pobliskiej termitiery i zasypałem grób.

Z papierosem w ustach

Choć nie palę papierosów, zdarzyło mi się kiedyś prowadzić pogrzeb z papierosem w ustach. W Ugandzie niechęć do papierosów jest swoistym fenomenem. Prawdopodobnie wpływa na to sytuacja ekonomiczna ludzi, ale też ich normy kulturowe. W plemieniu Baganda osoba, która pali papierosy, jest nazywana muyaye, czyli wariat, ktoś nieodpowiedzialny. Czasem takich ludzi wyklucza się z klanu, jako nieodpowiedzialnych i egoistycznych. Zamiast kupić jedzenie dzieciom, wydaje pieniądze na trucie organizmu. Jednak to, co się pewnego dnia wydarzyło, może usprawiedliwić fakt złamania przeze mnie społecznego obyczaju.

Robotnicy znaleźli na terenie naszej misji zwłoki kobiety, leżące pod drzewem około dwóch tygodni. Zawiadomiłem policję, co należało do mojego obowiązku jako proboszcza. Kiedy przyjechali, ogłosiłem w Kakooge przez tubę prośbę, by rodzina lub znajomi zmarłej zgłosili się na policję. Nikt jednak nie odpowiedział na apel. Zatem po odczekaniu koniecznego czasu razem z policją oraz robotnikami pracującymi na misji udałem się na miejsce śmierci denatki. Zwróciłem się do policjantów:

— Panowie, proszę zabierzcie te zwłoki.

— Ojcze — odezwał się najważniejszy oficer — ciało jest w totalnym rozkładzie, my nie mamy samochodu i nie mamy jak zabrać tych zwłok. Jeśli ojciec użyczy nam samochodu, to przetransportujemy je do miasteczka, gdzie chowamy biednych i bezdomnych. Ja jednak radzę, by zakopać zmarłą pod tym drzewem, przy którym leży.

— Dobrze — wyraziłem po chwili zgodę, przemyślawszy sprawę.

Robotnicy wykopali głęboki dół i wyłożyliśmy go materiałem olubugo, a potem do niego motykami przenieśliśmy zwłoki. Przeżyliśmy chwile grozy, gdy wkładając zwłoki do dołu, odpadła głowa od tułowia. Odprawiłem skróconą wersję pogrzebu, trzymając w ustach papierosa. Odór rozkładającego się ciała był tak okropny, że papieros pełnił tu rolę kadzidła. Po tym pogrzebie przyszła mi taka refleksja, że im wyżej w hierarchii rozwoju, tym bardziej się śmierdzi po śmierci. Gnijące rośliny mają całkiem znośny zapach, gorzej z rozkładającymi się ciałami zwierząt. Nieraz też musiałem ściągać z drogi ścierwa przejechane przez samochody. Jakoś dawało się wytrzymać. Natomiast rozkładające się ciało człowieka, które zakopywałem pod drzewem, niosło straszliwą, śmiertelną woń. Wytrzymanie tego było na granicy moich możliwości.

Pogrzeb katechisty i moralne dylematy

Śmierć w kulturze plemienia Baganda, podobnie jak w każdej innej, jest wydarzeniem przynoszącym ból. W kulturze grupy etnicznej Baganda ludzie personifikują śmierć, mówiąc, że przyszła po kogoś (*Walumbe amututte*). Podobnie zresztą jest w polskiej kulturze, gdzie w wierzeniach śmierć przedstawiana jest jako stara kobieta, ubrana w białe prześcieradło z kosą w ręku.

Dwunastego czerwca 2009 roku odbył się pogrzeb naszego katechisty z wioski Batuusa, Kyiberu. Jest w zwyczaju tubylców, że zaraz po śmierci wszelka aktywność dokoła zamiera i ludzie żyją tylko tym wydarzeniem, czuwając całą noc przy domu zmarłego. Przychodzą sąsiedzi. Nie wolno wtedy pracować, bo Afrykańczycy wierzą, że duch zmarłego ciągle jest obecny w okolicy i trzeba mu poświecić uwagę. Najpierw członkowie rodziny obmyli jego ciało białą częścią łodygi z bananowca, a potem namaścili je masłem. Twarz zgodnie z tradycją obmyli specjalną wodą, która wypłynęła z łodygi zaraz po ścięciu bananowca. Kyiberu położono w środku pokoju na olubugo. Otoczyli go członkowie rodziny. Najbliższa rodzina nie spała na łóżkach, tylko drzemała, siedząc w kucki na podłodze przy zmarłym.

Następnego dnia nastąpił pochówek. Ponieważ zmarły pracował w kurii diecezjalnej i był powszechnie znany i lubiany, na pogrzeb przybyło sporo ludzi, którzy przynieśli więcej materiału olubugo. Kiedy dotarłem na miejsce, właśnie owijano ciało w to płótno. Pogrzeb rozpoczął się na głównym dziedzińcu, przed domem zmarłego.

Miejscowe kobiety przyniosły dodatkowo suche bananowe liście, na których usiadła najbliższa rodzina. Ciało położono na ziemi przed małym stolikiem, który służył mi za ołtarzyk. Mistrz ceremonii podawał wszystkie znane i zebrane przez siebie od ludzi informacje o zmarłym: jego rodowód, wiek, dzieci, stan cywilny. Temu wszystkiemu towarzyszył głośny lament kobiet. Następnie odbyła się msza święta i przeniesienie zmarłego na cmentarz rodzinny, czyli do ogrodu bananowego, w odległości dwudziestu metrów od domu. Ta ziemia należała do przodków Kyiberu i ponieważ były tu ich groby, zgodnie z tradycją miejscową nie można jej było sprzedać. Odbyła się tu druga ceremonia pogrzebowa. Poproszono mnie, abym jej przewodniczył jako proboszcz. Zwróciłem się do spadkobiercy ubranego w tradycyjny strój, z materiału z kory drzewnej:

— Potwierdzam ciebie na dziedzica w miejsce twojego zmarłego ojca. Twój klan jest Nsenene, którego totemem jest konik polny. Ty masz teraz za zadanie troszczyć się o rodzinę, być dobry dla ludzi, traktować ich z miłością, być miły i otwarty dla gości.

Po tych słowach przekazałem sukcesorowi symboliczne dary: dzidę i tarczę. Po ich odebraniu jest on zobowiązany bronić rodziny przed nieprzyjaciółmi, tak jak robił to jego przodek. Wręczyłem mu też kalabasz z lokalnym piwem (ma on dwie rurki przypominające, że powinien dzielić się nim z rodziną i sąsiadami), pieniądze, które mają symbolizować ciężką pracę dla zapewnienia bytu członkom rodziny, i Biblię jako symbol strzegący ich wiary. Po tym rytuale zaintonowano hymn plemienia Baganda, a na koniec zaproszono mnie na posiłek.

Wieczorem, już bez mojego udziału, odbyły się dalsze rytuały. Ludzie przychodzili do spadkobiercy, by przedstawić mu różne problemy. Między innymi musiał rozstrzygnąć sprawę żony, z którą zmarły miał ślub kościelny. Została odrzucona przez rodzinę zmarłego. Gdy o tym usłyszałem, próbowałem interweniować u rodziny i starszych z klanu. Niestety, moja interwencja nie odniosła pozytywnego skutku. Żona musiała wyprowadzić się z domu, w którym dotychczas mieszkała, a ich dzieci zostały zabrane przez rodzinę zmarłego. Tradycja plemienna okazała się silniejsza niż przykazania biblijne. W takich wypadkach czuję swoją niemoc i jestem załamany.

Nieraz w takich okolicznościach zastanawiam się nad sensem wysiłków głoszenia Dobrej Nowiny. Nasze nauczania odbijają się tu jak groch od ściany. Próbowałem skontaktować się z odrzuconą kobietą. Dowiedziałem się, że zamieszkała z innym mężczyzną w innej wiosce.

Dzieciom Kyiberu pomagamy opłacać szkołę w ramach projektu „adopcji na odległość".

ROZDZIAŁ XI

Dając innym całego siebie

Doktor Wanda Błeńska powiedziała mi kiedyś:

— Gdybym codziennie nie przyjmowała Eucharystii,
nie miałabym siły leczyć trędowatych w Ugandzie.

Tradycja czy fochy?

Zakonnice — także w Afryce — bywają apodyktyczne i lubią rządzić. Kiedy budowałem w Kakooge szkołę średnią dla dziewcząt, pewna przełożona franciszkanka kazała mi zmienić okna, tak by otwierały się na zewnątrz. Wcześniej po konsultacji z inżynierem zamówiłem okna, które otwierały się do wewnątrz. Długo próbowałem ją przekonywać, argumentując, że uczennice będą mogły chodzić po werandzie bez obawy, ze zostaną uderzone skrzydłem okna. Siostra nie dała za wygraną, mówiąc, że w ich tradycji okna otwierają się zawsze na zewnątrz. Tradycja wygrała ze zdrowym rozsądkiem. Kosztowało mnie to dodatkową sumę pieniędzy. Kiedy już zmieniłem kierunek otwierania okien, wówczas nowa dyrektorka szkoły powiedziała mi, że jest jej to obojętne, na którą stronę otwierają się okna, a o takiej tradycji nic nie wie. Wkurzyłem się z powodu bezsensownej straty pieniędzy, bo jak się okazało, powodem były tylko fochy siostry przełożonej. Zresztą częściej zdarzały mi się takie sytuacje, gdy miejscowi chcieli pokazać, kto tu rządzi. Myślę, że wynika to z ich ciągłego kompleksu niższości w stosunku do muzungu.

Po wybudowaniu szkoły ofiarowaliśmy ją siostrom franciszkankom razem z ziemią, na którą otrzymaliśmy pieniądze od sponsora z Niemiec. Obecnie szkoła ma 150 uczennic, które osiągają bardzo dobre wyniki w nauce.

Dziewczęta do tańca i do różańca
ze szkoły średniej św. Antoniego z Kakooge

Moim oczkiem w głowie jest jednak technikum, noszące imię Jana Pawła II — Technical Institute. Może jest tak dlatego, że sam kończyłem technikum budowlane. Zaraz po jego otwarciu zaproponowałem, by produkować w nim trumny. Chociaż większość zmarłych chowa się do ziemi owiniętych w płótno olubugo, to i tak można by sprzedawać co najmniej jedną trumnę na tydzień. Niestety, rada nauczycieli odrzuciła mój pomysł, argumentując, że śmierć w plemieniu Baganda jest tematem tabu i wiąże się z nią wiele przesądów. Ludzie boją się śmierci, mimo że oswajają ją na tyle sposobów. Nauczyciele obawiali się, że gdyby warsztaty szkolne wyrabiały trumny, to młodzież przestałaby uczęszczać do tej szkoły. Utrzymuje się ona z opłat uczniów — kosztuje 80 dolarów amerykańskich na semestr. Wystarcza to na jedzenie i na pensje dla nauczycieli. Zdobywam także pieniądze, głosząc rekolekcje i pisząc różne projekty. Wypełniam w ten sposób charyzmat zakonu, do którego należę, czyli żebractwo. Pensja miesięczna dla jednego nauczyciela wynosi 100 dolarów.

Czy świnia może być nagrodą?

Podczas pobytu w Mityanyie u Ojców Białych miałem okazję podglądnąć ich pracę. Wiele rzeczy bardzo mi się podobało, np. obsadzanie drzewami owocowymi terenów wokół kaplic. Pomysł ten przeniosłem do naszej misji. Postanowiłem, że każdego roku będę budował jedną kaplicę w innej wiosce, i sadził koło niej sosny, eukaliptusy, cyprysy, mahonie. Z radą parafialną wybieraliśmy najlepiej nadającą się do tego celu wioskę. Jej mieszkańcy grodzili parafialną ziemię i sadzili sadzonki, które rozdawałem im za darmo w ramach akcji Caritasu. Ja natomiast z ekipą budowlaną byłem odpowiedzialny za postawienie pośród tej uprawy nowej, murowanej kaplicy. Po kilku latach tego projektu efekt jest taki, że w każdej dużej i dobrze zorganizowanej wiosce mamy murowane kaplice. Projekt potem rozszerzyliśmy i w ramach działań Caritasu w 2005 roku utworzyliśmy pokazowe ogrody owocowo-warzywne: mango, avocado, cytryny i pomarańcze. Zorganizowaliśmy też szkolenie, na którym uczono sadzenia drzew.

W ramach prezentów mieliśmy parę hodowlanych świń dla zwycięzców, którzy mieli chlewy. Musieli je pokazać i oświadczyć, że będą w stanie wyżywić trzodę. Na początku własnoręcznie wybudowałem pokazowy chlew w Kabaale, u naszego katechisty Kityo. Z pomocy Caritasu mogli skorzystać wszyscy chętni, niezależnie od religii. Jednak trzeba było zapisać się do tej organizacji i zapłacić roczną składkę w wysokości 5000 szylingów ugandyjskich (około dwóch dolarów USA). Założenia są takie, że jeśli ktoś otrzyma w darze np. krowę i byka, to po ich rozmnożeniu musi przekazać cielaka następnemu członkowi Caritasu. W ten sposób pomaga się ludziom, ucząc ich jednocześnie odpowiedzialności za rozwój.

Ponieważ musiałem monitorować wszystkie projekty i wysłać raporty do Caritasu diecezjalnego, wymyśliłem zawody na najlepszego rolnika i hodowcę. Na początku roku rozdaliśmy nasiona fasoli, maniok, sadzonki bananów i drzew mango, cytryn, pomarańczy oraz kury i świnie. Po sezonie sprawdzaliśmy rolników, jak wykorzystali tę pomoc. Jeździłem samochodem z wybranymi przedstawicielami Caritasu do poszczególnych wiosek. Wizytowaliśmy gospodarstwa, oceniając ich stan. U kilku rolników widziałem, że świnie chodzą po buszu, bo musiały się same wyżywić, i już prawie zdziczały. Gdy nadszedł czas przekazania ich potomstwa kolejnym członkom Caritasu, wielu mówiło mi, że świnie zdechły albo, że ktoś je ukradł. W rzeczywistości je sprzedano albo ukryto w buszu na czas inspekcji. Tych, którzy wykorzystali dary, nagrodziłem na specjalnym święcie w parafii czwartego października, podczas uroczystości św. Franciszka z Asyżu, naszego założyciela i patrona wszystkich stworzeń. Najlepsze wyniki w zbiorach fasoli miał Ismael Kiku, a najlepszą plantację bananów Shafiki Zizinga. Obaj są muzułmanami. A nagrodami były przecież świnie. Ponieważ zwycięzcy nie chcieli ich przyjąć z powodów religijnych, musiałem zamienić je na kozy.

Wycinamy busz i sadzimy las w Kakooge

Sadzenie lasu

© ARCH. AUTORA

Szkółka leśna w Kakooge

Nauczyciele i studenci
z Technical Institute w Kakooge

© ARCH. AUTORA

Franciszkańska adopcja na odległość

Niedawno ojciec Marek pokazał mi taki list.

Drodzy Ojcowie Franciszkanie.
Dziękuję Wam bardzo za opiekę i pomoc w znalezieniu sponsora. Obecnie skończyłem szkołę średnią i mam pracę. Mój wujek zatrudnił mnie, jako kierowcę boda--boda. Pożycza mi motor, a ja wożę cały dzień pasażerów po Kampali. Wieczorem dzielę się z nim dochodem. Niedługo zamierzam się ożenić. Bóg zapłać za wszystko, co zrobiliście dla mnie. Samuel.

Moja radość była ogromna. Nieczęsto młodzież po skończeniu szkoły przychodzi nam podziękować. List Samuela był miłą niespodzianką. Włożyliśmy go do jego teczki w archiwum. Chłopak pochodzi z plemienia Tutsi z Rwandy i ma za sobą okrutne przeżycia. Stracił całą rodzinę podczas wojny domowej pomiędzy plemionami Tutsi i Hutu w latach dziewięćdziesiątych XX wieku, kiedy to w miesiąc wymordowano milion ludzi. Udało mu się z nielicznymi uciekinierami dotrzeć do Ugandy. Miał dwadzieścia lat, jak zaczął edukację od trzeciej klasy szkoły podstawowej. Dodatkowo miał problemy ze wzrokiem i nauka szła mu ciężko. Dzięki naszemu projektowi ukończył szkołę. Umie pisać i czytać. Jeśli to dobrze wykorzysta, będzie mógł ułożyć sobie życie.

Mamy wiele sierot w parafii, dlatego od początku powstania misji prowadzimy „franciszkańską adopcję na odległość". W ramach tego programu pomagamy dwustu pięćdziesięciu dzieciom w opłacaniu szkoły. Znajdujemy sponsorów, którzy zobowiązują się płacić co roku sumę 100 euro, przynajmniej przez pięć lat. Większość dzieci to sieroty zupełne, pozostawione pod opieką ciotek lub babć. Najzdolniejszym dzieciom zapewniamy edukację w dobrych szkołach, aż do poziomu uniwersytetu.

Obecnie ojciec Marek jest odpowiedzialny za ten projekt i monitoruje rozwój dzieci oraz ich kontakty ze sponsorami. W każdą sobotę dzieci te przychodzą do misji. Dziewczynki myją kościół, a chłopcy koszą trawę. Potem otrzymują jedzenie, a po posiłku idą do naszego kina, gdzie ojciec Marek wyświetla im różne filmy. Dzieci ugandyjskie w czasie projekcji reagują zupełnie inaczej niż dzieci polskie. Na przykład podczas poważnych i tragicznych scen — zdrady Judasza i ukrzyżowania Jezusa — dzieci w Kakooge się śmiały. Nie wiem, jak to interpretować. Może nie rozumiały filmu? Albo inaczej odbierają cierpienie?

Dzieci piszą do swoich darczyńców dwa razy do roku listy, informując, jak im idzie nauka i co nowego się u nich wydarzyło. Niektóre z nich piszą takie prośby:

Dzieci jedzą posiłek posho i fasolę

© ARCH. AUTORA

Elastyczność mają w genach,
a i tak ćwiczą

Dear my sponsor,
Thank you for paying my school fees.

Jestem w pierwszej klasie szkoły średniej. Proszę przyślij
mi kalkulator, aparat fotograficzny, tornister, perfumy
i sukienkę.
I wish youa Marry Christmas and happy New Year!
God bless you!

Nansubuga Grace

Niektórzy ofiarodawcy interesują się szczególnie swoimi podopiecznymi, których naukę opłacają, wymieniając z nimi korespondencję, a nawet odwiedzając ich w Ugandzie. Kilku naszych uczniów ukończyło już uniwersytet i pełnią odpowiedzialne funkcje w różnych organizacjach i firmach.

Adopcja na odległość

© TADEUSZ ZYSK

Misyjny szpitalik w Kakooge

Jako przełożony misji w 2007 roku zabrałem się do budowy szpitalika, tak jak radziła mi doktor Wanda Błeńska. Gdy już budynek był gotowy, poradziła, abym zaprosił lokalne siostry franciszkanki, Little Sisters of St. Francis of Assisi*. Współpra-

---

* Założycielką tych sióstr, które pracują w naszej misji, była matka Kevin. Przybyła do Ugandy sto lat temu z innymi siostrami z Irlandii. Siostry misjonarki prowadziły szpital Nsambya, ale nie kwapiły się, by zdobywać miejscowe powołania. W końcu siostra Kevin zbuntowała się i zaczęła po kryjomu przyjmować miejscowe dziewczęta do zakonu. Siostry nie zaakceptowały tego. Założyła więc nowy zakon lokalny i nazwała go Litlle Sisters of St. Francis of Assisi.

Drogi Piotrze

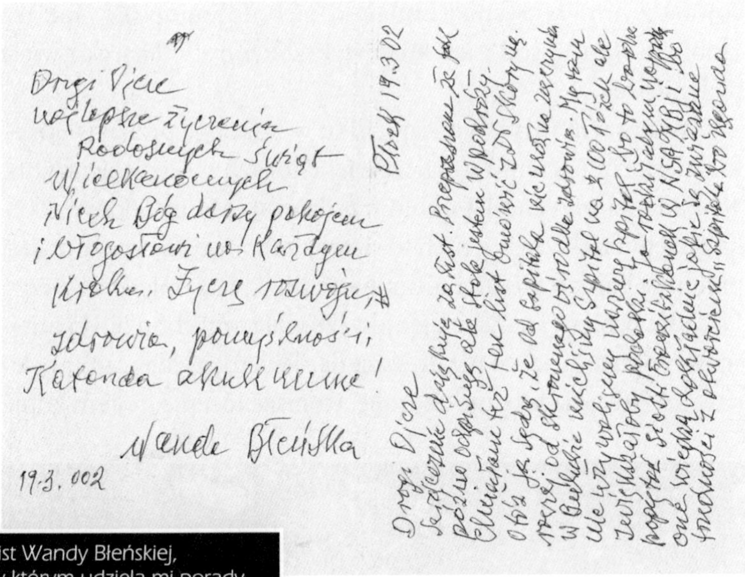

w najlepsze życzenia
Radosnych Świąt
Wielkanocnych
Niech Bóg da Ry pokojem
i Błogosławi w Kazdym
uczciwe. Życzę rozwoju
zdrowia, pomyślności i
Kazonda akull ucznie!

Wanda Błeńska

19.3.002

List Wandy Błeńskiej,
w którym udziela mi porady,
jak założyć szpitalik

Wesołego Alleluja !

cowała z nimi wcześniej i miała o nich dobrą opinię. Tak też zrobiłem. Jest wśród nich kilka wykształconych lekarek i wiele pielęgniarek.

W naszym misyjnym szpitaliku w Kakooge przebywa około dziesięciu pacjentów, najczęściej chorych na malarię i tyfus. Na badania przychodzi około trzydziestu. Mamy lekarza i kilka pielęgniarek, dwie z nich to siostry zakonne. Ludzie w naszej parafii są bardzo biedni i nie mają pieniędzy na opłacenie wizyt. Ponadto nasi parafianie ciągle jeszcze wolą przychodzić do miejscowego uzdrawiacza niż do szpitala. Twierdzą, że w szpitalu lekarz szybko zdiagnozuje chorobę, wypisze receptę, potem kupią

Lekarz wolontariusz Jacek Szewczyk przyjechał karetką do buszu po chorą

kilka tabletek i na tym koniec. A uzdrawiacz wypyta o wszystko i jeszcze robi jakieś tajemnicze rytuały, które mają zapewnić pacjentowi pomoc duchów. Po wizycie u uzdrawiacza ludzie kilka dni czują się lepiej, ale potem stan ich zdrowia najczęściej się pogarsza, i wtedy dopiero przychodzą do naszego szpitalika. Wówczas zawstydzeni mówią, że się im pogorszyło, ale nie mają już pieniędzy, bo wydali je na uzdrawiacza.

I co wtedy mamy robić? Najczęściej ich przyjmujemy. Niestety, nasz szpitalik, ponieważ jest prywatny, nie otrzymał dotychczas żadnej pomocy rządowej. Pozarządowe organizacje też nie chcą nam pomóc, bo nie dystrybuujemy prezerwatyw. Dlatego ciężko jest utrzymać szpital i prawie cały ciężar materialny spoczywa na naszej wspólnocie. Jako że szpital znajduje się przy głównej drodze do Sudanu, niemal codziennie przybywają do niego ofiary wypadków drogowych.

W dzień chorych w 2016 roku przed naszym szpitalikiem mszę odprawiał biskup. Uczestniczyli w niej głównie pacjenci zarażeni wirusem HIV. AIDS — jak stwierdził w kazaniu biskup — jest wciąż największym problemem w Ugandzie. Od jej pojawienia się tutaj, w latach 80. poprzedniego stulecia, do dziś wiele zmieniło się w świadomości ludzi. Zmieniło się też nastawienie do chorych. Najpierw była to choroba wstydliwa. Ludzie chorzy na AIDS byli w społeczeństwie stygmatyzowani. Organizacje pragnące to zmienić wpłynęły jednak na rządy krajów Afryki, by zarażeni, przyznający się do choroby publicznie, otrzymywali leczenie w szpitalach za darmo. W 1994 roku 25% ludności tego państwa zarażonych było wirusem HIV. Prognozy WHO wskazywały, że w ciągu trzech kolejnych lat liczba zarażonych się podwoi. Tymczasem liczba ta zmniejszyła się dwukrotnie. Jaki był zatem fenomen tej profilaktyki? Prezydent Y.K. Museweni wspólnie z katolikami, anglikanami i muzułmanami promowali wstrzemięźliwość seksualną i wierność małżeńską. Biskup, powołując się na dane WHO, powiedział, że tam, gdzie propagują profilaktykę opartą na prezerwatywach, np. w Botswanie, zarażonych jest obecnie 36% populacji ludności. Niestety, ostatnimi laty organizacje międzynarodowe wymogły na Ugandzie promocje prezerwatyw i wskaźnik zarażonych znowu się zwiększył.

Podczas wspomnianej Eucharystii doszło do nieoczekiwanego zdarzenia. Nagle zaczęli przybywać do szpitala jacyś dziwni pacjenci. Jak się później okazało, ofiary wypadku. Najpierw na motorze przywieziono rannego żołnierza. Ku zdziwieniu uczestników mszy zrzucił na ziemię hełm, potem kamizelkę kuloodporną, kaburę z pistoletem i pobiegł do wnętrza szpitalika. Kolejno przywożono innych, w różnym stanie. Widać było ich rany na głowach i czerwone plamy w różnych miejscach na mundurze. Jeden z kapłanów opuścił nawet mszę, aby udzielić potrzebującym sakramentu chorych. Następnie po opatrzeniu ran wojskowy ambulans zabrał żołnierzy do szpitala wojskowego w Nagasongoli, gdzie ich zoperowano. Niestety, ponieważ nasz lekarz nie ma jeszcze doświadczenia chirurgicznego, nie mógł pomóc wszystkim rannym — kilku z nich wymagało skomplikowanych zabiegów operacyjnych.

Jak doszło do wypadku? Otóż miejscowy boda-boda wyjeżdżał z wiejskiej drogi na asfaltową. Zadowoleni — pasażer z kierowcą, którym udało się sprzedać w wioskach dużo miejscowego alkoholu — Tronto — prowadzili wesołą konwersację. Nie zauważyli pędzącego samochodu wojskowego. Kierowca motoru zginął na miejscu, a drugiego pasażera przywieziono do szpitala w bardzo poważnym stanie. Żołnierze z koziołkującego samochodu rozsypali się po polu, a potem dowieziono ich do naszego szpitalika. Wojskowi kierowcy w Ugandzie mają specjalny status — nie zatrzymuje ich policja, chociaż nie przestrzegają przepisów drogowych, których i tak jest mało w tym kraju. Z kolei ojciec Marcin Zagórski, który w młodości miał problemy ze wzrokiem, organizował co roku z okazji święta św. Franciszka z Asyżu badanie oczu dla naszych parafian w Kakooge. Nasz założyciel również cierpiał na chorobę oczu i już na wpół niewidomy napisał najpiękniejszy hymn pochwały stworzeń, znany jako *Pieśń słoneczna*:

Najwyższy, wszechmogący, dobry Panie,
Twoja jest sława, chwała i cześć,
i wszelkie błogosławieństwo.

Tobie jednemu, Najwyższy, one przystoją
i żaden człowiek
nie jest godny wymówić Twego Imienia.
Pochwalony bądź, Panie mój, ze wszystkimi
                              Twymi stworzeniami,
szczególnie z panem bratem słońcem,
przez które staje się dzień i nas przez nie oświecasz.

I ono jest piękne i świecące wielkim blaskiem:
Twoim, Najwyższy, jest wyobrażeniem.

Pochwalony bądź, Panie mój, przez brata księżyc
                              i gwiazdy,
ukształtowałeś je na niebie
jasne i cenne, i piękne. (...)

Jednego roku z badania oczu skorzystało około 200 pacjentów. Przez cały dzień badało ich trzech okulistów ze szpitala Mengo (najstarszego szpitala w stolicy, założonego ponad sto lat temu przez anglikanów). Ogólnie miejscowi nie noszą okularów, ponieważ nie czytają książek i gazet, a niewielu z nich prowadzi samochód. Wkładają okulary tylko dla dodania sobie powagi albo dla upiększenia wyglądu, gdy są ładne oprawki.

Wolontariuszki: błogosławieństwo i pokusa

Co roku gościmy grupę dentystów z uniwersytetu w Karolinie Południowej. Odwiedzają najbiedniejsze wioski i pomagają tym, którzy mają problemy z uzębieniem, a nie mają pieniędzy, aby dotrzeć do szpitala. Studenci ze swoim nauczycielem jeżdżą do wiosek i głównie wyrywają ludziom zęby, które są źródłem niebezpiecznych stanów zapalnych i bólu. W ciągu jednego tygodnia pięciu studentów wyrwało ponad tysiąc zębów. Chcą napisać projekt na wybudowanie w Kakooge małej kliniki dentystycznej.

Od kilku lat przyjeżdżają też, by służyć ubogim chirurdzy z Polski, w ramach projektu Polskiej Misji Medycznej. Jak przygotowuję się na przyjazd lekarzy? Najpierw muszę złożyć w Ministerstwie Zdrowia wszystkie dokumenty lekarzy wolontariuszy, chętnych do pracy w Ugandzie. Potem czekam około miesiąca na pozwolenie na pracę, które kosztuje 400 dolarów amerykańskich za każdego lekarza. Gdy nadchodzi czas ich przylotu, wyjeżdżam po nich na lotnisko. Samoloty często się spóźniają. W jednym czasie, w porze obiadowej, na małym lotnisku w Entebbe ląduje siedem samolotów.

Renata, która jest chirurgiem, przyleciała do nas na tę samą akcję już drugi raz. Razem z nią przybyła Justyna, anestezjolog.

Jedziemy do magazynów medycznych do Kampali po lekarstwa i przedmioty potrzebne do przeprowadzenia operacji, takich jak halotan do usypiania pacjentów, strzykawki oraz inne medykamenty, które pakujemy na pikapa i zabezpieczamy plandeką przed deszczem. Na początku akcji zawsze towarzyszy nam nerwówka. Lekarki mają obawy, czy w czasie operacji nie zarażą się HIV. Tak zdarzyło się w Ugandzie ze sławną kanadyjską chirurg Lucille Teasdale Corti, która podczas operacji przecięła rękawiczkę i zaraziła się od chorego żołnierza.

Jestem odpowiedzialny za sprawy organizacyjne, za to, czy wszystko jest przygotowane i zapięte na ostatni guzik, czy na przykład zastartuje generator prądu. Zrezygnowaliśmy z używania prądu z elektrowni, ponieważ jego napięcie jest niestałe. Nieraz już zdarzyło się, że skoki napięcia były tak duże, że spaliły nam lodówkę, pralkę i komputery, mimo że mieliśmy stabilizator napięcia.

Następnego dnia po przybyciu Renaty i Justyny przyszli pacjenci zakwalifikowani przez miejscowego lekarza do operacji przepuklin. Ponieważ mamy na ten projekt tylko trzy tygodnie, lekarki zabrały się szybko do pracy. Wszystko funkcjonowało dobrze. Lekarkom towarzyszył miejscowy personel i Ania z Krakowa, która jest też instrumentariuszką. W naszym projekcie chodzi o to, by przeszkolić lokalny personel do udziału w przyszłych operacjach, które będą przeprowadzać już potem sami. I tym razem wszystko się udało. Lekarki przeprowadziły 42 operacje głównie przepuklin u dzieci i kilku starszych osób.

Wolontariuszki to jest dla nas wyzwanie we wspólnocie zakonnej. Gościmy je w domku wolontariusza, ale część życia prowadzimy wspolnie. Jemy razem posiłki, po dniu pracy spotykamy się na rekreacji. Przyjeżdżają z innego świata i można z nimi o różnych rzeczach porozmawiać. Jest duży kontrast pomiędzy prostymi, miejscowymi ludźmi a wykształconymi, obytymi w świecie kobietami. Wolontariuszki są dla nas wielką pomocą, ale i pokusą. Wiele razy wzbudziły we mnie tęsknotę za normalnym życiem w rodzinie. Mój kolega franciszkanin, również pracujący na misjach w Afryce, uległ powabom wolontariuszki i wystąpił z zakonu. Miłość do kobiety okazała się silniejsza niż wierność powołaniu.

Nosorożce w akcji

Safari w języku suahili oznacza podróż. Nazwa wzięła się stąd, że misjonarze, Ojcowie Biali, jeździli na motorach po buszu, aby ewangelizować. Zatrzymywali się w jakiejś wiosce i pod drzewem uczyli ludzi katechizmu. Potem wracali na misje odpocząć i znów jechali na safari. Dziś ta nazwa kojarzy się ludziom z jazdą po buszu i oglądaniem zwierząt. Gdy przyjeżdżają wolontariusze i wykonają dobrą robotę, to w nagrodę najczęściej wyjeżdżamy na dwa dni do Murchison Falls.

Trzeba wyjechać około godziny ósmej rano. Zatrzymujemy się w sąsiedniej wiosce Migyera, gdzie znajduje się Zziwa Ranch. Prowadzony jest tu program przywrócenia naturalnemu środowisku białego nosorożca. W czasach Amina bowiem żołnierze kwaterowali w parku i część zwierzyny zabijano na pożywienie, a część na sprzedaż trofeów za granicę. Tak wytrzebiono nosorożca. Przewodnik mówił, że obecnie są to zwierzęta szczególnie chronione na całym świecie. Jeszcze trzydzieści lat temu Uganda miała kilkaset nosorożców. W ciągu paru lat wybito wszystkie. W parku, który ma 70 km kwadratowych powierzchni, przebywa aktualnie szesnaście nosorożców. Przedzieramy się przez busz, kalecząc ciała kolcami krzaków. Po

kilkunastu minutach marszu ujrzeliśmy z odległości kilkunastu metrów trzy nosorożce. Najbliżej nas stanął Obama, który
jest pierwszym nosorożcem urodzonym w Ugandzie, z matki
Amerykanki i ojca Kenijczyka. Obok niego pasła się jego młod-
sza siostra Donna, a w krzakach chował się przed słońcem trzeci, o imieniu Augusto. Po paru minutach wyjaśnień przewodnika zrobiliśmy sobie kilka zdjęć na tle zwierząt, które pasły się
w odległości około dziesięciu metrów od nas. Gdy mieliśmy
odchodzić, pojawił się czwarty, najstarszy i najbardziej okazały nosorożec Taleo.

— Ale macie szczęście, że cztery nosorożce pojawiły się
w jednym miejscu — oznajmił ucieszony przewodnik.

Za chwilę nastąpi atak nosorożca

My jednak mieliśmy wrażenie, że te dzikie zwierzęta nas okrążają. I rzeczywiście, intuicja nas nie zawiodła, bo wizyta starego nosorożca rozwścieczyła Augusto i zaatakował on intruza z innej grupy. Wtedy wszystkie nosorożce ruszyły w panice przed siebie. Mieliśmy niesłychane szczęście, że wybrały inne kierunki, bo mogłyby te ich rajdy skończyć się dla nas tragicznie. Wszystko trwało tak krótko, że nie zdążyłem nawet wskoczyć na drzewo. Było to ciężkie doświadczenie. Ocaleni! Żyjemy! Mamy nadzieję, że nosorożce też przeżyją, będą się licznie rozmnażać i zaczną powracać do parków narodowych. I dostarczać ludziom mocnych wrażeń.

Dalej jedziemy dobrą drogą asfaltową, pokonując około 120 km do Masindi. Wrażenie niesamowite, bo wokół jak okiem sięgnąć wspaniała sawanna. Potem już jest droga maramowa. Mijamy plantacje herbaty i trzciny cukrowej. Stąd jest 12 kilometrów do parku i 60 do sławnego i bardzo widowiskowego Wodospadu Murchisona, gdzie rzeka Nil, szeroka na 50 metrów, przebijając się przez skały, zwęża się do sześciu metrów i spada czterdziestometrową gardzielą wodospadu. Podziwiamy masę wody spadającą do wąskiej gardzieli, a tęcze, które tworzą się nad wodospadem, dopełniają piękna natury. Po półgodzinnym zachwycie nad tymi widokami jedziemy na umówioną trasę po Nilu. Podróż trwa trzy godziny. Widzimy mnóstwo ptactwa, hipopotamów i krokodyli. Następnego dnia wcześnie rano udajemy się na prom, i przepływamy na drugą stronę rzeki przy pięknym wschodzie słońca. Safari trwa kilka godzin, widzimy stada różnych antylop, żyraf, słoni, lwów. Jak ma się szczęście, można nawet zobaczyć geparda, szakala i hieny.

O godzinie jedenastej wracamy promem na drugą stronę Nilu i jedziemy samochodem do Nyabyei — do polskiego ko-

TEN KOŚCIÓŁ KU UCZCZENIU NAJ-ŚWIĘTSZEJ MARYI PANNY, KRÓLOWEJ KORONY POLSKIEJ, WYBUDOWALI WY-GNAŃCY POLSCY POD-CZAS TUŁACZKI DO WOLNEJ OJCZYZNY.

Kościół w Nyabyei

ścioła i cmentarza. Pochowano na nim 34 Polaków, którzy wyszli z Syberii z żołnierzami generała Andersa na mocy układu Sikorski–Majski. Takiej wygnańczej ludności cywilnej było około kilkudziesięciu tysięcy, głównie kobiet i dzieci, rozmieszczonych przez brytyjskie władze kolonialne w osiedlach polskich, we wschodniej Afryce. W Nyabyei było ich około trzech tysięcy. W środku buszu stoi kościół. Na jego froncie godło Polski i napis w czterech językach (polskim, angielskim, suahili i po ła-

Cmentarz w Nyabyei

cinie) brzmiący: „Ten kościół ku uczczeniu Najświętszej Maryi
Panny Królowej Polskiej wybudowali wygnańcy polscy podczas
tułaczki do wolnej ojczyzny". Przebywali tu w latach 1943-1947.
W głównej nawie, nad ołtarzem obraz Matki Boskiej Częstochow-
skiej, na ścianach droga krzyżowa, a każda stacja jest opisana po
polsku. Kościół jest pod wezwaniem Najświętszej Panny Marii,
Królowej Korony Polskiej. Gdy pierwszy raz tu przyjechałem
i czytałem napis na polskim kościele w afrykańskim buszu *Polo-
nia semper fidelis*, łzy spływały mi po policzkach. Odtąd staram
się być tu co roku, w tym szczególnym dla Polaków miejscu. Od
Nyabyei mamy do naszej misji jakieś trzy godziny drogi.

PARK NARODOWY
WODOSPADU MURCHISONA

© ARCH. AUTORA

Pawian siedzi na naszym misyjnym samochodzie

© ARCH. AUTORA

Król buszu

Żołny czerwonogardłe

© RENATA POPIK

Orzeł rybny — fish eagle

Żuraw koroniasty,
który jest symbolem Ugandy

© PIOTR KUBIAK

© ARCH. AUTORA

Sępy

Rybaczek srokaty, zwany po angielsku pied kingfisher, po polsku można go też nazwać zimorodkiem srokatym

Dzioborożec abisyński, można go też nazwać dzioborogiem abisyńskim, ale jako wychowany w tradycji Arkadego Fiedlera będę się upierał, że to dzioborożec, a nie dzioboróg

[377]

Guźce

Bawół z czaplą złotawą na grzbiecie

© PIOTR KUBIAK

© PIOTR KUBIAK

Wodospad Murchisona

Motyl upolowany na Wodospadzie Murchisona. Obok niego Andrzej Zysk

© TADEUSZ ZYSK

© JAN GRZEGORCZYK

© TADEUSZ ZYSK

Rafting na źródłach Nilu,
niedaleko Jinja

Jedenastego listopada 2016 roku odprawiałem mszę świętą na cmentarzu w Kojja. Miejsce to znajduje się przy Jeziorze Wiktorii, trzy godziny od naszej misji w Kakooge, jadąc w stronę granicy z Kenią. W rocznicę odzyskania przez Polskę niepodległości modliłem się za zmarłych Polaków, którzy leżą na tym cmentarzu. Towarzyszyli mi: Gosia, Teresa i Robert z polskiej fundacji „Dzieci Afryki", którzy budują w tutejszej wiosce szkołę podstawową. Widziałem po ich minach, że są bardzo przejęci. Jest tu fragment polskiej historii i naszego narodowego dziedzictwa. Na mszy świętej obecni byli również zaproszeni przez nas przedstawiciele lokalnego rządu.

Później, podczas obiadu, opowiedziałem gościom z Polski pewną historię. Kiedyś odprawiałem mszę świętą w londyńskim kościele ojców Jezuitów. Zostałem przedstawiony jako misjonarz z Ugandy. Po Eucharystii przyszli do zakrystii państwo Kaczorowscy i zaprosili mnie na śniadanie. Okazało się wtedy, że pani Karolina była jako dziecko w Ugandzie w obozie dla uchodźców w Kojja. Dowiedziałem się od niej wielu szczegółów dotyczących życia w obozie. O bezpieczeństwo i wyżywienie dla polskich uchodźców troszczyli się wtedy Anglicy, a wewnętrzna organizacja szkoły i kościoła należała do Polaków.

ROZDZIAŁ XII

VIP-y na misji
— od króla
do prezydenta

„Tak, jestem królem. Ja się na to narodziłem
i na to przyszedłem na świat, aby dać świadectwo prawdzie.
Każdy, kto jest z prawdy, słucha mojego głosu". (J 18, 37)

Na brzuchu przed królem

Do wizyty króla przygotowałem się dość intensywnie. Przede wszystkim przeczytałem kilka książek i nauczyłem się kilku wyszukanych pozdrowień w języku luganda, aby go przywitać. I tak z przeczytanej lektury dowiedziałem się, że dawniej, aby zostać królem, trzeba było wyjść zwycięsko z potyczki z innymi kandydatami do tronu. Kandydatów do tronu zamykano w jednym pomieszczeniu i czekano, aż wyjdzie z niego tylko jeden żywy — zwycięzca. Z czasem królem zostawał najstarszy z rodu, królestwo dziedziczyło się po linii matki. Król rządził samodzielnie, ale decyzje podejmował, konsultując się ze starszyzną klanów. Największą rolę wśród nich odgrywał Katikiro, czyli premier, szef rządu plemienia Baganda. Król nosi tytuł Ssabataka, co dosłownie znaczy „ojciec liderów wszystkich klanów". Tuż przed przybyciem pierwszych Europejczyków król Suna II miał bardzo dużą liczbę kobiet i konkubin, które odróżniały się od innych kobiet specjalnym ubiorem i bransoletką. Panował wtedy zwyczaj, w myśl którego do króla należały wszystkie kobiety z plemienia Baganda. Odkąd królowie przyjęli religię chrześcijańską, przyjęli też chrześcijański ślub, z jedną tylko żoną, który odbywa się w anglikańskiej katedrze św. Pawła, na wzgórzu Namirembe.

Pierwszym królem Baganda, który wziął chrześcijański ślub, był król Daudi Chwa II. Nie przeszkodziło mu to jednak spłodzić 36 dzieci z innymi Abazaana (tak zwanymi żonami króla).

Od przyjęcia chrześcijaństwa koronacje królów miały dwie ceremonie: jedną tradycyjną, która odbywała w godzinach rannych, i drugą po południu, w katedrze anglikańskiej, według rytuału chrześcijańskiego, inspirowanego przez Koronę Brytyjską. Trzydziestego lipca 1993 roku odbyła się koronacja obecnego króla Ronalda Muwenda Mutebi II. Król wstępował na tron w tradycyjnej ceremonii, wzorując się na swoim praprzodku Kintu. Najpierw spędził noc w specjalnie zbudowanej w tym celu chacie na wzgórzu Buddo, następnie wziął udział w ceremonii zwanej Nayota. Według legendy protoplasta Kintu przybył do Bugandy w czasie, gdy rządził nią Bemba Omusota (wąż Bemba) i aby przejąć władzę, Kintu musiał go pokonać. Odtąd każdy kabaka wstępujący na tron musiał zmierzyć się z wężem. W tym celu łowiono pytona i wypuszczano go na wzgórzu Buddo, które uważano za święte i wybrano na miejsce koronacji króla. Król, uzbrojony w miedzianą włócznię, kłuł pytona tak długo, aż wąż uciekł ze wzgórza. Następnie ubierał tradycyjny strój przodków: sandały, skórę z leoparda i okrywał się olubudo. Potem, w obecności przedstawicieli pięciu najstarszych klanów, wypowiadał tradycyjną formułę, w której obiecywał, że będzie dzielnie walczył w obronie królestwa, będąc szczodrym i sprawiedliwym dla poddanych. Na koniec przewodniczący ceremonii oficjalnie ogłaszał: *Ono ye kabaka wammwe!* („Oto jest nasz król!”). Po południu odbywała się ceremonia w anglikańskiej katedrze na Namirembe, mająca oprawę ekumeniczną. Przewodniczył jej anglikański biskup Livingston Nkoyooyo, biskup Misaeri Kawula nałożył koronę na głowę kandydata, a katolicki biskup Adrian R. Ddungu wygłosił kazanie. Ceremonii towarzy-

Z królem plemienia Baganda
— Mutebim Muteasą II — zdjęcie
wiszące w pałacu króla w Kampali

szył duży chór złożony z anglikanów, katolików i adwenty-
stów dnia siódmego. Sheik Ali Kulumba w imieniu muzułmanów modlił się za nowego króla i wręczał mu księgę Koranu.

Obecnie realna polityczna władza należy do prezydenta
Ugandy, a królowi Bagandy przysługuje tylko tradycyjny tytuł
lidera największej grupy etnicznej w Ugandzie oraz wynikające
z tego przywileje. Jednak członkowie Baganda darzą króla dużo
większym szacunkiem niż prezydenta kraju.

W przypadku śmierci króla bębny obraca się dnem do góry,
ponieważ bęben w Baganda symbolizuje króla. Zwłoki zmarłego władcy osusza się w dymie i wyrywa z nich żuchwę, którą
się zdobi i przechowuje jako relikwię, wierząc, że towarzyszy
jej duch władcy, opiekujący się potomkami i całym krajem.

O śmierci kabaki nie mówi się wprost, określa się ją jako odpoczynek, przejście do krainy lasu i przejęcie królestwa przez następcę. Miejscem pochówku czterech ostatnich królów Baganda jest wzgórze w Kampali zwane Kasubi.

Szóstego października 2008 roku naszą misję w Kakooge odwiedził król Bagandy — Ronald Muwenda Mutebi II ze swoją świtą, która liczyła około stu osób i dodatkowo pięćdziesięciu żołnierzy. Ojciec Marcin stwierdził, że nawet prezydent USA nie ma takiej ochrony. Nasi parafianie pozdrawiali króla tańcem, przy akompaniamencie głośno grających bębnów, okrzykami i padaniem na twarz przed obliczem majestatu królewskiego. Obrazki niczym ze średniowiecza. Króla Bagandy (kabaka) prawidłowo pozdrawia się, kładąc na brzuchu i przykładając policzki do ziemi. A z miejsca spotkania z królem odchodzi się, nie spuszczając z władcy wzroku. Dawniej za nieprzestrzeganie tego protokołu można było nawet stracić życie. Król Bagandy nie powinien się uśmiechać publicznie, ponieważ uśmiech był oznaką słabego władcy. W naszej parafii nie udało mu się to jednak, w momencie gdy go witałem w języku luganda, wymieniając przodków klanu, do którego zostałem przyjęty. Wtedy też przez zebrany tłum przetoczyła się lawa spontanicznego śmiechu. Król przybył na naszą misję, aby podziękować nam za rozwój, jaki wnosimy do Kakooge. Spotkanie miało też część prywatną i przebiegało w miłej atmosferze. Miałem wtedy czas, aby przy herbacie spytać króla o kilka spraw związanych z tradycją Baganda, które umieściłem później w swojej pracy doktorskiej.

Na koniec wizyty służba królewska zabrała wszystkie naczynia, których król używał podczas posiłku w naszej parafii. Na moją uwagę, aby oddano ładny flakon i ręcznik, powiedziano mi, że to, czego król dotknie, automatycznie należy do niego.

Wizyta prezydenta Ugandy

Nie tylko król odwiedził naszą misję. Przed wyborami w 2008 roku do Kakooge przybył także prezydent Museweni. Najpierw poinformowano czekający tłum, że prezydent jedzie samochodem. W kolumnie pojawiły się dwa identyczne mercedesy z ciemnymi szybami, by nie było wiadomo, w którym siedzi prezydent. Ponadto jechali też ministrowie, specjalna ochrona i karetka. Prezydent dotarł na spotkanie o szóstej po południu, i to nie jak się spodziewano samochodem, tylko helikopterem. Kilka tysięcy ludzi cały dzień czekało na stadionie w upalnym słońcu. W nagrodę za cierpliwość otrzymali od prezydenta po butelce coca-coli i żółtej koszulce z jego podobizną.

Poproszono mnie, a byłem wtedy proboszczem, abym na początku spotkania odmówił modlitwę. Potem przedstawiciele lokalnych władz — państwowych i kościelnych — podchodzili przywitać prezydenta. Czułem się rozdarty, czy podejść do niego, czy nie? Z jednej strony wiedziałem, że Museweni dzięki wielkiej armii trzyma pokój w kraju, a z drugiej, jakim to odbywa się kosztem i jak wielka korupcja panuje w Ugandzie. Do tego ten kult jednostki. Miałem moralne opory ze względu na wprowadzoną przez niego dyktaturę. Przed poprzednimi wyborami Museweni wpłynął znacząco na zmianę konstytucji, by umożliwiła mu start w trzeciej kadencji. W Kampali widać było ruchy wojsk, które miały zademonstrować siłę, jaka stała za prezydentem, a protesty były szybko tłumione przez specjalne oddziały policji. Po rozważeniu tych dylematów w końcu nie podszedłem do prezydenta. Ponieważ byłem jedynym białym na tym wiecu, zostało to zauważone. W pewnym momencie mój wzrok spotkał się ze wzrokiem prezydenta. Dzieliło nas kilka metrów.

Czułem, że czeka, bym podszedł i oddał mu cześć. A może mi się tylko wydawało?

Po obaleniu Idi Amina, z pomocą Tanzanii w 1980 roku, Milton Obote powrócił drugi raz do władzy. Był witany entuzjastycznie. Jednak „miesiąc miodowy" trwał krótko. Obote wrócił do faworyzowania swojego plemienia, więzienia wypełniały się przeciwnikami, dużą rolę odgrywała tajna policja i donosiciele. Dla wszystkich stało się jasne, że Obote przywraca władzę absolutną. Znów nastał czas terroru.

Wtedy to Kaguta Yoweri Museweni zorganizował partyzantkę w buszu, uformował NRA (Narodową Obronną Armię) i prowadził walkę partyzancką w Trójkącie Luweero* przeciw rządom Obotego, który w tym miejscu szczególnie prześladował ludzi z plemienia Baganda. Była to wojna cywilna na terenie Trójkąta Luweero. Obote o pomoc poprosił żołnierzy z Korei Północnej. Ale ta armia nie dawała sobie rady w nieznanym jej, bagiennym terenie, na którym miejscowa partyzantka czuła się znakomicie. W przeciwieństwie do armii Obotego, której morale było fatalne, w wojsku Museweniego panowała żelazna dyscyplina, podbudowana ideałami wyzwolenia kraju i służby dla ludzi. Powoli Museweni opanowywał coraz większą część kraju i stawało się jasne, że dni armii rządowej są już policzone.

W tym czasie w Trójkącie Luweero wielu ludzi opuszczało domy ze strachu i uciekało do buszu. Z relacji żyjących świadków wynika, że ludzie, którzy nie uciekli, byli narażeni na podwójne niebezpieczeństwo: wojsko Obotego mogło

---

* Trójkąt Luweero to teren wyznaczony poprzez trzy jeziora: Wiktorii, Alberta i Kyoga. Na tym terenie trwały działania wojny cywilnej w latach 1980-1986.

im zarzucić, że współpracują z partyzantami Museweniego, a partyzanci przychodzili do nich, by rekwirować dobytek. Drogi zarastały, nie dowożono żywności. W rejonie działań partyzantów zamarł handel. Mieszkańcy, którzy nie uciekli z tego regionu, mówią, że w tym czasie w Trójkącie Luweero było więcej trupów niż żywych ludzi. Wspominają, że w tamtym czasie wiele nocy spędzili w buszu, bojąc się, że przyjdą żołnierze albo partyzanci do ich domów. Parafie Kijaguzo i Nakaseka w obecnej diecezji Kasana-Luweero zostały opuszczone przez ludzi i duszpasterzy, ponieważ były w centrum działań wojennych. Majątek kościelny został rozkradziony i zniszczony. W parafii Kasaala ojcowie kombonianie opuścili misję na trzy miesiące, po tym jak eksplodująca bomba zniszczyła ich dom. Do parafii Katikamu kapłani dojeżdżali tylko w razie potrzeby, by służyć ludziom, którzy pozostali w swoich domach. W kościele mieszkali żołnierze armii Obotego. W nocy żołnierze bali się wychodzić na zewnątrz ze względu na partyzantów, więc potrzeby fizjologiczne załatwiali w budynku świątyni.

W 1985 roku Milton Obote przegrał wojnę cywilną. Dwudziestego stycznia 1986 roku zaś generał Yoweri Kaguta Museweni objął oficjalnie rządy w Ugandzie i złożył przysięgę prezydencką. W przemówieniu w trakcie obejmowania urzędu zapowiedział, że jego polityka będzie ponadplemienna, a głównym problemem w Afryce, szczególnie w Ugandzie, nie są ludzie, ale przywódcy, którzy chcą rządzić bez żadnych ograniczeń. Niestety, po kilkunastu latach sprawowania władzy zrobił to samo — po prostu zmienił konstytucję i zapewnił sobie możliwość bycia prezydentem przez długie lata.

W 1993 roku do Ugandy przybył papież Jan Paweł II. To wydarzenie poruszyło nie tylko katolików. Zostało entuzjastycznie przyjęte zarówno przez wszystkich mieszkańców Ugandy, jak i przez opinię międzynarodową. Było znakiem, że sytuacja społeczno-polityczna się normalizuje. W tym samym roku odbudowano również królestwo Bagandy, ale w nowej rzeczywistości, bo król nie miał już żadnej siły politycznej. Prezydent zaprosił wypędzonych przez generała Idiego Amina Azjatów do powrotu. Sytuacja ekonomiczna Ugandy zaczęła bardzo szybko się poprawiać. Prezydent, podobnie jak jego poprzednicy, chce aby lud Baganda był traktowany na równi z innymi grupami etnicznymi.

Po jakimś czasie, już po tzw. Rewolucji Demokratycznej w Afryce, w której Zachód chciał siłą zaprowadzić „swoją demokrację", w krajach takich jak Irak, Libia, Egipt, zmieniłem zdanie o „miękkiej dyktaturze" Museweniego. Jestem teraz bardziej mu przychylny, chyba lepiej go rozumiem. Po pierwsze dba o pokój w kraju, gdzie jest sporo plemion wzajemnie skłóconych. W Ugandzie utrzymanie pokoju jest sztuką. Ludzie są nieprzygotowani do demokracji i nie wiadomo, jakby się skończyły próby jej zaprowadzenia. Prawdopodobnie wojną.

Franciszek sadzi „drzewo jedności"

Wizyta papieża Franciszka w Ugandzie w listopadzie 2015 roku związana była z 50. rocznicą kanonizacji męczenników, zorganizowaną na zakończenie Soboru Watykańskiego II w Rzymie.

Dwudziestego siódmego listopada 2015 roku, w pierwszym dniu swojej wizyty, papież Franciszek przybył do Munyonyo* o godzinie dziewiętnastej. Czekał na niego ze świe-

---

* Misję w Munyonyo założyliśmy w 2014 roku jako trzecią misję w Ugandzie. Jest to dom filialny misji w Matugga. Misję w Matugga założyli-

Na klasztornym stoliku zdjęcia
z braćmi męczennikami z Peru
oraz z papieżem Franciszkiem
i ojcem Marianem Gołębiem

© JAN GRZEGORCZYK

cami w dłoniach trzydziestotysięczny tłum. Światło nadawało
uroczystości pięknej i podniosłej atmosfery. Franciszek spotkał się z katechistami i nauczycielami, których patronem jest
św. Andre Kaggwa. Powiedział do katechistów, że mają uczyć
ludzi modlitwy i głosić Dobrą Nowinę, nawet gdyby nie do-

śmy w 2009 roku, gdzie abp. Cyprian Kizito Lwanga utworzył nową
parafię. Jest to miasteczko położone przy głównej drodze do Kampali
w odległości 70 kilometrów od Kakooge. Pierwszym proboszczem został
o. Szymon Majcherczyk.

stawali za to żadnego wynagrodzenia. Trzeba głosić Ewangelię współczesnemu światu. Ponadto papież poświęcił kamień węgielny pod budowę nowego kościoła i wspólnie z przedstawicielami kościoła anglikańskiego posadził drzewko pokoju, wyhodowane w naszej misji w Kakooge. Miało ono symbolizować jedność chrześcijaństwa.

Opowieść ojca Mariana

Pierwszym kustoszem sanktuarium w Munyonyo był ojciec Marian Gołąb*.

Oprowadzając tego roku po sanktuarium męczenników moich gości — Tadeusza Zyska z żoną Aldoną i synem Andrzejem oraz pisarzem Janem Grzegorczykiem — opowiadał o historii miejsca i pierwszych męczennikach. Biskup Kampali przekazał Munyonyo franciszkanom w 2013 roku. Jest to niezwykłe, historyczne miejsce. Pod koniec XIX wieku, gdy spalił się pałac Mengo, król Mwanga II przeniósł się do Munyonyo, gdzie znajdował się jego myśliwski pałac. Właśnie tu podjął decyzję o usunięciu chrześcijan ze swojego królestwa, a raczej o ich likwidacji.

Najpierw król Mwanga będący pod ogromnym wpływem swojego ministra (katikiro), niekryjącego się z nienawiścią do białych misjonarzy i chrześcijan, nakazał zabić zdążającego do Bugandy pierwszego biskupa anglikańskiego, Jamesa Hanningtona. Był on pierwszym misjonarzem, który próbował się przedostać do plemienia Baganda nie jeziorami i rzekami, jak

---

* Obecnie o. Marian jest prowincjałem krakowskiej prowincji ojców franciszkanów.

to bywało do tej pory, lecz lądem. Król Bugandy, dowiedziawszy się o tym, kazał swoim żołnierzom go zabić. Powszechnie znana bowiem była przepowiednia, że pierwszy biały człowiek, który przyjdzie lądem, będzie źródłem nieszczęścia dla królestwa. Jeden z katolików na dworze, Joseph Mukasa Balikudembe, wstawił się za anglikańskim biskupem. „Królu, jak możesz tak skazywać człowieka bez wysłuchania?" — zapytał. Władca jednak się nie ugiął. Nie tylko nie darował życia biskupowi, ale kazał jeszcze zabić tego, który próbował go bronić. Katolik umiera zatem za biskupa anglikańskiego. Historia miała swój dalszy ciąg...

W królestwie Busoga, gdzie biskup został zabity i pochowany, wkrótce wybuchła zaraza. Wówczas jakiś czarownik powiedział, że to dlatego, iż jest tu pochowany biały człowiek. Król zdecydował więc, że trzeba go stamtąd zabrać. Zatem towarzysze biskupa Hanningtona, którzy przeżyli, postanowili zabrać jego szczątki do Anglii. Po drodze chcieli zatrzymać się w warownej fortecy Budimo, należącej do plemienia Samia. Jednak załoga, dowiedziawszy się, że niosą szczątki zmarłego, nie pozwoliła im wejść do fortecy. Powiedziano im, że mogą dostać tylko jedzenie. Zobaczywszy w pobliżu duże drzewo, podróżnicy powiesili na nim szczątki biskupa. (W obawie przed dzikimi zwierzętami, które mogłyby je zjeść). Po kilku dniach powędrowali dalej do Mombasy. Drzewo to później zostało na cześć biskupa nazwane „Hannington's tree". Ma ono też inną zwyczajową nazwę „sousage tree" — czyli drzewo kiełbasiane, jako że rosną na nim owoce, przypominające wyglądem kiełbasy.

Podczas jednej z wizyt w budującym się sanktuarium w Budimo wziąłem owoc z tego drzewa i przywiozłem do Kakooge. Przekazałem go miejscowemu ogrodnikowi Kato z py-

Goście na misji: od lewej Goretti, nasza kucharka, Jan Grzegorczyk, pisarz, Aldona i Tadeusz Zyskowie

taniem, czy może z tego wyhodować sadzonki. Udało się. Kato wyhodował 17 sadzonek. I kiedy miał przyjechać papież Franciszek, wpadłem na pomysł, aby Ojciec Święty zasadził to właśnie drzewo w sanktuarium w Munyonyo.

Rzeczywiście tak się stało. Pierwsza sadzonka drzewa, które od tej pory zostało nazwane „drzewem jedności", została zasadzona w Munyonyo 27 listopada 2015 roku przez papieża w towarzystwie arcybiskupa Kampali Kizito, dwóch arcybiskupów anglikańskich i moim. Symbolicznie podlaliśmy siedem sadzonek, na znak siedmiu kościołów z Księgi Apokalipsy. Następnie zostały uroczyście posadzone w siedmiu różnych miejscach w Ugandzie, dla trzech różnych wyznań chrześcijańskich: prawosławnego, katolickiego i anglikańskiego, jako symbole przypominające o podjęciu wysiłków zmierzających do jedności chrześcijan.

Wróćmy jednak do opowieści ojca Mariana o pierwszych męczennikach.

Dwudziestego piątego maja 1886 roku król nakazał zabić w Munyonyo, poprzez ścięcie mieczem, swojego sługę Denisa Ssebuggwawo. Następnego dnia wezwał do sali tronowej starszyznę i wszystkich służących na dworze. Podczas tego sądu wszyscy, którzy deklarowali się jako chrześcijanie, zostali skazani na śmierć przez spalenie żywcem w Namugongo. Skazańcy zostali pojmani, związani i rozpoczęła się trwająca dwa dni ich wędrówka do Namugongo.

Jeszcze tego samego dnia wczesnym rankiem wykonano wyrok na Denisie Ssebuggwawo. Został ścięty w Munyonyo, następnie jego ciało pocięto na kawałki i pozostawiono na żer dzikim zwierzętom. Gdy inni skazańcy byli już w drodze do Namugongo, również w Munyonyo zostaje skazany na śmierć nieobecny wcześniej w pałacu Andrew Kaggwa. Jest wyprowadzony poza pałac, przywiązany do drzewa i ścięty. Następnie jego ciało zostało wyrzucone do buszu, pocięte na kawałki i pozostawione jako pokarm dla dzikich zwierząt. Ponieważ był on bardzo szanowanym chrześcijaninem, kilka dni po jego śmierci jego współwyznawcy pozbierali szczątki i pochowali je w ziemi. Na miejscu jego pochówku wybudowano kaplicę, która jest celem pielgrzymek i modlitw wielu ludzi, zwłaszcza katechistów, których patronem został ogłoszony.

Wróćmy do tych skazańców, którzy idą w kierunku Namugongo. W tym samym dniu, to jest 26 maja, pierwszym, który ginie, jest Ponciano Ngondwe. On też zostaje zabity dzidą, a potem pocięty na kawałki. W drodze do Namugongo giną również kolejni. Większość z nich dociera do miej-

Sanktuarium

Drzewko pokoju zasadzone przez papieża Franciszka

sca kaźni w Namugongo i po tygodniu tortur, 3 czerwca 1886 roku, zostają spaleni żywcem. Wśród nich byli: najmłodszy, Kizito, który miał zaledwie trzynaście lat, i najstarszy, Matia Mulumba, który miał lat pięćdziesiąt. Ofiarą tej zbrodni padło wówczas 45 chrześcijan: 22 katolików i 23 anglikanów. Ten mord dokonany na braciach z tego samego plemienia wywołał oburzenie zarówno członków wpływowych rodzin, jak rów-

Ojciec Marian Gołąb

nież reszty społeczeństwa Baganda. Uznano to za zbrodnię przeciw królestwu, szczególnie że dokonano jej na rozkaz samego króla.

Czternastego sierpnia 1912 roku papież Pius X ogłosił męczenników ugandyjskich sługami Bożymi, a 6 czerwca 1920 roku papież Benedykt XV ich beatyfikował. Papież Paweł VI zaś kanonizował ich podczas trwającego Soboru Watykańskiego II, 18 października 1964 roku.

— Kult męczenników wyraża się przede wszystkim w pielgrzymkach do miejsc ich męczeństwa. Na przykład pielgrzymi z Tanzanii, Konga i z innych afrykańskich krajów rozpoczynają wizytę w Ugandzie właśnie w Munyonyo, a kończą trzeciego czerwca w Namugongo uroczystą Eucharystią. Każdego roku jest obecnych na niej około miliona pielgrzymów z Ugandy i innych państw Afryki — zakończył opowieść ojciec Marian.

ZAKOŃCZENIE

Skończyłem pisać tę książkę w wieku pięćdziesięciu lat. Opisałem w niej większość swoich najważniejszych przeżyć na misji w Ugandzie. Książka stała się okazją do podsumowania pewnego etapu życia.

Wielką radością mojego życia duszpasterskiego jest to, że z grupy młodzieży, którą prowadziłem w Przemyślu, wy-

Z ojcem Stanisławem Strojeckim zawsze w jednej drużynie

wodzi się franciszkański misjonarz, odbywający dziś posługę w Peru. Ponadto powstały solidne fundamenty misji w Ugandzie. W moim życiu duchowym, w czasie który opisuję w książce, były i wzloty, i upadki. W pierwszym okresie życia zakonnego przeżywałem wiele radości z aktywności duszpasterskiej. Było tak, jakbym połykał słodki cukierek. Później przyszły kryzysy i tej radości było mniej. Jakby Bóg nie dawał mi odczuwać swej obecności. Była ciemność — noc duchowa. Trzeba dużego wysiłku, by trwać i szukać Jego obecności. Szukać znacznie głębiej. Jednak udało się pokonać zwątpienie, trudności, nie porzucić misji, wreszcie zbudować ją na solidnych fundamentach, a to dlatego, że nie budowałem tylko na siłach ludzkich, ale na czymś znacznie większym i silniejszym — na zaufaniu do Boga.

W tym roku przybywa do naszej misji w Kakooge ojciec Stanisław Strojecki. Przyjeżdża z Niemiec, gdzie spędził większość swojego życia. Tam skończył studia, a potem pracował na różnych placówkach. Ciekawe, że ja chciałem wyjechać z misji, a inni wyjechali, a on obiera odwrotną drogę, mimo 63 lat na karku. Pierwszy zgłosił się na misję do Ugandy i miał być jej pierwszym przełożonym. Jednak został wybrany ministrem prowincjalnym krakowskiej prowincji franciszkanów konwentualnych. Zostało mu powierzone przygotowanie i założenie misji w Ugandzie. Gdy skończył posługę przełożonego, wrócił do Niemiec, by szukać pomocy finansowej dla tworzącej się misji w Ugandzie. Dzięki niemu zbudowaliśmy szpital, szkołę średnią dla dziewcząt i szkołę zawodową. Z jego inicjatywy powstała pierwsza akcja charytatywna „Adopcja na odległość", czyli finansowa pomoc biednym dzieciom z Kakooge w opłacaniu szkoły. Po tych działaniach nazwaliśmy go „ojcem misji w Ugandzie". Teraz będziemy razem tu pracować.

Moje siły fizyczne słabną. Czuję zmęczenie, które spowodował duży wysiłek włożony w budowanie podstaw misji franciszkańskiej w Ugandzie i przebyte choroby. Teraz trzeba podążać konsekwentnie wybraną drogą, być wiernym — iść!

Thank you for the good time!

© MARIA WITTMANN

POSŁOWIE

Pierwsza myśl, jaka przychodzi mi do głowy po przeczytaniu książki Bogusława Dąbrowskiego i spotkaniu z nim w Ugandzie, jest taka: to człowiek prawdziwy, nie udaje. Działa tak, jak mu serce dyktuje, pisze tak, jak widzi. Jego życie i miejsce, w którym od piętnastu lat mieszka, nie wymaga koloryzowania.

Zawsze szukał sensu, woli Bożej, nawet wtedy, kiedy nie był blisko Kościoła. A kiedy je znalazł, to wcale nie oznaczało, że przybił do spokojnej przystani, że osiągnął stabilizację. Należy do tych ludzi, dla których Bóg to wieczny połów, a nie słodkie zadowolenie, że odnalazło się sposób na życie lub wejście do nieba.

Jest zawsze nienasycony. Ciągle się dziwi, ciągle się spala, kocha i cierpi. Bo działka, którą obrabia, wydaje nie tylko pożywne owoce, ale jest źródłem łez i goryczy. Porwał się z motyką na słońce — na Afrykę. Chciał Ugandyjczykom głosić Dobrą Nowinę, choć nie znał języka ani kultury. Miał tylko góralskie serce, które według recepty majora Hubala rzucał przed przeszkodę. Co prawda, Andrzej Bachleda-Curuś powiedział mu kiedyś, że nie jest żadnym góralem, bo pochodzi z Nowego Sącza, ale każdy, kto widział Bogusia w akcji, wie, że jest on esencją „górala". Mógłby się nawet urodzić w Poznaniu czy Szczecinie i byłby nim. Góral to ten, który się wspina, choćby nie miał szans na osiągnięcie szczytu. Bo szczyt — według Jerzego Kukuczki — jest tam, dokąd człowiek dotrze.

Boguś się spala w działaniu, ale nie jest w stanie zaspokoić głodów ani materialnych, ani duchowych Afryki. Nikt tego nie może uczynić. Więc po co to wszystko? Po to, żeby napisać o tym książkę? Żeby ktoś zobaczył, że czas na zmianę?

Misjonarze od dawna powtarzają, że czekanie na wdzięczność jest najkrótszą drogą do rozgoryczenia. Ofiarować życie — a przecież w gruncie rzeczy tym jest wyjazd na misję — można tylko wtedy, gdy nie liczy się na zapłatę. Ale człowiek taką ofiarę składa, nie wiedząc, czy wystarczy mu sił, żeby nie uciec przed tym jego wyborem. Dlatego pierwsi misjonarze palili paszporty. Boguś pisze, że nigdy tego nie zrobił, ale czytelnik po lekturze tej książki może się uśmiechnąć... Co to znaczy, że nie spalił paszportu? Skoro on dziś ani biały, ani czarny, jak mi kiedyś wyznał. Gdzie tacy ludzie mogliby zamieszkać?

Ktoś na siedzeniu misyjnego samochodu napisał mu „Father Kalungi, I love you", i Boguś pomyślał, że skoro tak go tu kochają, to znaczy, że dają mu pozwolenie, aby ich uczył, aby zmieniał ich zachowania i obyczaje, które godzą w naukę Chrystusa... A kiedy już mu się tak wydało, usłyszał, że jak mu się nie podoba, to ma wracać do swoich, bo tu trawa będzie tak rosła, jak rosła od zawsze.

No więc zadaje sobie każdego dnia pytanie: czy potrafi kochać tych ludzi? I pisze nam o tym ciągłym wahaniu, jakby obrywał listki akacji w nadziei, że ostatni z nich przyniesie mu odpowiedź.

Tomasz Merton powiedział kiedyś, że kapłan, który potrafi wyjaśnić swoje powołanie, jest najbardziej nieszczęśliwą istotą pod słońcem.

Boguś nie potrafi i dziękuję mu za to, że napisał o tym książkę. I pozwolił nam wejść w swoją tajemnicę.

Jan Grzegorczyk

PODZIĘKOWANIA

Pragnę podziekować przede wszystkim: Janowi Grzegorczykowi, który był moim mentorem przy powstawaniu tej książki. Ojcu Jarosławowi Zachariaszowi, który jako prowincjał zgodził się na jej wydanie, oraz Aldonie i Tadeuszowi Zyskom, dzięki którym została wydana. Dziękuję osobno Tadeuszowi za piękne zdjęcia.

Szczególne podziękowania należą się osobom, z których dobrych rad korzystałem przy pisaniu *Spalić paszport,* i Annie Musiał, Janowi Musiałowi i Pawłowi Romaniszynowi.

Dziękuję też Barbarze i Przemysławowi Kidzie za piękną oprawę graficzną książki oraz uratowanie wielu zdjęć mających wartość dokumentalną.

Ponadto serdeczne Bóg zapłać! tym, którzy przyczyniają się do rozwoju naszej misji w Ugandzie, tym wszystkim, których nie jestem w stanie wymienić, bo miłosierdzie Boga, które do nas przychodzi w ludziach, jest nieograniczone.

SŁOWNICZEK SŁÓW LUGANDYJSKICH

ABALAGUZI — wróżbici
ABALAGUZI B'ENKUBA — sprowadzający deszcz
ABALANGIRA — klan rodziny królewskiej
ABASADAAKA — składający ofiarę z dzieci
AMAYAMBE — rogi, za pomocą których wróżbita rozstrzyga sądy

BAGANDA — grupa etniczna zamieszkująca teren centralnej Ugandy, dosłownie znaczy „wiązka"
BALUBALE — bóstwa plemienia Baganda

EDDIINI — religia
EKIRO — noc
EMANDWA — kapłani
ESABO — miejsce modlitwy, tradycyjna świątynia koło domu, w której oddawano cześć bogom i duchom przodków

GOMES — tradycyjny ubiór kobiety z plemienia Baganda
GONJA — rodzaj bananów, z których wyrabia się piwo

KABAKA — król Baganda
KABONA — najwyższy kapłan tradycyjnej religii opiekujący się główną świątynią
KANISA — protestancka świątynia
KANZU — tradycyjny ubiór mężczyzny z plemienia Baganda
KATIKIRO — premier rządu w Baganda
KATONDA — bóg stwórca w wierzeniach Baganda
KAWUNGEZI — wieczór

KELEZYIA — katolicka świątynia
KINTU — rzecz, protoplasta plemienia Baganda
KOJJA — brat ojca (stryj)
KUBIKA — wysokiej rangi publiczne ogłoszenie (np. ogłoszenie narodzin lub śmierci kogoś)

LUBUGA — siostra spadkobiercy
LUGABA — dawca, jedno z określeń Boga
LUKKIKO — parlament Baganda

MATOOKE — zielone banany, ugotowane są ulubionym posiłkiem Baganda
MIREMBE — pokój
MISAMBWA — duchy drzew lub strumieni
MIZIMU albo **BAJJAJJA** — duchy przodków
MUKULU — człowiek o wysokiej pozycji społecznej, prestiżu, najczęściej mężczyzna
MUNTU — człowiek
MUTUNTU — południe (pora dnia)
MUZUNGU — biały człowiek
MWENGE — słodkie piwo robione z soku z bananów

NAKITEMBE — suche liście z bananów służące do opasywania bioder
NAMUSOLE — matka króla
NGALI — żuraw koroniasty, symbol Ugandy
NGEYE — gereza, symbol klanu, do którego został przyjęty autor tej książki
NNYABO — kobieta

OKUKYALIRO ENSIKO — edukacja seksualna kandydatki na żonę, za którą jest odpowiedzialna ssenga
OKWABYA OLUMBE — drugi ryt pogrzebowy, podczas którego wybiera się następcę zmarłego
OLUBUGO — tradycyjny materiał zrobiony z kory jednego z gatunków drzew figowych (mutuba), który był kiedyś powszechnie stosowany do robienia ubrań i do ceremonii małżeńskich i pogrzebowych oraz obrzędów kultowych
OLWEGULO — popołudnie

OMULOGO — czarownik

OMULUBAALE — interpretatorzy wieści z zaświatów, snów

OMUSAWO OMUGANDA — zielarz

OMUSEZI — nocny tancerz (osoba w transie nawiązująca kontakt z duchami poprzez taniec)

OMUSIKA — spadkobierca

OMUSOTA — wąż

OMUSUMISI — odpowiedzialny za drugi ryt pogrzebowy

OMUTIMA — serce

OMUTWALO — opłata matrymonialna (dosłownie znaczy „dziesięć tysięcy")

OWAMAANYI — wszechmocny

SSABAKRITU — świecki przełożony danej wspólnoty chrześcijan, przewodniczący rady parafialnej

SSABATAKA — tytuł przysługujący królowi

SSEBO — mężczyzna

SSENGA — siostra ojca

Dochód z tej książki wspiera misję w Kakooge (Uganda)

Każdy, kto chciałby złożyć ofiarę na ten cel, może wpłacić pieniądze na konto:

Nazwa banku	Stanbic Bank Uganda LTD.
Nazwa oddziału	Forest Mall Branch
Adres banku	Plot 17 Hannington Rd., P.O. BOX 7131 Kampala
Miasto	Kampala
SWIFT	SBICUGKX
Nazwa odbiorcy	Franciscan Conventual
Adres odbiorcy	PO Box 41 Luweero Kakooge
Kraj	UGANDA
USD	903 000 811 8875
EUR	903 000 851 0686

Naszym podstawowym zadaniem jest założyć zakon franciszkański w Ugandzie. Chcemy dobrze przygotować miejscowych kandydatów na franciszkanów, aby wkrótce mogli przejąć odpowiedzialność za misję w Ugandzie. Obecnie mamy 12 kandydatów na formacji zakonnej. Prosimy o modlitwę w intencji dobrych powołań zakonnych.